ニューノーマル時代の経営学

世界のトップリーダーが実践している最先端理論

森 泰一郎

SE
SHOEISHA

はじめに　世界最先端の理論を活用した新時代の経営

世界の知を新時代の経営に活用する

新型コロナウイルスの感染症拡大は、ビジネスの根底を大きく覆そうとしている。対面で顔を合わせて業務を進めていくという従来の日本型のプロセスが崩壊し、企業は非接触ビジネス、デジタルトランスフォーメーション（DX）、サブスクリプション、SDGsなど、**「ニューノーマルの時代」に対応したビジネスのあり方が求められるようになってきた。**

また、観光業や飲食業といったこれまで行ってきた事業が急速に落ち込んでしまった業界では、**どのように新規事業を創出するのか**がニューノーマル時代に求められるようになっている。

このように新型コロナウイルスの影響は、リーマン・ショックで見られたような、資金繰りに行き詰まって倒産していった金融不況とは大きく状況が異なる。コロナショックは、これまで日本企業が抱えていた問題を見直すきっかけとなっており、企業は急速なビジネスモデルの転換を今まさに求められている。

1 **マイケル・ポーター**　ハーバード大学ユニバーシティプロフェッサー兼ビジョップウィリアムローレンス教授。プリンストン大学にて経済学修士号を経てハーバード大学ビジネス・スクールにて博士号を取得。当時最年少の28歳でハーバード大学の正規教授職に就いた。

2 **5フォース分析**　ポーターが提唱する企業の業界構造の魅力度を分析するフレームワーク。

3 **ゲイリー・ハメル**　ロンドン・ビジネス・スクール客員教授。ミシガン大学にて博士号を取得。コンサルティング会社ストラテゴス代表。

このような急激なビジネス環境の変化が起こることで、企業運営の前提であった法則や理論を見直す必要に迫られている。しかしながら、現在（２０２１年10月）刊行されている経営学の解説書は１９８０年代から90年代の経営理論を解説しているものが大半で、現代のような変化の時代に対応している書籍はほとんど存在しない。

また、筆者がコロナ禍において多くの企業経営者やビジネスパーソンと接したり、多数の講演会で話をしたりする中で、経営者たちはニューノーマル時代に向けたテクノロジーに関する未来予測的な理解は進んでいるものの、根本的な経営課題については体系的に理解できていないということを実感する。

そこで、今後の経営の骨格になるような原理原則を理解していただくことが最も良いのではないかと考えた。原理原則さえ理解すれば、それに紐付けてさまざまなニュースや情報の意味を理解できるからである。本書で解説する理論と、各種の経営に関する書籍をあわせて読むことで、困難な時代における指針が得られるというわけである。

経営理論の有用性

前述の通り、現在の経営学に関する書籍は、マイケル・ポーター[1]の5フォース分析[2]、ゲイリー・ハメル[3]のコア・コンピタンス論[4]、フィリップ・コトラー[5]の統合型マーケティング[6]、

4 **コア・コンピタンス論**　ゲイリー・ハメルが1980年代の日本企業の戦略をベースに提唱した、企業の中心的な資源を軸とした競争戦略の構築方法に関する理論。

5 **フィリップ・コトラー**　ノースウェスタン大学ケロッグ・スクールSCジョンソン教授。マサチューセッツ工科大学（MIT）で博士号を取得。近代マーケティング理論を体系化し、マーケティングの神様と呼ばれる。

6 **統合型マーケティング**　コトラーが提唱するマーケティング手法。セグメンテーション・ターゲティング・ポジショニング（STP分析）を行い、4Pを展開することでマーケティングを統合的に検討できるフレームワーク。

クレイトン・クリステンセン[7]のイノベーションのジレンマ[8]など、1980年代から90年代の著名な経営学の理論を解説したものが大半である。

一方で、アメリカでは、世界最先端の理論やモデルの開発を日々行っている。コロナ禍の世界では当たり前となったテレワークなどの研究は2000年代からすでに積み上げられている。

確かにポーターやコトラーの議論は非常に普遍的なものではあるが、これらは1980年頃に登場した理論であるため、当時とは異なる経済状況、ビジネス環境となっている現在では、時代に合わない面が多々ある。他にも誤った理論が広まったために、企業の実務において誤解が多い理論もある。

そこで本書では、ポーターやコトラーなどが唱えた著名な経営理論の解説は最低限にとどめ、**何がニューノーマル時代に役に立つのかという視点から、新旧問わずさまざまな理論を網羅的かつ体系的に整理し直すこと**を目的としている。現在の経営学の世界で議論されている世界最先端の知・理論を共有し、その背景も含めて理解することで、読者がニューノーマル時代の経営を考える上での参考になることを目指した。紹介する論文がどの程度影響するのかを示すために引用数を紹介しているものがある。その際の引用数については、研究者によって異なる資料がある。そこで、Google Scholarを参考にしている。

加えて、多くの経営学の理論はアメリカを中心とした学術論文（ジャーナル）として提供

7 **クレイトン・クリステンセン** 元ハーバード・ビジネス・スクール教授。イノベーションのジレンマの理論で知られる。2020年に死去。

8 **イノベーションのジレンマ** クリステンセンが提唱する、業界リーダーが自社の優良顧客の声に耳を傾けすぎるあまりに、破壊的技術を見逃してしまうことで、最終的にはリーダーから転落するという理論。

されていることから、本書でもこれらのジャーナルに掲載されている理論を中心に紹介していく。

しかし、ただ理論を並べ立てて、このような理論がある、このような理論が人気があると説明しただけでは、知識オタクにはなれても、実務で使えるものにはならない。したがって、本書では、これらのジャーナルの結論を解説するだけでなく、なぜその研究が行われたのか、なぜその理論が注目されているのか、それぞれの背景と研究の流れをもとに説明する。あわせて研究者の人となりもわかるように、全員のプロフィールも掲載している。これにより、**なぜこのような理論が出てきたのか、何を学ぶべきなのか、ニューノーマル時代にどのように活用するべきなのかが明らかになる。**読者が必要なシーンで、必要なモデルを学習・活用できるだろう。

各節の最後ではポイントをまとめているので、時間がない方はそこを読んでから本文を読む順番でも構わない。

加えて、本書は手放しで経営学を礼賛する本ではないため、**それぞれの理論の良い点・悪い点も踏まえて解説するスタンスをとっている。**これはあくまで現実の経営で利活用できることを前提とするためである。この点で、他書とは異なる特徴を持っている。

他にも、今後ますます増加すると考えられるM&Aなどのファイナンス分野から、コーポレート・ガバナンスやテレワーク、ダイバーシティといったニューノーマル時代に向け

表1 本書の特徴

内容／構成	本　書	これまでの経営学の本
対象テーマ	・経営戦略 ・経営組織 ・ファイナンス ・リーダーシップ	・経営戦略 ・経営組織 ・リーダーシップ
紹介する理論	ニューノーマル時代に活用できる最先端の理論	1980年代から90年代に流行した理論
解説の主眼	・不確実な時代の価値創造法 ・複雑な組織のマネジメント	・戦略策定のフレームワーク ・組織構造のあり方

た重要テーマについても、各種の論文を紹介し、それぞれがどのように意味を成すのか、統計データを活用しながら解説していく。

また、経営学の教科書にありがちな無味乾燥な解説書にならないように、図表を多数用いてデータを示している。

表1において本書の特徴と類書との違いをまとめた。これを参考に本書を読み進めていただきたい。

経営理論に内包するトートロジー

ここまで本書の特徴について説明してきたが、経営学の理論を学ぶ上で2点注意しておくべきことがある。

1点目に、経営学の歴史は100年程度と他の学問と比べて短いこともあり、**科学的アプローチでの研究の積み重ねが不足していること**である。たとえば経済学はアダム・スミスが『国富論』を1776年に発表してからすでに250年近い年月が経っており、科学的アプローチによる理論の積み重ねが経営学の2倍以上もある。そのため、理数的な考え方が得意な方からすると、「経営学は科学的なアプローチがない」「事例の寄せ集めで再現性がない」と思われるかもしれないが、それは経営学の歴史がまだ浅いことが原因である。

経済学の誕生から100年というと、かのカール・マルクスが『資本論』を編集・刊行した時代である。マルクスの『資本論』以降の150年間で、経済学における科学的なアプローチが増加していったことからも、経営学の歴史がまだ黎明期《れいめいき》であることを裏付ける。

したがって、本書で解説する理論についても、「最先端」ではあるものの、「絶対解」ではないことを念頭に、**自社が活用できる部分とそうでない部分とを考えながら読んでいってほしい。**

2点目に、経営学が対象とする研究手法に内包する問題である。すなわち、経営学は社会学のひとつであり、個々のケースを集めて統計学的に分析していることから、**同語反復／同義反復（トートロジー）な理論になっていることがある。**同語反復／同義反復とは、「私の父は私の親だ」というように、同じもの同士をイコールで結ぶ論理構造のことである。

経営学の世界では、ある種真面目に、「成功するための能力を持つための能力」というようなトートロジーな要素を持った理論が時折登場する。これらの理論については本書においても注意して解説したが、経営学には多分にそのような理論が登場しがちであることを念頭に置いていただき、今後も多数提唱されるであろう新しい理論についても、読者の中で冷静に、そして批判的に検討してほしい。

ちなみに、同語反復／同義反復的な理論は経済学でも存在することを、トーマス・セドラチェックは2015年に出版した『善と悪の経済学』（東洋経済新報社）の中で、「経済学にはトートロジーが多すぎるし、トートロジーは意味不明ではないが、意味がなく役にも立たない」と指摘している。

本書では1970年代や80年代に流行し、すでに研究結果が定まった理論ではなく、最先端の理論を紹介することを重視するので、冒頭でこのような注意を書かせていただいた。

新型コロナウイルスの感染症拡大以外にも、国内では少子高齢化や災害対策などの問題が、世界を見渡せば各国の政治動向や環境問題、人権問題など課題が山積である。新型コロナウイルスに打ち勝った後も一度起きた大きな変化は不可逆的で、ニューノーマル前の時代に戻ることはないだろう。したがって、企業が勝ち残っていくための理論的なバックボーンは必要になると筆者は強く信じている。

少し前置きが長くなってしまったが、これから世界最先端の経営理論について見ていこう。

ニューノーマル時代の経営学

世界のトップリーダーが実践している最先端理論

Contents

はじめに　世界最先端の理論を活用した新時代の経営　2
世界の知を新時代の経営に活用する　2
経営理論の有用性　3
経営理論に内包するトートロジー　6

Part 1
世界最先端の経営戦略理論

Chapter 1　変化に対応する戦略創造　24

1　危機の時代の経営理念：ビジョンやミッションと企業業績　24
ビジョンやミッションで「食えるのか」　24
ミッションのオリジナリティ　26

ミッションは業績に影響するか？ 27
ミッションと業績に関するさらなる研究 29
ビジョンやミッションを企業業績につなげるには？ 31
ビジョンやミッションには何を盛り込むべきなのか？ 34

- 2 -
「ポーター対バーニー論」とビジネストレンド：ポジショニングとＲＢＶ論 37
ポジショニングかＲＢＶかの真実 37
ＲＢＶと経営資源の模倣困難性 39
バーニーが見たポジショニング理論の不完全性とポーターの彗眼 43
ポーター対バーニー論の裏にあるアメリカ経済のトレンド 46
ニューノーマル時代に求められる経営戦略のあり方 49

- 3 -
「両利きの経営」と「ダイナミック・ケイパビリティ」：経営資源の進化論 53
企業の競争優位を経営資源の面から分析する 53
両利きの経営：誕生の背景 54
両利きの経営の流行 56

ダイナミック・ケイパビリティブームとその問題点 58
ニューノーマル時代に求められる経営戦略のあり方 64

- 4 -
ライバル競争と共進化：レッドクイーン論 67
レッドクイーン論の端緒は種の絶滅の法則 67
"レッドクイーン"と経営学 68
レッドクイーン論への批判 69
レッドクイーン論が妥当な業界とは？ 71

Chapter 2
新規事業の成功確率 76

- 1 -
多角化理論が示す新規事業の定石：多角化戦略論 76
経営戦略における多角化戦略の位置づけ 77
競争優位とシナジー 77
アンゾフの成長マトリックス 79
ペンローズが考えた多角化戦略が採られる理由 82

チャンドラーの「組織は戦略に従う」と
アンゾフの「戦略は組織に従う」 84
ルメルトが発見した多角化戦略の定石 87
関連多角化と産業効果 91
多角化の勝ちパターンとは？ 93
多角化をＭ＆Ａで行う場合の成功確率は？ 95

-2-
経営者の能力と新規事業の成否：ドミナント・ロジック理論 98
企業の多角化はなぜ成功しないのか？ 98
ドミナント・ロジックと勝ちパターン 99
インテルの戦略転換と勝ちパターンの固定化 103
勝ちパターンは情報フィルターとなる 106
ドミナント・ロジックを増加させるためのメンバー構成 109

-3-
新規事業が成功しやすい組織の特徴：オープンネス理論 111
新規事業の成功を３つの方向性から読み解く 111
従業員の多様性と新規事業の積極化 112
現場の自発性と新規事業 115
ミドルマネジメントが新規事業を左右する 118
ミドル・トップマネジメントは新規事業に積極的に関与すべき 119

4 プラットフォームビジネスの立ち上げ方：プラットフォーム戦略論 123
プラットフォームビジネスの定義 123
プラットフォームビジネスの立ち上げ方 125
イノベーション・プラットフォームと取引プラットフォームの価値 128
ネットワーク効果を高めながら多面的に収益を得る 130

Chapter 3 イノベーション理論の実際 134

1 イノベーションの蓋然性：A-Uモデル 134
A-Uモデルとは？ 134
A-Uモデルとイノベーションの発生プロセス 136
変革力マップとイノベーションの4パターン 138
新規顧客性を上げ、イノベーションのジレンマを避ける 142

2 イノベーションを起こすのは誰か？：ユーザーイノベーション論 145

ユーザーイノベーションという考え方の端緒 145
リードユーザーとイノベーションの促進 148
リードユーザーとコミュニティ利用 151

3 イノベーションと問題解決：ジョブ理論 154
ジョブ理論の原点となった考え方 154
Outcome–Driven–Innovationのステップ 156
顧客の課題を定量化し、隠れた機会を発見する 160
ミルクシェイクと2つの片付けるべき課題 162
顧客の片付けるべき課題を網羅的に把握する 164

Chapter 4 ニューノーマル時代のグローバル戦略 167

1 世界市場の参入戦略：CAGAフレームワークとAAA戦略 167
世界はフラットではなくセミグローバリゼーションという考え方 167
CAGEフレームワークによる国ごとの違いの理解と戦略策定 171
AAA戦略による国ごとの違いの戦略活用 174

2
新興市場進出の成功法則：メタナショナル理論 179
経営戦略とグローバル化をつなげたトランスナショナル理論 179
グローバル化の4つの戦略類型 181
外部連携を活用したグローバル化であるメタナショナル型 184

3
急成長グローバル企業のマネジメント：ボーングローバル理論 188
ボーングローバル理論の嚆矢《こうし》 188
コンサルティングファームの知識が経営学の世界へ 189
なぜ、経営者はボーングローバルを目指すのか？ 191

Chapter 5 成長戦略とファイナンス戦略

195

1
「キャッシュ・イズ・キング」とペッキングオーダー仮説 195
経営学とファイナンスをセットにして考える 195
企業が重視するのは内部留保か借入か？：ペッキングオーダー仮説 197

ペッキングオーダー仮説の現実性 199
最先端のアメリカの経営学者も短期的な視点を再考 201

2

M&Aのリターンと成功確率：プロセスM&A論 204

ニューノーマル時代を見据えた成長戦略としてのM&Aのあり方 204
税引前営業キャッシュ・フローは規模の経済性の効果による 206
M&Aによって売り手の株主は大きなリターンを得る 207
M&Aの専門組織とM&Aの知識の形式知化が必要 209

3

コーポレート・ガバナンスと企業業績 212

ガバナンス・インデックスと業績、投資利益 212
コーポレート・ガバナンスのどの要素が業績に影響するか？ 213
コーポレート・ガバナンスとROA
および中長期的な投資パフォーマンスの関係 216

Part 2
世界最先端の経営組織論

Chapter 6 組織のあり方と生産性 222

- 1 - フラット化組織とパフォーマンス 222
フラット化組織は実は不利？ 222
会社全体の業績から組織の生産性へ 224
ＩＴ化とともに２０００年代から再度組織のフラット化が注目へ 227
組織のフラット化は競争が激しい産業でより重要に 229

- 2 - 「働き方改革」とパフォーマンス 231
ワーク・ライフ・バランスは企業業績の上昇につながるか？ 231
ワーク・ライフ・バランス施策は株価にも影響 232
ワーク・ライフ・バランスは複雑に企業業績に影響する 235
ワーク・ライフ・バランスは社員を惹きつけ、

社員の生産性や定着率を向上させる 238

-3- テレワークとパフォーマンス 240

テレワークによって目標達成率も向上する 240
テレワーク導入のためには
社員構成だけでなく社員の意識と参画が必要 243
テレワークの成功には他領域への投資が不可欠 244

Chapter 7 ダイバーシティと企業業績の関連性 247

-1- 経営陣のダイバーシティと業績 247

ダイバーシティに関する賞は株価に影響するか？ 247
女性経営陣が増えると業績が拡大する 250
女性経営陣が増えると企業価値も増加する 252
女性に関する思い込みを捨てる 255

2
従業員のダイバーシティと業績 257
男女比率がグループの成果にどれほど影響するか？ 257
グローバル競争の激化により従業員の多様性が必要に 258
422万社のデータが明らかにする男性単一組織の弱点 262

3
ジェンダーと起業の成功確率 265
ジェンダーの違いが企業の成長に影響するか？ 265
男性起業家と女性起業家で企業の売上に差が生じるか？ 267
ビジネス環境が複雑になるにつれ、男女の起業家に差はなくなったのか？ 268

Chapter 8 不確実下におけるリーダーシップ 273

- 1 - 変革型リーダーシップ論の最先端：フルレンジ・リーダーシップ論 273

変革の時代を生き抜く上でのリーダーシップ論 273
交換型リーダーシップと変革型リーダーシップ 275
フルレンジ・リーダーシップの誕生 276
フルレンジ・リーダーシップはパフォーマンスに影響するか？ 279
自由放任型リーダーシップは効果がない 282

- 2 - ニューノーマル時代のリーダーシップ：e-リーダーシップ論 284

e-リーダーシップの誕生 284
e-リーダーシップは情報を広げることで価値を発揮する 287
e-リーダーシップに最新テクノロジーは不要 290

- 3 - グローバルリーダーシップと国の文化 292

グローバルリーダーシップをどのように発揮していけば良いか？ 292

6つのホフステッド指数 293
アメリカは個人主義的であり中国は集団主義的である 295
日本は世界でも有数の不確実性回避を好む国民性 295
東アジアの国は長期的な視点で物事を考える 297
指示型リーダーシップは個人主義的な国では通用しない 299
指示型リーダーシップは権威主義的・集団主義的な国では有効である 300
グローバルリーダーは人間関係構築力と視野の広さが重要 301

おわりに　ニューノーマル時代の経営に必要な背骨となる理論を身につける 305

参考文献 309
会員特典データのご案内 310

Part 1

世界最先端の経営戦略理論

Chapter 1

変化に対応する戦略創造

1 危機の時代の経営理念：ビジョンやミッションと企業業績

ビジョンやミッションで「食えるのか」

「はじめに」でも述べたように、コロナ禍によって多くの企業はこれまでのビジネスのあり方を変える必要に迫られている。これまで自社の強みとしていたところが急速に失われ、新たな方向性を模索しなければならなくなった企業も多い。

このような経済危機の中、多くのコロナ経営に関する書籍では、企業の「ビジョン」や「ミッション」が大切だという主張を繰り広げている。私も前著『アフターコロナの経営戦略』（翔泳社）の中で、「ビジョン」とそれに紐づく「企業ブランド」がアフターコロナにおいては重要だと主張した。

こうした主張は一見すると正しいように思える。企業にはビジョンが必要だという考え方自体、松下幸之助の「水道哲学」[1]以降、日本のビジネスパーソンには当たり前に理解されてきた。

1990年代には、**ジム・コリンズ**[2]の『ビジョナリー・カンパニー』（日経BP社）がベストセラーになったことで、大企業からベンチャー企業に至るまで、企業には経営理念が必要だという考え方はある種の常識になったようにも思える。

しかし、経営理念を定め、共有している企業は業績が良いという考え方は一見正しそうだが、実はそうではない。『ビジョナリー・カンパニー』に登場した企業が、その後衰退していったという事実をご存じの方も多いであろう。

そこで、**ビジョンやミッションと企業業績との長年の「謎」を解き明かす**のが本節のテーマである。

本題に入る前に、そもそも企業のビジョンやミッションは『ビジョナリー・カンパニー』が主張するように非常に独自性のあるものなのか、それともあらゆる企業のビジョンやミッションは結局似通ったものなのか、その点について調査したユニークな論文を紹介しよう。

1 **水道哲学**　松下電器産業（現パナソニック）創業者の松下幸之助が掲げた経営理念。苦しい家計を助けるために小学生の頃から丁稚奉公に出た松下幸之助は、水道水のように良質なものを低価格で大量供給できるようにすることで消費者の暮らしを豊かにしようとした。

2 **ジム・コリンズ**　経営コンサルタント。スタンフォード大学にてMBAを取得。スタンフォード大学での教員時代に同僚のジェフェリー・ポラスと『ビジョナリー・カンパニー』を執筆。シリーズ累計1千万部の経営書作家でもある。

ミッションのオリジナリティ

２０１５年にラシエラ大学のエリック・アンダーソンら[3]が『Journal of Marketing and Management（6（1）：1-15）』で発表した"Do the Top U.S. Corporations Often Use The Same Words in their Vision, Mission and Value Statements?（アメリカのトップ企業はビジョンやミッション、バリューステートメントにおいてしばしば同じ用語を使っているのではないか）"という論文では、アメリカの時価総額ランキング上位１００社のビジョンやミッション、そしてバリューの３つのステートメント（文章）を単語レベルで分解し、整理・分析している。

彼らは各社のビジョンやミッションはただ単にＰＲ目的で策定されたものなのか、それとも企業自体・製品自体に根ざしたものなのかを把握するためにこれらの研究をスタートした。

その結果、**ビジョンとミッションステートメントについては各社の利用する言葉は独自性がある一方で、バリューステートメントに書かれた文章はほとんどが似通っていた**ことが明らかになった。

バリューステートメントについては具体的な経営の手段になってくるため、そのときどきの流行りの経営手法が書かれている一方で、ビジョンやミッションなどの部分では企業

3 **エリック・アンダーソン**　ラシエラ大学ビジネス・スクール教授。タールトン州立大学でＭＢＡを、ノーステキサス大学にて博士号を取得。ヘルスケア産業の分析が専門。

の歴史や強みなどに根ざした、独自性のある言葉が使われていることが多い。つまり、会社のビジョンやミッションについてアメリカの大企業は、『ビジョナリー・カンパニー』が説くように、各社が独自性のあるビジョンやミッションを考え、そして表現していることになる。ただ単に、そのときどきの世の中の〝ウケ〟を狙ったPR目的ではない。

ミッションは業績に影響するか？

では、この研究をスタート地点とし、各社の独自性のあるビジョンやミッションがどの程度業績に影響するのかについて見ていこう。

まず、この分野での先見的な研究として、当時ジョージ・メイソン大学に在籍していたジョアン・ピアース2世[4]らが1987年に『Academy of Management Journal（1（2）：109-116）』で発表した〝Corporate Mission Statements：The Bottom Line（企業のミッションステートメントと営業利益）〟という論文がある。

ピアースらは、1987年当時、ビジョンが戦略策定の第一歩であると理解されている一方で、ミッションステートメントは企業業績に影響しないという書籍や研究も登場してきたことから、統計的な研究によって、ビジョンと企業業績との関係性を明らかにしようとした。

4　**ジョアン・ピアース2世**　ビラノバ大学VSB寄付講座教授。ペンシルベニア大学にて経営戦略論の博士号を取得。本論文執筆時はジョージ・メイソン大学に所属。115の論文、42冊の共同執筆活動を行う経営戦略の大家。

表2 フォーチュン500企業のミッションと営業利益との関係性

要素	高い業績の企業が持つ比率	低い業績の企業が持つ比率	スコアの統計的な有意性
自社の経営哲学	89.47%	60%	あり
経営のコンセプト	89.47%	53.33%	あり
公的なイメージ	100%	73.33%	あり
ターゲット顧客や市場	47.37%	60%	なし
主要な製品やサービス	57.89%	86.67%	なし
地理的立地	42.11%	33.33%	なし
コア技術	15.79%	66.67%	なし
生存、成長、収益性への関心	94.74%	86.67%	なし

出典：ジョン・ピアース2世、フレッド・デビット "Corporate Mission Statements：The Bottom Line（企業のミッションステートメントと営業利益）" 表2を筆者翻訳

そこで彼らはフォーチュン500社の企業に対して問い合わせを行い、218の企業から回答を得て、61の企業からミッションステートメントを入手した（当時はミッションステートメントがある企業は少なかったため61社でも多いほうだろう）。『ビジョナリー・カンパニー』で登場する、ファイザーやダウ・ケミカル、ジョンソン・エンド・ジョンソンなどが登場する。

そして、これらの企業のミッションステートメントを「自社の経営哲学」「経営のコンセプト」「公的なイメージ」「ターゲット顧客や市場」「主要な製品やサービス」「地理的立地」「コア技術」「生存、成長、収益性への関心」という8つの要素に分解し、営業利益の高い企業と低い企業でどのような差があるのかについて調

査した。

その結果、好業績な企業と低業績の企業との有意な差は、**「自社の経営哲学」「経営のコンセプト」「公的なイメージ」に含まれる要素であること**が明らかになった。具体的には、表2を見ていただきたい。

8つの要素のうち、「自社の経営哲学」「経営のコンセプト」「公的なイメージ」という要素については、たとえば「自社の経営哲学」の要素は好業績な企業の89%が記載する一方で、低業績の企業は60%しか記載しておらず、統計的に有意であることになる。「経営のコンセプト」や「公的なイメージ」についても同様である。

一方で、「ターゲット顧客や市場」や「主要な製品やサービス」といった要素は、むしろ低業績の企業のほうが多く記載していることがわかる。

つまり、低業績企業のミッションステートメントは好業績企業とは異なり、企業の経営哲学やコンセプトを明確に語っておらず、あくまでも市場や製品について紹介するだけにとどまってしまっている。

ミッションと業績に関するさらなる研究

ピアースらの論文以降にも統計的な調査を行った論文がある。当時マクマスター大学教授だったクリストファー・バートら[5]が1998年に『Journal of Management Studies（35（6）：823-853）』で発表した"The Relationship Between Mission Statements and Firm Performance：An Exploratory Study（ミッションステートメントと企業業績との関係性：探究的研究）"という論文がある。

クリストファー・バートらは、ピアースらの研究も含め、ドラッカー以降に発表されたステートメントについて研究した8つの論文を分析して、ミッションステートメントをどのように研究しているのかを理解しようとした。

その上で、カナダにある売上上位500社を示す「フィナンシャルポスト500」に掲載された企業のうち、136名の経営者から郵送で調査票を回収し、CEOにインタビューを行った。

その結果、ミッションステートメントがある企業とない企業とでは売上高利益率、成長性、社員満足度については統計的に有意であったものの、総資産収益率（ROA）については差がなかったと結論づけた。

他にもヘルスケア分野で、アメリカの17州にある312の緊急医療センターのうち、130の医療機関についてビジョンと財務パフォーマンス（コスト・収益性）および成長率を調査したものがある。2016年にテキサス大学のラチャナ・グルアティ[6]らが『Journal of Healthcare Management（61（5）：335-350）』で発表した"Vision Statement Quality and Organ-

5 **クリストファー・バート** コーポレート・ミッションズ・インク代表。ヨーク大学にてMBAを、ウェスタンオンタリオ大学にて博士号を取得。本論文執筆時はカナダのマクマスター大学に所属。

6 **ラチャナ・グルアティ** 医療経営コンサルタント。ハーバード大学大学院を経て、テキサス大学にて研究。本論文執筆時はテキサス大学の博士号課程の学生。

izational Performance in U.S. Hospital（アメリカ医療機関におけるビジョンステートメントの質と組織パフォーマンス）〟という論文である。それによると、17州のうち13州で統計的に有意な結果が出ており、7州（41%）においてはビジョンの質と収益および医療品質（パフォーマンス）との間に強い相関があったことがわかっている。

一方で、ピアースやバートの結果とは異なり、ビジョン／ミッションが企業業績と関連しないのではないかと指摘する論文も多数ある。

その中で近年の代表的な研究としては、ピーター・アトリル[7]らが２００５年に『Corporate Ownership and Control（2（3）: 28-35）』で発表した〝Company Mission Statements and Financial Performance（企業のミッションステートメントと財務パフォーマンス）〟がある。

アトリルらは、イギリスの１４３の企業を対象に、ミッションステートメントがあるかないかによって、３年間のＲＯＥにどのような影響があるかを調査した。その結果、３年間のＲＯＥの数値において統計的に有意な差はなかったと結論づけている。一方で、３年間の株式リターンにおいては、ミッションがある企業のほうがない企業よりも高いリターンを示したという。

7
ピーター・アトリル　元プリマス大学ビジネス・スクール教授でファイナンスと会計の専門家。本論文執筆時はフリーランスの研究員。

表3 ビジョンやミッションと業績に関する論文のまとめ

項　目	ピアース他（1987）	バート他（1998）	グルアティ他（2016）	アトリル他（2005）
調査国	アメリカ	カナダ	アメリカ	イギリス
調査対象	フォーチュン500	フイナンシャルポスト500	130の医療機関	143の企業
調査項目	営業利益	売上高利益率、成長性、社員満足度、ROA	収益性、品質	ROE、株式リターン
結果	3つについて統計的に有意	ROA以外は統計的に有意	統計的に有意	株式リターンは有意

ビジョンやミッションを企業業績につなげるには？

では、実務家としてはこれらの結論が異なる論文をどのように解釈すれば良いだろうか。表3を見ていただきたい。ここまで紹介してきた論文について対象企業・組織、財務データと定性データ、結論部分をまとめたものである。

これらを比較した結果、筆者は調査対象の財務データと定性データの内容（営業利益なのか、ROAやROEのような資本収益性か、株式リターンのような経営者のコントロールが一部利かないような指標なのか）によって結論が異なったのではないかと考える。

したがって、**ミッションステートメントがある企業は社員の満足度が高く、企業の成長**

につながり、結果として企業の収益性も高まると考えられる。

一方で、**資産を効率的に活用して収益を上げられるかどうかについては、経営戦略やビジネスモデルの影響が強いため、**ミッションステートメント**だけでは説明できない。**したがって、総資産収益率（ROA）については有意な結果が出なかったということであろう。

ROEについても、ROAと同様に資本の大小が関係しており、具体的な資本戦略が重要となってくる（資本戦略についての詳細は第5章で紹介する）。収益性だけでは測ることができない指標であるから、統計的に有意ではなかったと解釈できる。

最後に、株式リターンについては、ミッションステートメントが明確に表現されている企業のほうが株主が投資をしやすく、それによって株価が上がったと考えられる。

これらの論文の結論から明らかなのは、**ビジョンやミッションは企業の収益性にとって必要であるが、それが「今どきのビジョンやミッション」である必要はない**ことである。ビジョンやミッション策定というと広告代理店などに委託して、おしゃれなものを策定する必要があると考えるかもしれないが、そもそもビジョンやミッションが収益性に影響する理由は、社員の満足度やモチベーションにつながるからであった。そうであるならば、社長自らが語ることができるビジョンやミッションであれば十分であり、今どきのおしゃれなビジョンやミッションである必要はない。

他方で、ピアースらが示したように、どのような項目を最低限ビジョンやミッションの中で示すべきなのかは経営学的に明らかとなった。すなわち、**「自社の経営哲学」**、**「経営のコンセプト」**、そして**「公的なイメージ」**の3つである。

ビジョンやミッションには何を盛り込むべきなのか？

最後に参考として、従来のビジョンやミッションと企業業績に関する論文が、ビジョンやミッションの内容をどのように定義し、分析してきたのかをまとめたバートとヴァエッの表があるので、それを紹介しておこう（表4参照）。

「経営哲学・企業の価値」「自社の経営コンセプト」「公的なイメージ」以外に会社のホームページや社員への共有資料、株主向け資料などに記載する場合の参考にしていただきたい。

冒頭で紹介したビジョン研究の基本書である『ビジョナリー・カンパニー』では、創立50年以上の成功企業の要因を「基本理念を維持しながら、進歩を促す」ことだと述べているが、ビジョンやミッションを軸とした経営が企業における基本であることが最先端の研究でも統計的に立証されたといえる。

変化が早く、先が見通しづらい「ニューノーマル時代」であるからこそ、基本となるビジョンとミッション、特に自社の「経営哲学」「経営コンセプト」「公的なイメージ」に改めて立ち返り、これからの事業のあり方を再確認する必要があるといえよう。

表4　過去の研究におけるビジョン・ミッションの内容

	ドラッカー (1974)	ウォント (1986)	ピアース & デイビッド (1987)	キャンベル & イェン (1991)	コリンズ & ポラス (1991)	コーツら (1991)	クレムら (1991)	アイルランド & ヒット (1992)
目的・ 存在意義	○	○		○			○	○
経営哲学・ 企業の価値		○	○	○				○
経営戦略	○						○	○
ビジネス ポリシー		○		○				
企業レベルの 目標・ゴール		○						
自社の経営 コンセプト		○	○	○	○	○	○	
公的な イメージ			○					
地理的立地			○					
技術			○					
生存への 集中度			○					

注：ハイライトはピアースらの論文で示された必須とされる3つの要素を示す
出典：クリストファー・バート、マーク・ヴァエツ "The Relationship Between Mission Statements and Firm Performance：An Exploratory Study（ミッションステートメントと企業業績の関係性：探究的研究）"表1を筆者翻訳

POINT

最先端の経営理論による示唆

- 企業のビジョンやミッションは企業の業績に良い影響がある
- 企業の業績の中でも営業利益や売上高成長率、株価リターンに効果がある
- ビジョンやミッションには「経営哲学」「経営コンセプト」「公的なイメージ」を最低限記載する必要がある

2 「ポーター対バーニー論」とビジネストレンド：ポジショニングとＲＢＶ論

ポジショニングかＲＢＶかの真実

前節では経営の「ビジョンやミッション」が、経営業績につながるのかについて、経営学における最先端の論文の知見から整理し、解説を行った。

複数の論文から導き出されたのは、経営のビジョンやミッションは経営指標、とりわけ営業利益や売上高成長率に影響する一方で、ＲＯＡやＲＯＥといった財務指標には影響しないということであった。

企業の経営ビジョンやミッションを設計・再設計したとして、次に何をしなければならないか。それは、設計・再設計されたビジョンやミッションを踏まえた新たな経営戦略および事業戦略の策定である。

そこで本節では、経営戦略論における最重要テーマでありながら誤解も多い、**ポジショニングアプローチとリソース・ベースド・ビュー**（Resource Based View：ＲＢＶ）について解説する。特に、これまでの経営学の教科書では解説されてこなかった「マクロ経済トレンド」という視点からポジショニングアプローチとリソース・ベースド・ビューをどのように活用するべきか解説する。これによって、**①なぜ2つの研究グループがまったく反対の理論を唱えたのか**、**②アフターコロナでより重要となるのはどちらか**という点が明らかになる。

初めに、ポジショニングアプローチとリソース・ベースド・ビューについて簡単に解説をしておく。

ポジショニングアプローチとは、ハーバード・ビジネス・スクールの教授であるマイケル・ポーターを中心とする経営戦略の理論であり、企業の超過収益力（他社を上回る業績）は企業が所属する業界構造が魅力的か否かによって説明づけられるというものである。

ポーターは1970年代後半、アメリカの業界ごとの平均営業利益率に大きな差があることに気がついた。

アメリカの航空業界はサウスウエスト航空を除くすべての企業の平均営業利益率が毎年大きくマイナスになっているのに対し、製薬業界は30%以上の平均営業利益率を上げている。この差を研究した結果、業界の構造が利益を上げやすいものか否かという点で説明できると考えた。

ポーターはもともと経済学で博士号を取得しており、経済学のSCPモデル[8]という理論を軸にして、業界構造が魅力的、つまり独占・寡占化された業界は企業の収益性が高いと

8 **SCPモデル**　Structure/Conduct/Performanceモデル：独占や寡占・完全競争状態といった業界構造が企業の行動を決定し、それによってミクロ経済のパフォーマンスが決まるという経済学の理論。主に企業による独占・寡占による社会全体の損失について分析する研究で使用される。

9 **ジェイ・B・バーニー**　ユタ大学教授。イェール大学にて博士号を取得。RBVの大家と呼ばれる。著書に『企業戦略論』（ダ

考えた。

この考え方は1979年に『Harvard Business Review』で5フォース分析（Five-Force Analysis）として紹介されている。

5フォース分析は、5つの脅威を大きな視点で2つのグループに注目するのが実務的な利用方法である。具体的には、①既存のライバル間の競争状況、②新規参入の脅威の程度、③代替製品の脅威の程度を「自社業界の顧客の奪い合いの分析グループ」に、④供給業者の交渉力の大小、⑤顧客の交渉力の大小を「利益配分の分析グループ」に分けて考えるのが経営の実践にかなっている。

そして5フォース分析を行い、収益性の高い業界を見つけ、その業界でどのように勝っていくのかをコストリーダーシップ戦略や差別化戦略で検討するのが、ポーターの一般的に理解されているポジショニング理論である。

RBVと経営資源の模倣困難性

一方でジェイ・B・バーニー[9]やゲイリー・ハメル、マーガレット・ペテラフ[10]、そして一橋大学名誉教授の野中郁次郎[11]らが主張するリソース・ベースド・ビュー（RBV）論は企業の超過収益力は企業の独自な経営資源にあると考えた。

イヤモンド社）などがある。本論文は、これまでに7万7千回以上も引用されているRBVの代表的な論文である。

10 **マーガレット・ペテラフ** ダートマス大学タック・ビジネス・スクール・レオン・E・ウィリアムス記念講座教授。イェール大学にて経済学の修士号と博士号を取得。1993年にRBVについて解説した論文は『Strategic Management Journal』誌の年間最優秀論文賞を受賞。

11 **野中郁次郎** 一橋大学名誉教授。カリフォルニア大学バークレー校ハース・ビジネス・スクール特別名誉教授。企業における知識創造モデルである「SECI（セキ）モデル」で知られる。ソフトウェア開発の手法であるスクラム開発の提唱者でもある。

ポーターのポジショニング理論に対して、ＲＢＶ論が考える企業とはどのようなものか。

ＲＢＶ論の第一人者であるジェイ・Ｂ・バーニーは、１９９１年に『Journal of Management（17(1)：99-120）』で発表した“Firm Resources and Sustained Competitive Advantage（企業の資源と持続的な競争優位）”という論文において、**企業は経営資源の束である**と指摘した。

すなわち、企業とは有形資源から人材資源、技術、特許などの無形資源までさまざまな経営資源が集まることで成り立つという考え方である。そして、企業を構成する経営資源の良し悪しやその独自性によって、他社を上回る収益を上げられるか否かが決まるとバーニーは考えたのである。中でも特に重要なのが、**その経営資源が模倣困難なものか**、という視点である。

では、その経営資源の模倣困難性とはどこからやってくるものなのか。

バーニーの論文と前後するが、ＩＮＳＥＡＤのインジェマー・ディエリクス[12]らは１９８９年に『Management Science（35(12)1504-1511）』で発表した“Asset Stock Accumulation and Sustainability of Competitive Advantage（資産ストックの蓄積と競争優位の持続性）”という論文において、どのような経営資源が模倣困難なのかについて研究した。

彼らは、企業の経営資源がただそこにあるだけでは足りないと指摘する。企業の経営資源が模倣困難であるためには、**①時間圧縮の不経済、②資産効率、③相互連結性、④資産侵食、⑤因果関係の曖昧さを持つ経営資源**という５つに該当するか否かにある。

12 **インジェマー・ディエリクス**
ＩＮＳＥＡＤ教授。ハーバード大学にてＭＢＡおよび法学修士（ＬＬ．Ｍ）を取得後、同校にて博士号を取得。本論文は１万２５００回以上引用され、ＲＢＶの研究者の多くが引用する論文である。

まず①時間圧縮の不経済とは、企業が時間をかけて社内で蓄積してきた経営資源は、他の企業が簡単に真似しようとするとかえってコストが高くなることを指す。M&Aで企業を買収することで経営資源を獲得する手法があるが、後発の企業が経営資源を蓄積しようとしたり、会社をM&Aで手に入れようとしたりすると、先発企業よりもコストが高くつきがちである（M&Aの経済性については後述する）。この時間圧縮の不経済が大きければ、企業は他社に対して長期間有利になるといえる。

②資産効率とは、ある経営資源を活用してきた企業のほうがそれぞれの経営資源、特に材料や在庫をどの程度維持して経営するかのノウハウがあるため、資本効率が上がるという効果である。製造業などを中心に材料や在庫が重要になるビジネスは多いが、R&D[13]などを繰り返しながらより少ない材料や在庫でビジネスが展開できる企業は他社に比べて経営効率が高く、持続して競争優位を築きやすくなる。

③相互連結性とは、経営資源は企業の他の経営資源と組み合わせて効果を発揮するものが多いため、他社が外部からその経営資源だけを調達してきてもうまく活用することができないことを要因とする競争優位性を指す。

④資産侵食とは、機械を中心とする経営資源の摩耗・故障を改善・改良・メンテナンスする能力の良し悪しのことを指す。

⑤因果関係の曖昧さを持つ経営資源とは、企業が経営資源を獲得するプロセスを外部か

13　R&D　Research and Development。企業の研究開発を指す。

表5　ポジショニングアプローチとRBVとの違い

	ポジショニングアプローチ	RBV
主要な研究者	マイケル・ポーター	ジェイ・B・バーニー
注目された時期	1980年代	1990年代以降
重視する点	業界の収益性と企業の独自性のあるポジション	企業の持つ模倣困難な経営資源
主要なフレームワーク	5フォース分析	VRIOフレームワーク

ら確認することが難しいだけでなく、企業の中でも偶然・運の要素で獲得した経営資源もあるため、他社が模倣することが難しく、競争優位につながる。これに関する例として、３Mのポストイットがある。ポストイットには、紙に強力には付着しない奇妙な接着剤が使われている。この接着剤は、１９６８年に一人の研究者が偶然開発したものである。当時は、利用されることがなかったが、74年になって別の研究者が聖歌隊の賛美歌集に挟まれていたしおりが偶然落ちるのを目にし、この接着剤を用いてしおり代わりに使えるとひらめいたところからポストイットが誕生した。

このような真摯な努力と偶然が重なったポストイットという製品は今でこそ知らない人はいないが、当時はどうやって開発したかもわからず、貼ってはがせるという製品を模倣することは困難であった。

これらの５つの模倣困難性を持つ経営資源を多数有している企業は、他社に対して持続的な競争優位性を獲得できると、ディエリクスらは考えた。

ここまでのポーターの唱えるポジショニングアプローチとバーニーの唱えるＲＢＶの違いをまとめると表５のようになる。

バーニーが見たポジショニング理論の不完全性とポーターの彗眼

では、なぜＲＢＶの研究者はポーターの理論では不完全だと思ったのだろうか。

ＲＢＶの代表格であるバーニーはポーターのような経済学者の視点ではなく、企業の実態に目を向けた。ポーターが航空業界は赤字の企業だらけだと指摘したのに対して、航空業界においてもサウスウエスト航空のように高い収益率を誇る企業があるため、ポジショニング理論だけでは業界全体の収益性の大小については説明がついたとしても、個々の企業のパフォーマンスは説明できないと主張する。

さらには、サウスウエスト航空は直近まで安定した収益を稼ぎ出しており、持続的な競争優位を構築しているが、この理屈はポーターのポジショニングアプローチでは説明しきれない。

加えて、ＲＢＶが台頭してきた１９８０年代にはトヨタやホンダ、ソニーなど日本製品がアメリカを席巻していた。日本企業はポーターのような明確でわかりやすい戦略ではなく、泥臭い商品開発とカイゼンを繰り返すことで高い品質の製品を提供して成功を収めており、ＲＢＶは日本企業の躍進を分析する中で特に注目されることとなった。

このようなＲＢＶからのポーター批判を、ポーター自身はどのように考えたか。

これまでの経営学の教科書で説明されてきたのは、ポーターが誤りを認め、内部環境分析も重視するようになったことである。『競争優位の戦略』（ダイヤモンド社）で登場したバリューチェーン分析[14]や、１９９０年に『Harvard Business Review』に寄稿された「戦略とは何か」で登場した戦略的フィット[15]がその例として挙げられている。

しかし、これは半分正解で半分誤りであろう。なぜなら、ポーターはポジショニングだけで企業の超過収益力が決まるとはそもそも一言もいっていないからである。

その証拠は、日本でもベストセラーとなった１９８０年出版の『競争の戦略』（ダイヤモンド社）にある。図１は、経営学の教科書ではほとんど解説されていないが、企業の業界構造分析と企業の内部資源の統合が戦略上重要だという点をポーターが示したものとして重要である。ちなみに、この図は『競争の戦略』の旧版では表紙にも使われている。

ポーターはＲＢＶが登場する前の１９８０年当時から、企業の内部の要因と外部環境の機会やビジネス機会を捉えて戦略策定をすることの重要性を唱えていた。

さらにポーターは、１９９７年に『Strategic Management Journal（18(S1)：15-30）』にて、“How much does industry matter, really?（産業構造はどのくらい影響するのか、それは本当か）”という論文を発表し、ポジショニング理論が統計的にも有効であるかどうか、教え子のアニタ・

14 **バリューチェーン分析**　ポーターは企業の業務を購買、製造、販売といった主活動と経理や人事といった補助活動に分けた上で、それぞれのどの分野で競合と差別化し、収益を生み出すのかを分析するバリューチェーン分析を提唱した。

15 **戦略的フィット**　ポーターは企業が優位なポジションを構築した場合においても、それぞれの施策がバラバラに実行されていては企業全体として競合と差別化することはできないとし、各施策・業務が戦略的にフィットして（まとまって）いるかどうかを重視するべきだと考えた。たとえば高級ホテルにもかかわらず荷物を運ぶのが宿泊客では、戦略的フィットがないことになる。

図1　ポーターが提示した「外部環境分析と経営資源との統合戦略」

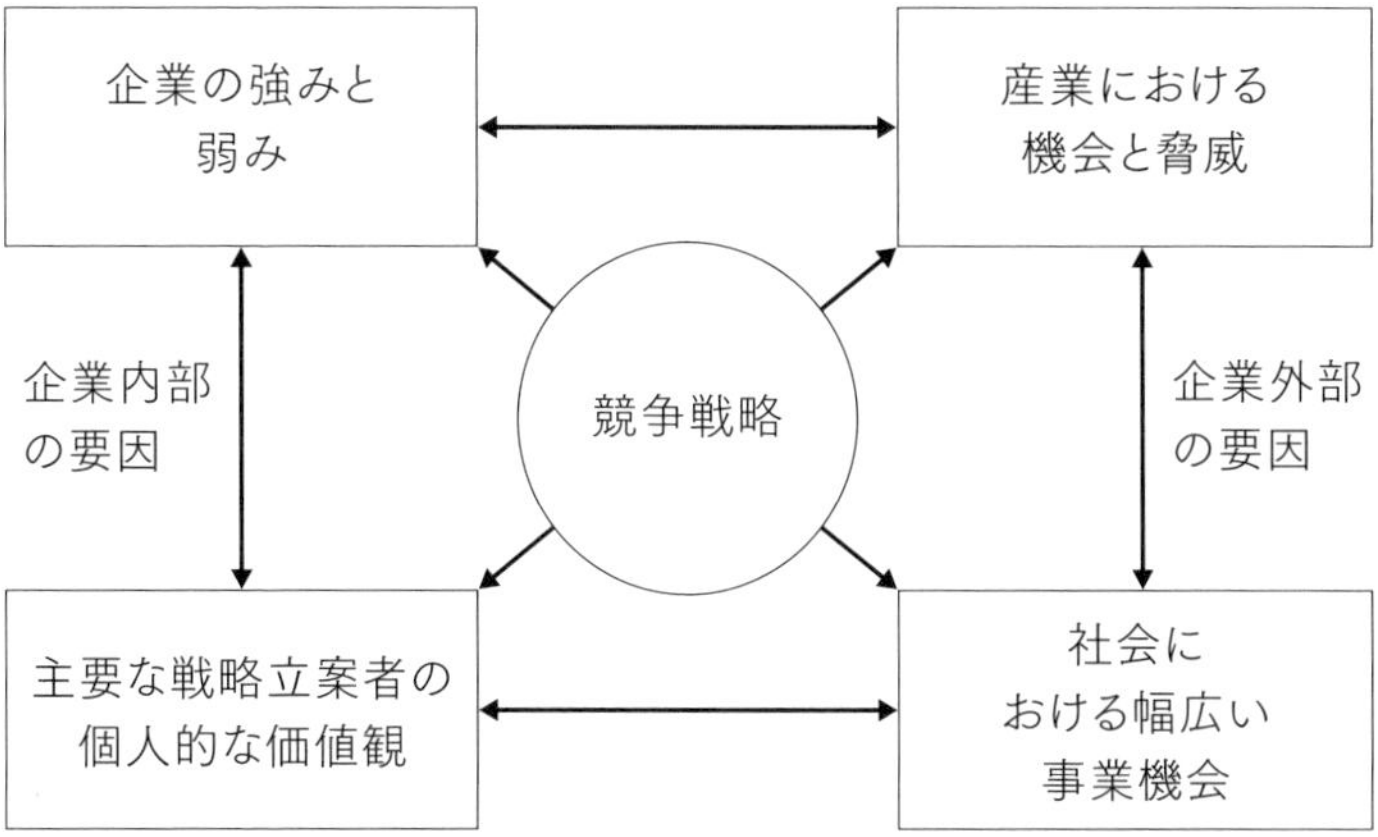

出典：マイケル・ポーター『競争の戦略』（ダイヤモンド社）の表紙に掲載された図を筆者翻訳

M・マクガハン[16]とともに分析した。

ポーターらはアメリカの標準分類コードであるSICをベースに、1982年から94年までの全産業、1万社以上の資産や営業利益をベースに統計解析を行った。その結果、企業のパフォーマンスに与える影響は、その年の景気要因が2・39%、産業構造が18・68%、企業の親会社の状況が4・33%、そして業界構造が31・77%であることがわかった。裏を返せば、57・1%については産業構造や業界構造などの企業のマクロ環境で説明がつけられるが、残りの約43%については、マクロ環境では説明がつかないことになる。企業の収益性に与える要因のうち、50%超の部分については、企業が取り巻く環境の良し悪しで説明が可能であるが、

16 **アニタ・M・マクガハン**　トロント大学ビジネス・スクール教授。ハーバード・ビジネス・スクール出身。ポーターの愛弟子の一人。「産業進化の4つの法則」で知られる。

40％強については、企業の内部環境でしか説明がつかない。すなわち、**企業の収益性のうち40％強は企業のリソースを組織能力で説明できる**ということである。

ポーターは１９７０年代後半から80年代中盤までは、ポジショニング理論を重視していたものの、その後、暗黙的にではあるが、**企業独自の競争優位も同様に重要であると**世界的なジャーナルで発表した。

他にもこの論文では、産業構造や業界構造が収益性に与える影響は製造業では小さいが、宿泊・娯楽、サービス業では大きいことも明らかにされている。宿泊やサービス業では、業種の性質上価格帯が決まりやすいからである。

このように、ポーターは１９９７年においても、競争戦略では一貫して企業の業界構造と企業内部の経営資源の両方が重要だとしている。

ポーター対バーニー論の裏にあるアメリカ経済のトレンド

ここまで、ポジショニング理論とＲＢＶの違い、そしてポーターは当初から企業外部の機会と社内の経営資源の両方が経営戦略上重要であることを説明していたという事実を解説してきた。

では、ポジショニングアプローチとＲＢＶという理論的な対立は、そもそもどこから来たのであろうか。その答えは、マクロ経済環境のトレンドにあると筆者は考える。

表6を見ていただきたい。アメリカの1960年代末から90年までのマクロ経済指標である。

表からも明らかなように、ポーターがポジショニングアプローチを確立しつつあった70年代中盤から後半のアメリカは、経済成長が続いた「黄金の60年代」とは大きく状況が異なり、イラン革命を発端とする石油危機によって経済環境が悪化。GDP成長率が鈍化し、失業率が大きく上昇。労働生産性もマイナスに転じるなど、経済が不安定になっていた。

このような経済環境の中で企業が収益を上げていくためには、少なくなるパイの中で、どのように収益・利益を上げられる市場を見つけられるかが鍵となる。

そこで、儲かる市場、儲からない市場を見分けるポーターのポジショニングアプローチとそのツールが非常に有効だった。

一方で80年代のアメリカ経済はレーガン大統領が唱えるレーガノミクスが失敗に終わり、アメリカは債務国に転落。財政赤字と貿易赤字の双子の赤子に苦しんでいた。加えて、ジャパン・アズ・ナンバーワンと呼ばれたほどアメリカ市場を日本企業が席巻していた。

パイが広がらない状況の中、今ある市場の中でなんとか生き残りをかけて競争しようとすると、良いポジションを探すことよりも、既存の事業で他社といかに差別化するか、という発想が重要になる。差別化するためには顧客に求められる製品・サービスが必要とな

表6 1960年代末から90年までのアメリカ経済指標

年	GDP成長率	失業率	労働生産性上昇率
1968	4.8%	3.5%	4.8%
1969	3.0%	4.9%	3.0%
1970	0.2%	5.9%	1.5%
1971	3.3%	5.6%	3.3%
1972	5.4%	4.9%	5.4%
1973	5.8%	5.6%	5.8%
1974	−0.6%	8.5%	−0.6%
1975	−0.4%	7.7%	−0.4%
1976	5.6%	7.1%	5.6%
1977	4.6%	6.1%	4.6%
1978	5.5%	5.8%	5.5%
1979	3.2%	7.1%	3.2%
1980	−0.2%	7.6%	−0.2%
1981	2.5%	9.7%	3.5%
1982	−2.0%	9.6%	−2.0%
1983	4.3%	7.5%	4.3%
1984	7.3%	7.2%	7.3%
1985	3.8%	7.0%	3.8%
1986	3.4%	6.2%	3.4%
1987	3.4%	5.5%	3.4%
1988	4.2%	5.3%	4.2%
1989	3.5%	5.6%	3.5%
1990	1.8%	6.8%	1.8%

るが、それを開発するのは人であり、人が活用する知識や機械、資産である。だからこそ、バーニーが説く経営資源が企業の競争優位に重要とされた。

ニューノーマル時代に求められる経営戦略のあり方

では、ニューノーマル時代の経営学としてより重要になるのはどちらだろうか。

前提として、日本の市場は縮小傾向にある中で、アフターコロナに向けてDXの活用など新しい市場が急拡大していることを押さえておきたい。詳細なグローバル戦略については第4章で解説するが、海外市場に再度打って出る企業も増加するだろう。

そのような状況の中で、マクロ経済の動向は、ポーターがポジショニングアプローチを提唱したように、新しい市場が拡大していく1970年代後半に似ているように思える。

このような変化の早い環境においては、**1つの事業に縛られることなく新しい事業を積極的に行う必要がある**ことは自明の理であろう。

バーニーとバーニーの教え子のマッキーが2017年に『Strategic Management Journal（38：322-341）』で発表した"Corporate Diversification and the Value of Individual Firms：A Bayesian Approach（企業の多角化と個々の企業の価値：ベイズ推定アプローチ）"において、838社のデータをもとに、企業は収益の最大化を行う上では多角化を強いられると指摘する。

そしてこの論文では、95・4％の企業において、単一の事業を行っている企業よりも複数の事業を行っている多角化企業のほうが成長性も企業価値（トービンのq[17]）も高く、かつ、自社のコア事業と関連性のない事業を行っている多角化企業よりも自社のコア事業と関連する事業を行っている多角化企業のほうがその数値が高いことが明らかになったと結論づけている。

この論文から、企業の収益性と企業価値を最大化するには、**①企業のコア事業と関連性がある成長分野を見つけること、②企業のコア事業を活かした競争戦略を策定すること**の2つが重要だと導き出せる。

すると、①の企業のコア事業と関連性があり、自社の成長が見込める事業分野を見つけるためには、ポーターのポジショニングアプローチが示すように、**どのような事業分野にチャンスがあり、どのような企業がその業界に参入していて、勝つ可能性が高いかというシビアな選択を行う視点**が必要になる。たとえばＡＩやＳａａＳ（Software as a Service）という伸び盛りの事業体であっても、コア事業と関連性がなければ成功する可能性は低い。

一方で自社が海外からの輸入網があり、マーケティングに強い企業であれば、日本ではまだ流行っていないものを海外から輸入し、それを国内で販売することで新しい成長事業を見つけられる可能性がある（これをタイムマシン経営という）。

このようにポーターのポジショニングアプローチは、ニューノーマル時代においても、自

17 **トービンのq** 企業価値（株価＋負債総額）を資本の再取得価値で割った値。

図2 ニューノーマル時代の戦略アプローチ

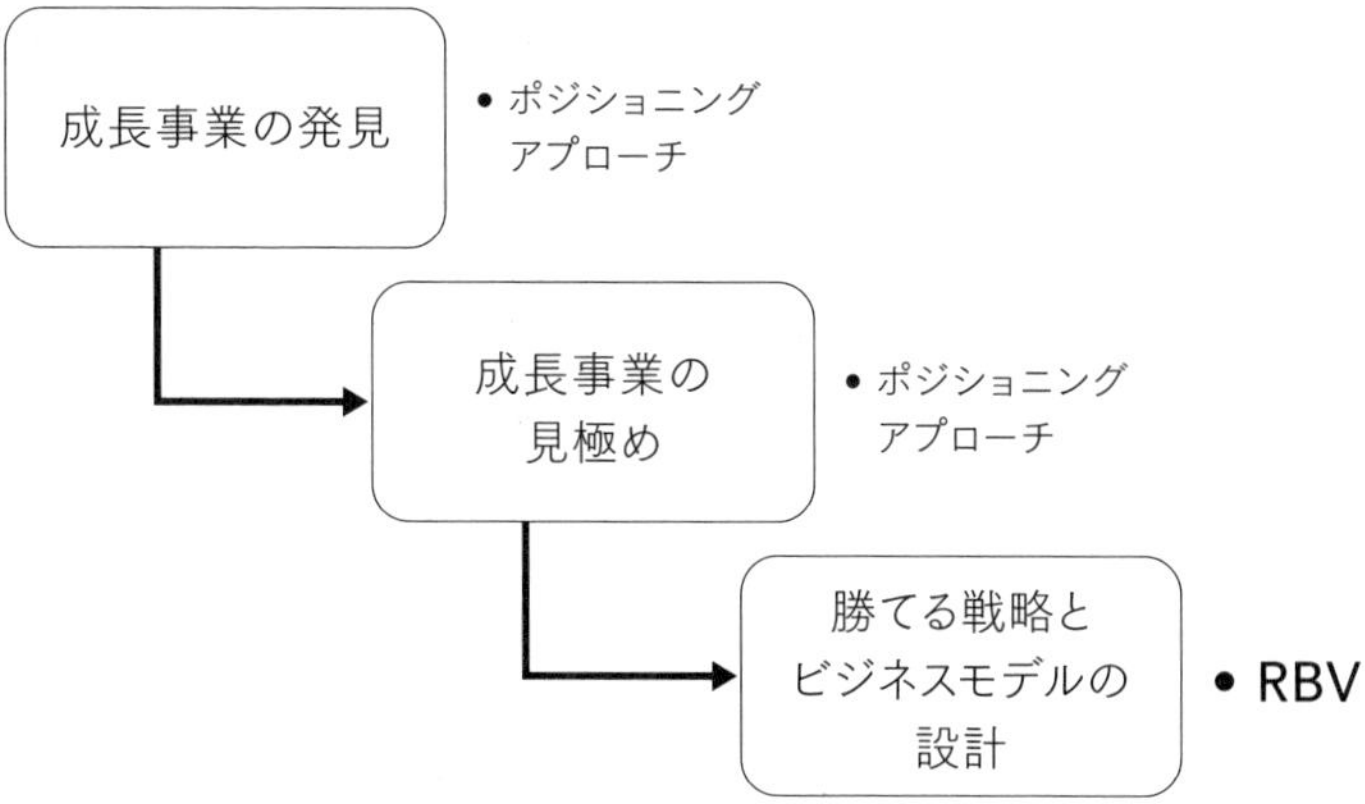

社の成長分野をシビアに見分けるための第一歩として有効である。

次に②として、その業界でどのように勝っていくのかという視点では、ポーターの差別化戦略を参考としつつも、**RBVの視点**が重要となる。

すなわち、自社が他社よりも勝る経営資源は何か、それがどのように獲得・蓄積されてきたものなのか、その経営資源があると、競争上どの程度優位なのか、という視点を分析するRBVの視点が、新規事業における戦略とビジネスモデルを検討する上での柱となる。

以上をまとめると、図2のようになる。

企業がニューノーマル時代における新しい事業の目を見つけるフェーズではポジショニングアプローチを活用し、それによって見つけた事業において、勝てる戦略とビジネスモ

デルを構築するフェーズではRBVの視点を活用するという2つの理論の併用が、ニューノーマル時代の経営戦略のあるべき姿だといえよう。

ところで、ポジショニングアプローチで企業のコア資源をベースとした事業機会を発見するにしても、RBVの視点から勝てる戦略とビジネスモデルの設計をするにしても、経営資源はどんどん劣化することから、新しい経営資源を身につけていかなければならない。

そこで重要なのは、**どのように企業の経営資源をアップデートし、競争に勝ち抜いていくのかという視点**である。次節では、この点を「両利きの経営」と「ダイナミック・ケイパビリティ」という経営学における進化論的アプローチから見ていこう。

POINT

最先端の経営理論による示唆

- ポジショニングアプローチは魅力的な市場発見のためのフレームワークである
- RBVはいかに他社と差別化するかという視点を重視している
- ニューノーマル時代には、伸びゆく新しい市場をポジショニングアプローチの観点で探し出し、その市場の中で差別化できる戦略とビジネスモデルをRBVの観点で構築する必要がある

3 「両利きの経営」と「ダイナミック・ケイパビリティ」：経営資源の進化論

企業の競争優位を経営資源の面から分析する

ここまで、1970年代から90年代までに流行してきたポジショニングアプローチとRBVという2つの理論を紹介し、その中でもニューノーマル時代に利用できる点、再検討が必要な点について解説してきた。

本節ではさらに進んで、2000年代以降にアメリカの経営学会および経済界において活発に議論されてきた、**「両利きの経営」**と**「ダイナミック・ケイパビリティ」**について解説をしていこう。

まず読者の混乱を避けるために、両利きの経営とダイナミック・ケイパビリティは、どちらも企業の競争優位を経営資源の面から分析する点を解説しておくことにする。特にダイナミック・ケイパビリティについては研究者の大半が、もともとはRBVを研究していたこともあり、RBVの考え方を汲んでいる。一方で、両利きの経営もダイナミック・ケイパビリティも、企業は希少な経営資源を獲得したら終わりではなく、それらを組み合わせ、時には廃棄もしながら進化させていくダイナミック（動的）な視点から企業の競争優位を分析しようとしている（なので、ダイナミック・ケイパビリティと呼ばれている）。

もう少しアカデミックな説明をすると、経営学者たちはＲＢＶを希少価値の高い資源が価値を生む意味で、経済学者のデヴィット・リッカード[18]が唱える付加価値（レント）[19]を分析しているとしており、両利きの経営やダイナミック・ケイパビリティは、資源と資源との新しい組み合わせによって経済価値を生む意味で経済学者のヨゼフ・シュンペーター[20]が唱える付加価値（レント）を分析しているという言い方をする。

ここで簡潔に、両利きの経営とダイナミック・ケイパビリティについて解説をしておく。

両利きの経営：誕生の背景

近年ブームとなっている両利きの経営だが、この理論のキーワードである「深化」と「探索」という概念が登場したのは１９９７年のマイケル・タッシュマン[21]とチャールズ・オライリー[22]の『競争優位のイノベーション』（ダイヤモンド社）に遡る[23]。

彼らは、もともとイノベーションを生み出す組織とは何かについて研究を行っていた。

当時のイノベーション理論というと、クレイトン・クリステンセンが『イノベーションのジレンマ』（翔泳社）を出版したタイミングでもあり、イノベーション論の中心的なテー

18 **デヴィット・リッカード**　国の比較優位に基づく輸出戦略の重要性を説いた経済学者。アダム・スミス、マルクス、ケインズと並ぶ経済学者。

19 **レント**　もともとは地代の意味。投資に対する利益を指す。

20 **ヨゼフ・シュンペーター**　ボン大学、ハーバード大学にて教鞭をとった。『経済発展の理論』にて、経済成長とイノベーションの重要性を説いた著名経済学者。

21 **マイケル・タッシュマン**　ハーバード・ビジネス・スクール教授。コーネル大学で科学の修士号、ＭＩＴで組織行動論の博士号を取得。

マは、破壊的イノベーション論、つまり短期的には技術レベルも低く既存顧客には合わない製品だが、伸びゆく新しい市場において利用される製品を見つけ、伸ばすことができるのかにあった（イノベーションのジレンマのブームともいえる）。

クリステンセンは、イノベーションのジレンマを避けるためには組織を分け、プロセスも評価も別にするべきだと唱えたのだが、タッシュマンらは既存事業に必要な知識を獲得するプロセスを強化しすぎると、新しい分野の知識を獲得することがなおざりになり、結果的に新しい製品や市場を獲得することを軽視しがちになると考えた。

そこで提唱された考え方が「両利きの経営」である。既存事業でしっかりと稼ぎながらも、外に目を向けて新しい知識や経営資源を獲得し、それによって新規事業と既存事業とのバランスを図るのが「両利きの経営」の考え方である。

『両利きの経営』は１９９７年に出版され、アメリカのビジネス界において注目されていた一方、経営学の世界においては抽象的な概念という意味が強く、科学的な研究を重んじるアメリカの経営学の世界では、人気があったとはいえなかった。特に日本では近年までほとんどの方がご存じなかったであろう。

22 **チャールズ・オライリー**　スタンフォード・ビジネス・スクール教授。カリフォルニア大学バークレー校にてＭＢＡと組織行動論の博士号を取得。

23 正確にいうと、この「深化」と「探索」という言葉を生み出したのは１９９１年に組織論の学者として著名なジェームズ・Ｇ・マーチが発表した「組織学習における深化と探索」という論文である。マーチはこの言葉以外にも組織におけるシミュレーション研究などを行っており、ノーベル経済学賞を受賞したハーバード・サイモンと同様に組織論の経営学者の中で著名な研究者の一人である。

両利きの経営の流行

研究者の世界であまり流行らなかったため、タッシュマンとオライリーは、２００８年に『Research in Organizational Behavior（28：185-206）』において"Ambidexterity as a dynamic capability：Resolving the innovation's dilemma"（ダイナミック・ケイパビリティとしての両利きの経営：イノベーションのジレンマを解決する）という論文を発表し、自身の両利きの経営をダイナミック・ケイパビリティの理論に位置づけて説明することで、流行していたダイナミック・ケイパビリティ論の人気にあやかるような研究も行っていた。

両利きの経営が学問の世界で本格的に研究されるようになったのは、クリスティーナ・ギブソン[24]とジュリアン・バーキンショー[25]が２００４年に発表した統計的な論文以降である。

彼らが『Academy of Management Journal（47（2）：209-226）』において、"The Antecedents consequences, and mediating role of organizational ambidexterity（両利き組織における前提条件の結果と媒介的役割）"として発表した論文は、４４００回以上の引用がなされている有名論文である。

まず、彼らは多国籍企業10社の経営陣に、彼らが行っている41の事業について、事業の特徴と経営資源への投資状況、資源配分についてインタビューし、同時にそれらの企業で

24 **クリスティーナ・ギブソン**　カリフォルニア大学アーウィン校教授。クレアモント大学にて博士号を取得。ＩＢＭやＨＰ、ＧＭなどの世界的企業へのコンサルティングも実施。

25 **ジュリアン・バーキンショー**　ロンドン・ビジネス・スクール教授。経営戦略論の大家であり、インテルの研究で経済界においても世界的に著名。

働く4195名のスタッフ、ラインマネージャー、ミドルマネージャー、シニアマネージャーに対して、役職ごとにランダムに同様のインタビューを行った。

インタビューを行った後、そのインタビュー結果がデータで裏付けられるかについて、各社の事業部ごとのROA、ROE、株主収益率を分析し、両利きの経営を行っていることによってパフォーマンスが上がっているかどうかを財務データから解析した。

そして両利きの経営を行う組織（両利き組織）のほうが過去5年間の事業部ROA、ROE、株主収益率が高いかどうかを調査した。

その結果、両利き組織は目標達成を成し遂げるために経営資源の配分と適応力に優れていることから、経営資源のムダが少ない、他社が欲しがっている情報が適切に共有されている、フィードバックが適切に行われ知識の「深化」と「探索」の両面がバランスされている、といった状態が維持されている。このことから、結果的にROA、ROE、株主収益率が高いという傾向がわかった。すなわち、**既存の事業を掘り下げて収益性を確保する一方で、新規事業を手掛けていくことで企業としての収益性とリスク低下の両方を実現していることになる。**

1997年に登場した両利き組織の概念は、当初抽象的な理論にとどまっていたが、2004年のギブソンとバーキンショーの論文によって、統計的に両利き組織のパフォーマンスが高いことが示された結果、経営学の世界でも両利き組織の研究が活発化してきた。

たとえば、２００９年にバーキンショーがタシュマンらと『Organization Science（20（４）：685-695）』に発表した論文"Organizational Ambidexterity：Balancing Exploitation and Exploration for Sustained Performance（両利き組織：持続的なパフォーマンスに向けた深化と探索のバランス）"は、これまでに２３６０件以上の引用がされており、両利き組織に関する研究の重要性が向上しているといえよう。

ダイナミック・ケイパビリティブームとその問題点

次にダイナミック・ケイパビリティとは、１９９７年にカリフォルニア大学バークレー校のディビット・ティース[26]らが『Strategic Management Journal（18（７）：509-533）』に発表した"Dynamic capabilities and strategic management（ダイナミック・ケイパビリティと戦略マネジメント）"という論文の中で提唱した理論のことである。

ティースらはそれまでのＲＢＶの理論を説明した上で、**企業は経営資源を獲得しただけでなく、それらの能力を統合したり再構築したりしながら、外部および内部の変化に対応する能力が必要である**と指摘する。そして、それらを統合・再構築し、新しい能力を獲得するための能力がダイナミック・ケイパビリティであり、これが重要な競争優位の源泉であるとした。

26 **ディビット・ティース**　カリフォルニア大学バークレー校ハース・ビジネス・スクール教授。ペンシルベニア大学経済学部で博士号を取得。ダイナミック・ケイパビリティの提唱者であり、ＲＢＶの研究者としても知られる。

そして企業が持つ経営資源は、これまで獲得してきたプロセスの進化経路によって他社が真似できないような独自性を持つことになるため、他社からは模倣困難になるとする。

一方で、「企業が経営資源を統合・再構築し、新しい能力を獲得する能力が重要だ」という表現は、海外の経営学者や一部の日本の経営学者から「能力を獲得する能力」と説明している点で同音異義（トートロジー）であると批判されている。

ティースが指摘するように、現代の企業において一度優位な経営資源や企業の能力（ケイパビリティ）を獲得したらそれで終わりではなく、経営資源を統合・再構築し、進化させていくという考え方は非常に示唆に富む。一方で、ダイナミック・ケイパビリティの論文自体はわかったようでわからないような曖昧な表現が並んでいる（実際に読んでみると頭の中にはてなが浮かぶだろう）。

そこで、多くのＲＢＶの研究者がダイナミック・ケイパビリティをもっと良い学問領域にしようとこぞって研究するようになった。

その中でも代表的な論文とされるのがキャサリーン・アイゼンハート[27]とジェフェリー・マーティン[28]が２０００年に『Strategic Management Journal（21（10-11）：1105-1121）』で発表した、“Dynamic capabilities：What are they?（ダイナミック・ケイパビリティ：それは何か）”である。

アイゼンハートはさまざまな経営戦略論の研究分野で活躍する著名な研究者であるが、コンサルタントや起業家として15年にも及ぶ経験があるマーティンと組むことで、ティース

27 **キャサリーン・アイゼンハート**　スタンフォード・ビジネス・スクール教授。スタンフォード大学で博士号を取得。「シンプルルール」という企業の経営戦略論で著名。

28 **ジェフェリー・マーティン**　アラバマ大学准教授。ミシガン大学にてＭＢＡ、スタンフォード大学にて博士号を取得。

の理論をより洗練させた。

彼らはまず、変化の早い環境下では、外部環境に適応するためにいかに新しい資源配置を行うかが重要であるとする。すると、ダイナミック・ケイパビリティとは、経営資源の統合や再構築というよりも、**外部環境の変化に合わせて、経営資源を再配置する組織的な能力である、**とするのが彼らの指摘である。確かに、ニーズのない事業をやり続けるより、そのお金と経営資源をより伸びる事業に振り向けるべきであるのはビジネス感覚からもうなずける。

「経営資源の配分こそが経営戦略の要諦である」と説いたのは『組織は戦略に従う』（ダイヤモンド社）を出版したアルフレッド・D・チャンドラー[29]であるが、アイゼンハートらの考え方は、彼の理論をある種進化させブラッシュアップさせたものといえよう。

このアイゼンハートとマーティンの指摘は、ティースのダイナミック・ケイパビリティとコンセプトは似ているが、より現実のビジネスに即した考え方であり、経済界からも高い評価を得ている。

さらに、2002年にマウリジオ・ゾロ[30]とシドニー・ウィンター[31]が『Organization Science（13（3）：339-351）』に発表した"Deliberate learning and the evolution of dynamic capabilities（意図的な学習とダイナミック・ケイパビリティの深化）"という論文も有名である。

ゾロとウィンターは、企業は経営資源を獲得してから、どのような経路をたどって経営

29 **アルフレッド・D・チャンドラー** 元ハーバード・ビジネス・スクールおよびジョンズ・ホプキンズ大学教授。アメリカ海軍勤務を経て、ハーバード大学にて歴史学の修士号と博士号を取得。アメリカ大企業の多角化と事業部制について調査した『組織は戦略に従う』（ダイヤモンド社）は世界的に著名。2007年に死去。

30 **マウリジオ・ゾロ** インペリアル・カレッジ・ロンドンビジネス・スクール教授。ペンシルベニア大学ウォートン・スクールにて博士号を取得。マッキンゼーおよびメリルリンチにて勤務経験を持つ。

資源、特に新しい知識を獲得し、進化させていくのかについての研究を行った。つまり、ティースの研究をより精緻に議論しようとした。

彼らは社内でのさまざまな経験の蓄積、知識の分化（分節化）、そして社内への知識の埋め込み（コード化）が、まずダイナミック・ケイパビリティを生み出す前提として必要であるという。経験の蓄積とは、個人が行うさまざまな活動の中から運よく暗黙的に取得するものである。たとえばメーカーの研究職などで、仕事の中でさまざまな実験や開発をしていたところ、たまたま見つけられた新しい機能、サービスを利用していた中で、別の使い道を知って効率的になったことなどが該当する。

一方で知識の分化とは、人々が各自の経験について議論・共有することで獲得される。社内での技術共有会や飲み会の場でさまざまな部署のメンバーと会話をする機会が日本企業では多く採られているが、海外企業では、フェイルコンという自身の失敗事例を共有することで、情報・知識共有をする場がある。

知識の埋め込み（コード化）とは、議論とセットで技術や情報を書類に起こしたり、業務フローに組み込んだり、明文化することによって獲得される。後者の2つは組織的な活動から生まれる明確なものである。

そのため、暗黙的で個人に委ねられた経験の蓄積を待つのではなく、組織的な知識の分化や知識の埋め込みの活動に対して投資を行うべきであるとゾロらは指摘する。

31
シドニー・ウィンター　ペンシルベニア大学ウォートン・スクール教授。進化論を応用した経済学モデル、経営学モデルの提唱者。イェール大学にて経済学修士、博士号を取得。著書『経済変動の進化理論』（慶應義塾大学出版会）は2万5千回を超える引用をされる。

図3 知識深化のサイクル

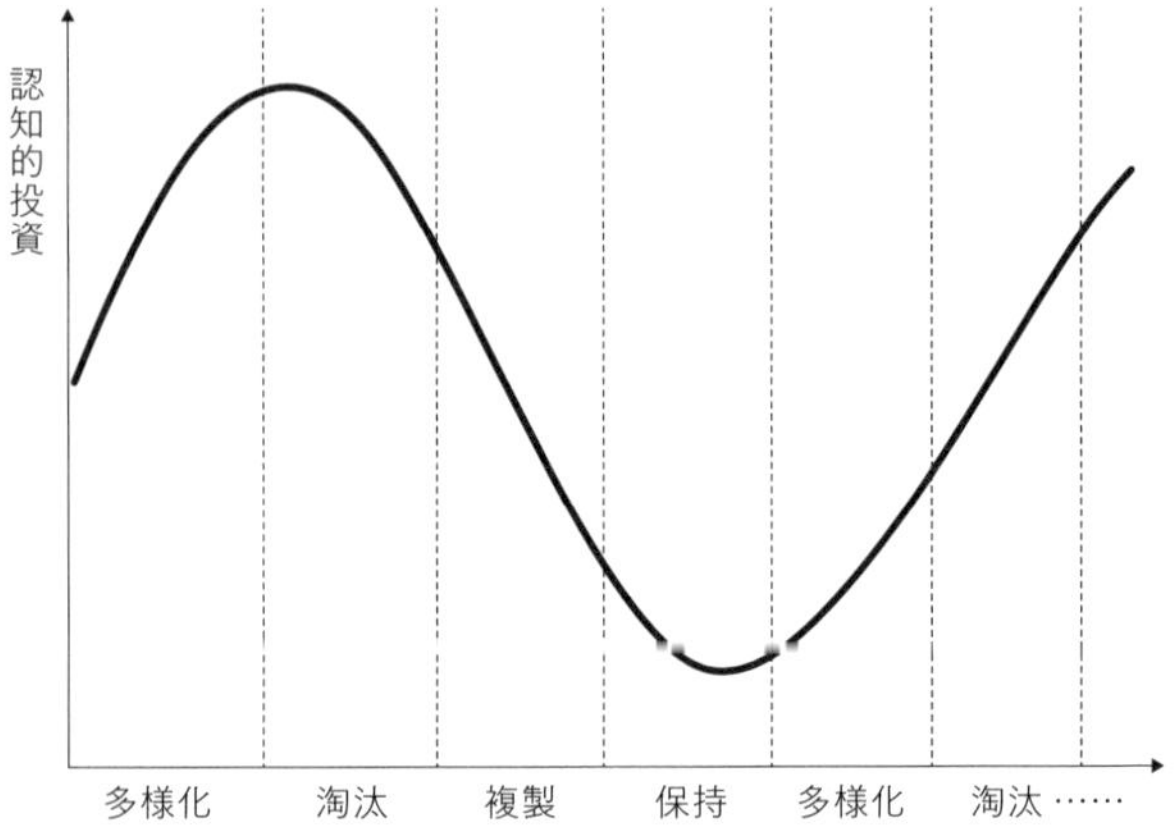

出典：マウリジオ・ゾロ、シドニー・ウィンター "Deliberate learning and the evolution of dynamic capabilities（意図的な学習とダイナミック・ケイパビリティの深化）"（2001）図4を筆者翻訳

そして、これらの組織的な活動に投資をすることで、経営資源を進化させるダイナミック・ケイパビリティが身についていく。

時間軸が前後するが、本論文のワーキングペーパーの中で、ゾロとウィンターは、経営資源の中でも最も重要な企業内の知識がたどる進化のサイクルも定義した（図3参照）。

具体的には、企業が知識を明確化する知識の分化と知識の埋め込みという活動に対して投資を行うことで、まず社内の経営資源が多様化する。その中で新しい環境に必要なものとそうではないものに分類され、必要ないものは淘汰されていく。そして重要な経営資源は社内で複製され共有され、最終的に社内で保持（定着）することになるが、また新しく知識が共有されていくことによって再び多様化するサイクルを繰り返しながら進化を行っていく。

以上のように、ダイナミック・ケイパビリティはティースらが提唱した段階ではトートロジー的でやや曖昧な理論であったが、アイゼンハートやゾロらの研究により、経営資源を再配置しながら知識を共有し、進化させていく能力こそがダイナミック・ケイパビリティであるという定義に固まっていったといえよう。

この知識を共有し、深化させていくというダイナミック・ケイパビリティをさらに進化させたのが、シドニー・ウィンターがコンスタンス・ヘルファット[32]とともに2011年に『Strategic Management Journal（32(11)：1243-1250）』に発表した"Untangling dynamic and operational capabilities：Strategy for the Never-changing the world（ダイナミック・ケイパビリティとオペレーショナルケイパビリティとを結びつける：刻々と変化する世界への戦略）"という研究ノートである。

この研究ノートの興味深い点を一言でいうと、ダイナミック・ケイパビリティの入り組んだ議論をわかりやすく説明したところである。すなわち、既存事業で当面の生活費を捻出するために必要な能力がオペレーショナル・ケイパビリティであり、これがなければそもそも企業は短期的にも生き残れない。

一方で、ダイナミック・ケイパビリティとは、企業が何で稼いでいくのかという稼ぎ頭

32 **コンスタンス・ヘルファット**　ダートマス大学タックビジネス・スクール教授。ヘルファットもまた、RBV研究の第一人者の一人。

図4 両利きの経営とダイナミック・ケイパビリティの関連性

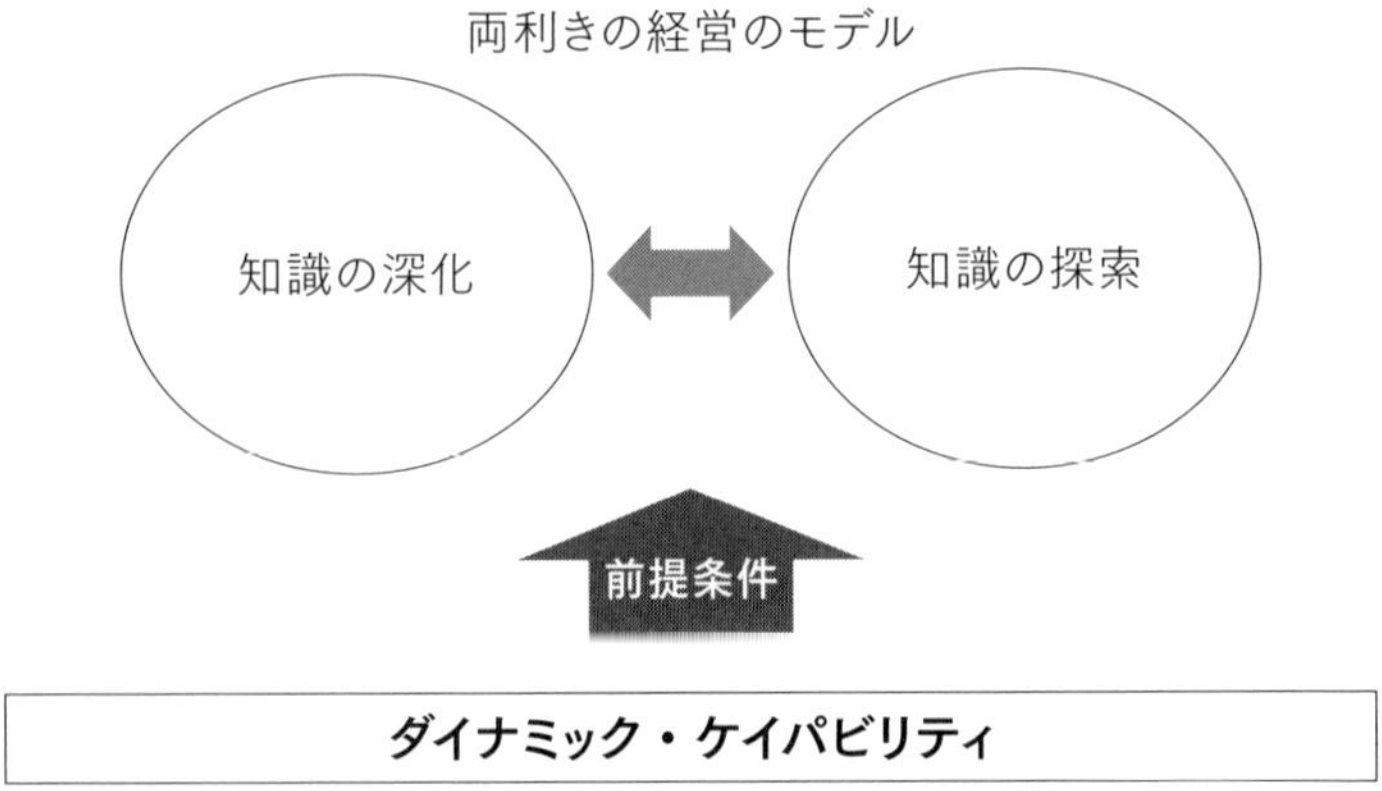

を変える際に必要な能力であるとする。あらゆるものをダイナミック・ケイパビリティで説明してしまうのではなく、ラディカルに会社の将来を変え得るような能力だけがダイナミック・ケイパビリティだと考えれば、トートロジーにはならない。

彼らがダイナミック・ケイパビリティの例として挙げたのは、インテルの半導体チップの開発、スターバックスの第三の場所としてのカフェというコンセプト、ウォルマートのエブリデイロープライスの戦略、マリオットホテルのチェーン展開ビジネスである。

以上のように当初は曖昧だったダイナミック・ケイパビリティも２０１１年以降においては、非常にシンプルでわかりやすい理論になっているといえよう。

ニューノーマル時代に求められる経営戦略のあり方

両利きの経営およびダイナミック・ケイパビリティはどちらも近年登場してきた理論であり、ニューノーマル時代にも大いに参考になるであろう。

特に変化の早い業界においては、企業は絶え間ない進化、そして変化を迫られる。そうした中では、**既存の事業を行うために必要な知識の「深化」だけでなく、新しい事業に踏み出すための知識の「探索」も必要である。**そして、それらを行うためには、**企業は自社の経営資源の配分を柔軟に変化させながら、ダイナミックに経営資源を入れ替えていくことが必要になる。**つまり、図4に示したように、両利きの経営という大きな企業の方向性の中で、両利きの経営を成功させるための前提条件として、ダイナミック・ケイパビリティが必要になる、というのが最も理解しやすい整理となるであろう。

両利きの経営もダイナミック・ケイパビリティも、どちらも経営資源を進化させていくアプローチであり、変化が早く曖昧な今後のニューノーマル時代において、ますますその重要性は増していくだろう。

POINT

最先端の経営理論による示唆

- 両利き組織は、事業目的に沿って適切な知識共有や経営資源の配分が行われる結果としてパフォーマンスが高いのであり、経営陣の積極的関与が不可欠
- ダイナミック・ケイパビリティも両利き組織と同様に、経営資源の配分や経営資源の進化の理論として考えることができる
- ニューノーマル時代には、変化が激しくなる結果、両利き組織となるためのダイナミック・ケイパビリティの獲得、磨き込みが重要となる

4 ライバル競争と共進化：レッドクイーン論

レッドクイーン論の端緒は種の絶滅の法則

本章の最後に、両利き組織やダイナミック・ケイパビリティと同様に、近年研究が進む**レッドクイーン論**（Red queen theory）について解説する。

これは日本においても経営学独自の理論と考えられがちであるが、実際には進化経済学者のリー・ヴァン・ヴェーレン[33]が1973年に『Evolutionary Theory（1：1-30）』において“A new evolutionary theory law（新しい進化の法則）”という、種の絶滅の法則について説明した論文に端を発している。

ヴァン・ヴェーレンは千種の化石を扱った10の論文を分析した結果として、ある種が生き残る可能性はその時間経過に関係なくランダムであることに気がついた。そして、他種との生存競争に勝つための方法は、形態（デザイン）の継続的な改善だけであると指摘する。

たとえば、キツネは獲物であるうさぎをより多くつかまえるためには、速く走ったり、物音を立てないで走ったりする能力が必要となる。一方で、うさぎからすると、キツネに食

---

33 **リー・ヴァン・ヴェーレン**　元シカゴ大学生態学進化学部教授。進化生物学において「赤の女王仮説（レッドクイーン仮説）」を提唱した。2010年に死去。

べられないためにはより速く逃げたり、物音をより敏感に聞き分けたりする能力を獲得する必要がある。このように、キツネもうさぎも生き残る手段としては、常に自身が進化し続けるだけである。

その考え方が、赤の女王が、「スピードの速い世界では、その場にとどまるためにも全力で走らなければならないのよ」とアリスに指摘するセリフと同じだ、ということで赤の女王仮説と名付けられた。

そのヴァン・ヴェーレンの理論を経営学の理論として応用したのが、レッドクイーン論の提唱者であるウィリアム・バーネット[34]とモートン・ハンセン[35]である。

"レッドクイーン"と経営学

レッドクイーン論が初めて経営学の世界に登場したのは、バーネットとハンセンらが1996年に『Strategic Management Journal（17：139-157）』に発表した"The red queen in organizational evolution（組織進化におけるレッドクイーン）"である。

彼らは、1990年から93年までのシカゴを除くイリノイ州にある2970の商業銀行の組織データを分析し、競争相手とのどのような相互作用によって生き残ってきたのかを調査した。

34 ウィリアム・バーネット スタンフォード大学ビジネス・スクール・トーマス・M・シーベル記念講座教授。カリフォルニア大学バークレー校にて経済学の修士号と経営管理の博士号を取得。

35 モートン・ハンセン ハーバード・ビジネス・スクール教授。スタンフォード大学ビジネス・スクールにて博士号を取得。『ビジョナリー・カンパニー4』（日経BP社）の共著者。組織のイナーシャ（硬直性）に関する研究でも著名。

36 ただし、この研究分野自体はそこまで注目されている分野ではないので、他の論文と比較して非常に多くの引用があるわけではない点に注意が必要である。

その結果、より競争環境にさらされていた銀行のほうが、そうでない企業よりも生き残る可能性が高かったという結果を得た。

そこから、競争環境下で競合相手との競争を行うことは、競合に負けないために企業の能力を磨くことにつながる。すると、切磋琢磨する中で競合との相互作用を通じて、企業の能力は共進化する。このような共進化のプロセスをヴァン・ヴェーレンのレッドクイーンと同様であるとしてレッドクイーン論と名付けた。

自社単独ではなく、他社との共進化によって経営資源が磨かれていく考え方は、自社内で共進化プロセスが完結すると考えているダイナミック・ケイパビリティとは大きく異なり独自性がある。

このレッドクイーン論は企業の競争と競争相手との関係性に関する研究分野においては、2000年代以降に引用すべき代表的な論文となってきている[36]。

レッドクイーン論への批判

一方でレッドクイーン論に対する批判もある。

代表的な論文はパメラ・デファス[37]、パトリック・マギッティ[38]、カーティス・グリム[39]、ケン・スミス[40]らが2008年に『Academy of Management Journal』に発表した“The red

37　**パメラ・デファス**　トマス・アクィナス大学ビジネス・スクール准教授。メリーランド大学にて博士号を取得。

38　**パトリック・マギッティ**　ヴィラノヴァ大学教授。ジョンズ・ホプキンス大学にてMBA、メリーランド大学にて博士号を取得。15年間の鉄鋼業でのマネジメント経験を持つ。

39　**カーティス・グリム**　メリーランド大学チャールズ・A・タフ記念講座教授。カリフォルニア大学バークレー校にて博士号を取得。2018年に死去。

40　**ケン・スミス**　メリーランド大学名誉教授。ワシントン大学にて博士号を取得。企業の競争行動における研究が多数。

queen effect : Competitive actions and firm performance（レッドクイーン効果：競争行動と企業パフォーマンス）"である。

バーネットとハンセンの研究は商業銀行業界のみを対象としていたが、デファスらは、アメリカにおける11の産業において、主要な競争相手との競争行動について調査を行った。対象企業は調査の単純化のために、公開企業で、かつアメリカにおいて単一事業をなす企業が選択され、競争行動のデータとしては、マーケティング・キャンペーンや新製品開発など、自社の競争ポジションを優位にする行動とし、それらを各種のビジネス雑誌や新聞、専門誌で4700回分調査した。

その結果、**短期的には企業の競争行動は自社のパフォーマンスに良い影響を与える一方、ライバル企業の数が増加したり、ライバル企業が他社の競争行動をキャッチアップしたりするスピードが速くなっていく場合においては、企業のパフォーマンスが長期的には減少していく**と、レッドクイーン論をより長期の視点から批判した。

ただし、この批判にはまだ課題もある。企業がどのような市場の地位にいるかによっても、戦略を採り得る幅も当然異なるからである。

マーケティングの神様といわれている、フィリップ・コトラーが提示した地位別戦略は、マーケットリーダーはチャレンジャーの戦略を徹底的に模倣し、高い市場シェアを活かして同様の製品を全面展開することのほうがメリットがあるという指摘であり、いまだ大きな反論がないほどに有効といわれている。

このコトラーの考え方のように、企業ごとの行動がレッドクイーン論のように競合の動きから学び、共進化するだけで良いのか、そうではないのかについて、どのような地位にいる企業に、よりレッドクイーン論が当てはまるのか、もしくは当てはまらないのかという研究が今後行われることで、より理論として発展するであろう。

レッドクイーン論が妥当な業界とは？

実はこの批判が出てくることについては、すでにバーネットとハンセンは論文内に織り込んでいた。すなわち、「自社が目に見えている競合との競争においてはお互いに切磋琢磨ができる一方で、まだ見ぬライバルが出現した場合においては、企業の競争経験にはない行動が急激に求められるようになるため、パフォーマンスが低下する可能性がある」ことである。

この2つの主張をまとめると、図5のようになる。すなわち、商業銀行業のように新規参入が少なく、かつ変化のスピードも遅い業界においては、競争相手に反応しながら、お互いに経営資源を磨き、サービスを向上させていくことが競争優位につながる。一方で、新規参入が多く、変化のスピードが速い業界においては、目の前の競合に対応する力ではな

図5　レッドクイーン論が有効な業界とそうでない業界

業界種別	企業のパフォーマンス	企業の目指すべき行動	レッドクイーン論の示唆
新規参入が少なく変化が遅い業界	安定的	他社に出し抜かれないように他社から学習し、追随する	非常に有効
新規参入が多く変化が早い業界	非安定的	他社をベンチマークしつつも、顧客に必要とされる製品を生み出し続ける	ある程度有効

く、中長期的に差別化を維持できる製品や、イノベーションを起こす能力のほうが必要である。すると、マーケティング・キャンペーンや新製品開発など目の前の競争相手に対応するような経営行動では企業の収益性は向上せず、競争優位とはならないことになる。

他にも特に日本企業においては、競争相手との競争は過剰な同質化を招きやすくなる結果、ガラパゴス化につながるという指摘もある。

確かに飲食業では少しでも流行る店が出ると、その店に名前が類似した店舗が急増することがよく見られるし、似たようなスマートフォン、似たような家電製品、自動車などを日本企業がこぞって製品投入する一方で、アップルやダイソン、テスラなどの海外企業は独創性の高い製品を多数開発している。

この指摘に対しては、たまたま日本という市場は日本語という特殊な言語で守られており、競争が起きにくかったところ、海外の競争で勝ってきたナンバーワンメーカーが製品投入をする結果として、そのような企業がフューチャーされるだけであり、日本企業だからとかアメリカ企業だからという問題ではないと筆者は考えている。

実際にトヨタやホンダがアメリカの自動車業界を席巻していた時代、GMやフォードは「日本企業の驚異はいつか終わる」「あんなのは広大なアメリカ大陸ではおもちゃみたいな製品だ」と、殻にこもって何年も代わり映えしない製品を投入し続けた結果、競争優位を失っていった負の歴史がある。

だから、「日本企業だから悪い」「アメリカ企業だから良い」という考え方ではなく、レッドクイーン論を意識し、学ぶべきところは学びながら、顧客価値に根ざした独自の製品を開発する必要がある。目の前の競合の模倣行動だけでは中長期的に勝ち抜いていけないのだ。

マイクロソフトも長らくマイクロソフトオフィスの分野でパッケージ製品を販売していたが、SaaS製品を他社が多数投入する中で、マイクロソフト365という製品を投入した。

他にもZoomの台頭によって、グーグルのオンライン会議サービスであるGoogle Meetやマイクロソフトの社内共有サービスであるTeamsはオンライン会議システムに多額の投資を行うようになってきているし、Slackに対抗するためにオラクルやマイクロソフトなどは類似のサービスを投入してきており、セールスフォースはまさにSlackを買収してしまった。

これらの行動は、まさにレッドクイーン論的にライバル企業から学び、自社の経営資源を進化させることに成功した事例ともいえる。そうであるから、レッドクイーン論が提唱するような企業間の行動がまったくムダかというと、実際は最先端のIT業界においてもそうでもない。

レッドクイーン論だけではすべての企業の成功要因を説明することは不可能であるが、レッドクイーン論自体も、企業経営の中でニューノーマル時代においても重要な視点を持っている。むしろ、レッドクイーン論の提唱する競争相手との経営資源の共進化を前提として、さらに自社内の独自性をいかに高めるかという1段上のレベルが求められるようになるといえよう。

本章では経営戦略論の大きなトレンドを俯瞰しながら、ニューノーマル時代の変化に対応するための経営戦略について解説を行ってきた。

続く第2章では、特に重要となる新規事業の成功確率を上げることに貢献する、最先端の経営学の英知について解説をしていこう。

POINT

最先端の経営理論による示唆

- レッドクイーン論は企業の経営資源の進化プロセスを競争の中での共進化モデルとして捉える。つまり、競争することによって、能力が磨かれるという考え方である
- レッドクイーン論への批判として、目の前の競合との競争に終始する結果、新規参入が多い業界においては、中長期的な企業パフォーマンスが減少するという批判がある
- ニューノーマル時代においては新規参入が多く、変化の早い業界ではレッドクイーン論の有効性は限定されるものの、ＧＡＦＡなどを見ても、競争相手に出し抜かれないための企業行動は重要である

Chapter 2

新規事業の成功確率

1 多角化理論が示す新規事業の定石：多角化戦略論

経営戦略における多角化戦略の位置づけ

前章では経営戦略論の大きなトレンドと基礎的な経営戦略論のモデルに加え、両利きの経営やダイナミック・ケイパビリティ、レッドクイーン論などの最先端の経営学の理論について解説した。

本章では、ニューノーマル時代において多くの読者の関心がある**新規事業の成功確率を上げることに貢献する経営学の理論**を中心に解説していこう。

まずは本節で、大きな枠組みとしての多角化戦略の理論について、歴史的な背景も含めて詳細に解説する。

多角化戦略を経営戦略論の中で最初に位置づけたのは、イゴール・アンゾフ[1]である。アンゾフはロッキード・エアクラフト社に在籍する中で、多角化戦略に関する自社の分析をもとに論文の執筆を開始。そして、カーネギーメロン大学産業経営大学院に入り、経営戦略論を体系的に解説した最初の書籍ともいわれる『企業戦略論』（産業能率大学出版部）を1965年に執筆した。多角化戦略の重要な要素として広く利用される「競争優位」や「シナジー」「成長マトリックス」の概念を提唱した書籍であることからご存じの方も多いであろう。

競争優位とシナジー

アンゾフは企業の経営戦略上重要な要素として、コアとなる強みがなければならないと考えた。そのためには、①**製品・市場分野**、②**成長のベクトル**、③**競争優位**、④**シナジー（相乗効果）**の理解が重要だと説く。

まず、①製品・市場分野とは、企業がそもそもどの事業や製品に力を入れていくのかをきちんと理解することである。

1 **イゴール・アンゾフ**　アメリカ空軍の研究所であるランド研究所を経て、ロッキード・エアクラフト（現ロッキード・マーティン）社に入社。その後、ロッキード・エレクトロニクス社で副社長を務め、赤字部門の立て直しを成し遂げた後、学問の世界に入った。

次に、②成長のベクトルとは、企業がどのように成長していくかの方向づけであり、この方向づけのひとつとして多角化戦略が挙げられる。

続く③の競争優位は、企業が優位に競争を進めるための強みのことで、アンゾフによって初めて競争優位という概念が経営戦略に持ち込まれた。

最後に④のシナジーとは、もともとは「筋シナジー」など、生理学の中で2つ以上の筋肉、神経、刺激、薬物などが協働的に作用することによって相乗効果を生み出すことから名付けられた用語である。それをアンゾフは経営戦略の概念に持ち込んだ。

シナジー効果には4つの種類があるとアンゾフは指摘する。

1つ目に、販売面のシナジーである。具体的には、既存の流通・販売チャネル、ブランド名を新製品/新事業でも利用できる場合に生まれるシナジー、プロモーション戦略が共通な製品・事業間のシナジーが考えられる。

2つ目に、生産面のシナジーである。具体的には、既存の生産設備や生産要員が余剰だった場合に、その余剰時間を活用したり、原材料の大量購買によって生産コストが減少したりすることで、他社よりも低い原価で生産できるような場合に生まれるシナジーが考えられる。

3つ目に、投資面のシナジーである。具体的には、ノウハウや人材への投資で生まれる知識面でのシナジーや研究開発で得た成果を別の領域でも活用することで生まれる事業間

表7　成長マトリックスと多角化戦略

	既存製品	新製品
既存市場	市場浸透戦略	新製品開発戦略
新市場	新市場開拓戦略	多角化戦略

のシナジーである。

最後に、マネジメント面のシナジーである。具体的には、経営者の能力やノウハウを新規事業でも活かせる場合に生まれるシナジーである。

以上の4つのシナジーを活用することが多角化戦略を成功させる前提条件となる。

アンゾフの成長マトリックス

そしてアンゾフは成長ベクトルを示す方法として、「**成長マトリックス**」を提示した。成長マトリックスはご存じの方も多いだろう（表7参照）。

まず、既存の製品を既存市場でより良く売るための戦略が左上の市場浸透戦略である。市場浸透戦略は、効果的なマーケティングを中心に顧客が製品を買う頻度や量を向上させることで、売上拡大を図る戦略であり、売上幅は小さいものの、リスクも低い。

次に、既存製品を新市場で販売するのが左下の新市場開拓戦略であ

図6 アンゾフの多角化戦略パターン

多角化の種類	多角化方法	具体例
垂直的多角化	既存チャネルの川上もしくは川下に展開してより良い製品を安く製造・販売する多角化	• 製造メーカーが直販店舗を開設 • 飲食店が野菜栽培事業を展開
水平的多角化	自社の技術などを活かして既存顧客に類似する顧客に新しい製品を提供する多角化	• 音楽・PC関連企業がイヤホンを販売 • スーパーがコンビニエンスストアを展開
同心的多角化	既存の市場と既存の製品のいずれか、もしくは両方に関連させて事業展開を行う多角化	• 化学メーカーが化粧品／医薬事業を展開 • ゲームメーカーがアニメ事業を展開
コングロマリット多角化	既存の市場や製品、技術とまったく関連のない多角化	製鉄メーカーが遊園地を開設

る。新市場といっても、チャネルを変更したり、別のカテゴリーに販売したり、海外市場に製品を投入したりするなど、採り得る戦略は比較的広いという特徴がある。

3つ目に、新製品を既存市場に投下することで売上拡大を目指すのが右上の新製品開発戦略である。製品のサイズやカラーの追加、新しい機能や用途の追加などが該当する。

最後に、新製品を新市場に投下することで売上拡大を目指すのが、右下の多角化戦略である。多角化戦略は既存の製品や既存の市場と何ら関連性がない未開拓な市場をゼロから製品開発を行って切り開いていくものである。そのため、アンゾフが唱える4つのシナジーが効きにくいという点で、最もリスクの高い戦略となる。

アンゾフはこの多角化戦略をさらに4つのパターンに分類した（図6参照）。

まずアンゾフの時代からよく見られたのが、垂直的多角化である。既存チャネルの川上もしくは川下の事業に参入することで、生産性を改善したり、より低コストでより品質の高い製品を製造していったりするために行われる多角化である。最近では、メーカーが直販店を出したり、飲食店やコンビニエンスストアが野菜栽培事業に参入したりする事例がこれに該当する。

次に、自社の既存顧客と類似した顧客に対して、既存技術を活かして製品を開発する水平的多角化である。アップルが高品質なイヤホンを販売したり、スーパーがコンビニエンスストア事業を展開したりする事例が水平的多角化に当たる。

3つ目に、既存の市場と既存製品とに関連付けた周辺事業で多角化を行う、同心的多角化である。富士フイルムが化粧品や医薬事業を展開したり、スクウェア・エニックスがアニメを手掛けたりする事例がこの同心的多角化に当たる。

最後に、既存の市場や製品・技術とまったく関連のない多角化が、コングロマリット多角化である。昔、製鉄メーカーが遊園地を経営したことがあったが、これがコングロマリット型多角化に当たる。リスクは高いものの、成功した際にはリスク分散になる。

このようにアンゾフは多角化戦略を行う前提となる競争優位の概念シナジー、そして多角化戦略のパターンを解明した。

ペンローズが考えた多角化戦略が採られる理由

一方でアンゾフよりも早い時期に、多角化戦略について考察した人物として、エディス・ペンローズ[2]がいる。1959年（邦訳は1962年）に出版した『会社成長の理論』（ダイヤモンド社）は、多角化戦略、そして企業を生きた「管理組織体」、「生産的リソースの束」として捉えたRBVの嚆矢的な研究として、世界的に知られている。

ペンローズの理論のうちそれまでの経営学になかった視点は、**企業の成長率が高いまま維持できるかについては経営の限界があるものの、成長すること自体には一定の制約を除けば限界がないこと**である。

その制約とは、企業家[3]的なセンス（entrepreneurial versatility）や資金調達力（fund-raising ingenuity）、企業家的な野心（entrepreneurial ambition）、企業家的な判断能力（entrepreneurial judgment）である。

ペンローズの時代にはサラリーマン経営者といった存在は前提としていないため、自身や先祖が起業した会社のトップを務めている人が大半である。だからこそ、これら4つの要素を持ち合わせていないような偶然起業した経営者を除き、多くの企業は成長を追い求めていくことができることになる。

では、なぜ企業は成長を追い求めて、多角的な事業展開を行うようになるのだろうか。

2 **エディス・ペンローズ**　元INSEAD教授。企業家の能力という観点からRBV理論の先駆けとなる研究を行った。ジョンズ・ホプキンス大学にて博士号を取得。1996年死去。

3 『会社成長の理論（第3版）』の翻訳に従い、起業家ではなく「企業家」という表現に統一した。

表8　ペンローズの多角化タイプ

	同じ技術・生産ベース	異なる技術・生産ベース
同じ市場分野	専門多角化	多角化
異なる市場分野	多角化	多角化

その答えは、経営者的なサービス（managerial service）余剰にある。この経営者的なサービスを現代風にわかりやすくいうなら、**事業立ち上げのノウハウ**になろう。

企業規模が小さい間は経営者自らが事業の先頭に立ち、企画から製造、営業まで自身がすべてを管轄していかなければならない。しかしながら組織ができあがり専門化が進むと、経営者が全部を一人でやる必要がなくなってくるから、仕事に余裕が生まれる。

そうすると、新しいことにチャレンジしたいという思いと、組織内で余剰な資源、たとえばある部署で原材料が余っていたり、機械の稼働時間に空きがあったりするなど、新しい事業を行うための余裕があると、新しい事業展開が推進されていくことになる。

このようなプロセスによって企業は成長と多角化を目指すことを、ペンローズは60年も前に解明していた。

そしてペンローズは多角化のタイプを、アンゾフと同様に4つに分類した（表8参照）。

ペンローズはまず市場分野を同じ市場分野と異なる市場分野とに分類し、技術・生産ベースを、同じ技術・生産をベースにした製品と異なる技術・生産をベースにした製品とに分けている。

そして同じ専門領域内で多品種展開を行うという意味での専門多角化が左上、それ以外は既存事業とは何らかの異なる事業を展開する意味で多角化と位置づけた。この4つのパターン以外にも、垂直統合としての多角化もある。

そして最終的にペンローズは、多角化の肝は経営者的サービスを活用する以上、**その経営者の得意分野での勝ちパターンを活かし、専門性のある技術や資源に根ざすべきだ**と述べている。

ちなみに、アンゾフの成長マトリックスはペンローズの6年後に登場している。ペンローズの多角化タイプを改良し、新製品開発や新市場開拓と多角化とを明確に分類したのが成長マトリックスといえる。

チャンドラーの「組織は戦略に従う」とアンゾフの「戦略は組織に従う」

ペンローズ、そしてアンゾフの多角化戦略と同時期、多角化戦略の研究を組織の視点から議論したのが、アルフレッド・D・チャンドラーである。これもご存じの方が多い理論なので簡単に解説しよう。

チャンドラーは1962年に『組織は戦略に従う』（ダイヤモンド社）（初版の邦訳は1984年

の『経営戦略と組織』（実業之日本社）を発表し、コンサルティングファームのマッキンゼーを中心に、戦略と組織戦略の融合というテーマを作り上げた。

チャンドラーの議論は非常に重要であるが、多角化戦略や新規事業の成功パターンという意味では重要性がやや落ちるので、簡単な解説にとどめておく。

チャンドラーの研究を一言で表すと、**アメリカの多角化企業のうち、過去から現在まで生き延びてきた企業のほとんどは事業部制を採用した**ということである。

チャンドラーは、多角化を行うことで企業内にこれまでとは違うマネジメントが必要になると考えた。たとえば、自動車メーカーのGMでは、ゴム製造のためのプランテーションから自動車、それもさまざまな企業がぶら下がった機能別組織となっていた。そのため、事業にまたがるような現場の問題点を各機能別組織では解決できず、それらがすべて経営陣に上がってくることから、経営陣は創造的なことに時間を割くことができなくなっていた。

そこで意図せず、事業ごとに組織を分類し直し事業部制とすることで、日常的な課題は部門ごとに解決し、企業の中期的な将来に影響するような事項だけを、本社で経営陣が判断するという意思決定の分化が起きた。

このような多角化戦略に伴う課題と、その解決策である事業部制導入が化学メーカーのデュポンや小売業のシアーズ・ローバック、石油メーカーのスタンダード・オイルなどいくつかの企業で同時期に見られたことから、多角化戦略と事業部制はセットだという今の経営の常識が生まれた。

このチャンドラーの「組織は戦略に従う」という指摘に対して、アンゾフは「戦略は組織に従う」と1970年代に批判した。自身の経験から、環境変化に適応し、新規事業にチャレンジしなければならないことは明白であるものの、縄張り争いや日和見主義的な経営者によって、新規事業に本気でチャレンジできないことが往々にしてあるという批判である。

新しい事業にチャレンジし、多角化を進展させながら生き残っていけるかどうか、そのためにはそれを受け入れる組織の土壌が必要で、その土壌の良し悪しによって戦略のパフォーマンスが決まるため、戦略は組織に従うというのが、アンゾフの指摘である。

つまり、二人の指摘はどちらも表裏一体の関係にあり、ある種、ニワトリと卵のような関係にある。

ペンローズが言うように、どの市場に参入し、生き残っていくかを考えるのが企業家的な判断であると考えるならば、新規事業に参入する力が経営者にあることが前提となり、多角化のためには組織構造を整えていくことが最も重要となるはずである。しかしながら、現代の企業においては、新規事業を立ち上げること自体の難易度が上がってきており、事業を見つけ出し、切り開いていく能力が求められる。

すると不確実な環境下で、新しい事業を切り開いていかなければならない現代では、**「戦略は組織に従う」という考え方をより重視して考えるべき**であり、このことはニューノーマル時代でより明確になっていくだろう。

ルメルトが発見した多角化戦略の定石

少し話がそれてしまったが、チャンドラーとアンゾフの議論のさなか、ハーバード・ビジネス・スクールがレオナルド・リグレイを中心に多角化に関する大規模な統計研究を行っており、その中で重要な多角化の研究が登場する。それが、リチャード・ルメルト[4]が1974年に出版（邦訳は1977年）した『多角化戦略と経済成果』（東洋経済新報社）である。ルメルトは、多角化戦略を事業の数やパターンで比較するのではなく、まずは企業における最大事業の売上全体に占める比率を基準として分類した。

具体的には、最大の売上を持つ事業が全体に占める割合である「本業比率（Specialization Ratio：ＳＲ）」、垂直統合された事業の割合である「垂直比率（Vertical Ratio：ＶＲ）」、技術や市場で何らかの関連性がある事業の割合である「関連比率（Related Ration：ＲＲ）」の3つによって、多角化戦略を7つに分類することにした（図7参照）。

まず最も売上比率の大きい、すなわち本業の売上が95％以上の企業は専業企業である。こ

4 **リチャード・ルメルト**　カリフォルニア大学ロサンゼルス校アンダーソン・ビジネス・スクール名誉教授。カリフォルニア大学ロサンゼルス校にて電気機械学の修士号およびハーバード・ビジネス・スクールにて博士号を取得。多角化戦略およびRBVの研究者として著名。日本ではベストセラーとなった『良い戦略、悪い戦略』（日本経済新聞出版社）の著者としても知られる。

図7 ルメルトの多角化パターン

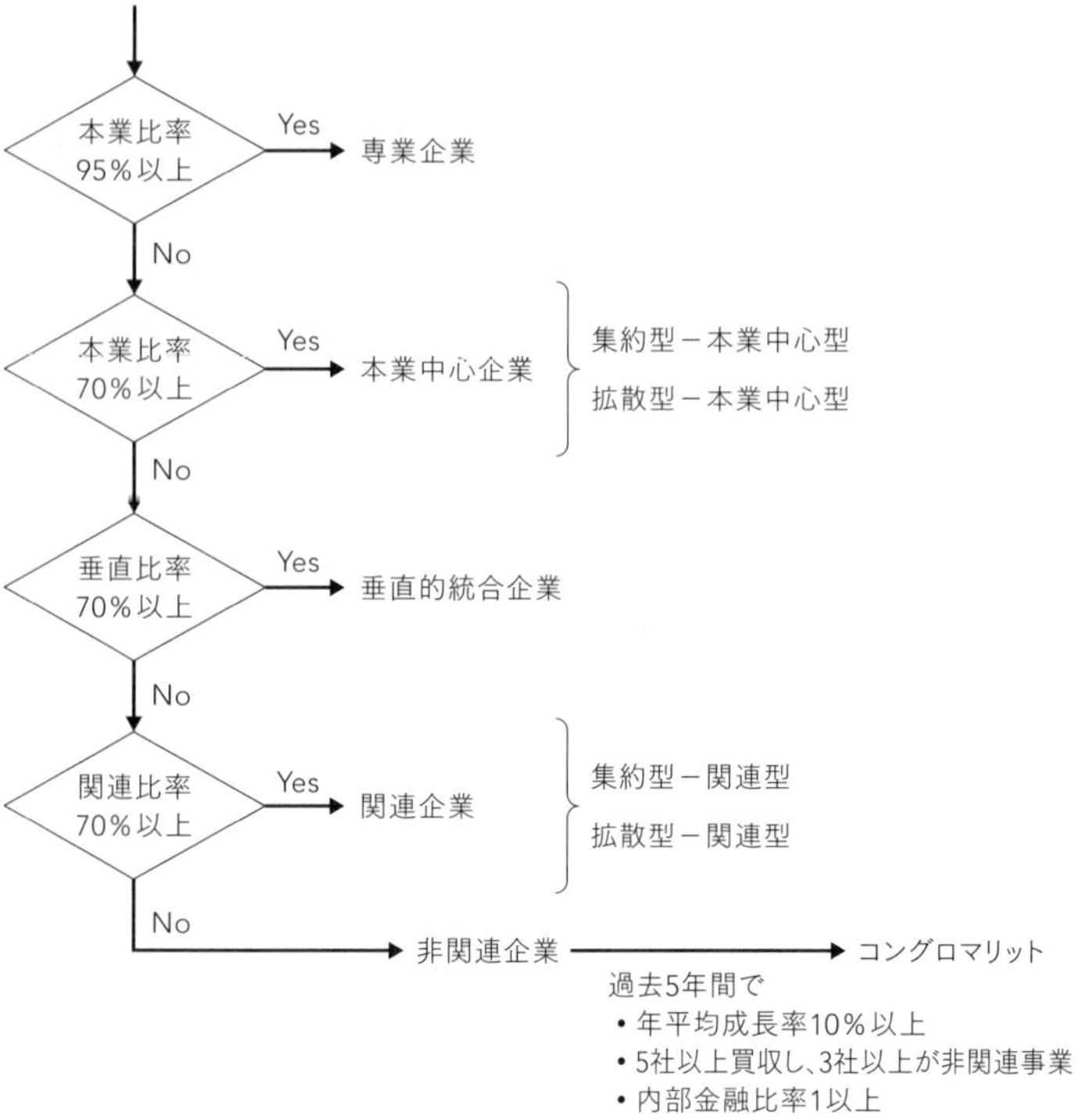

出典：リチャード・ルメルト『多角化戦略と経済成果』図1.5を筆者翻訳

れは、多角化戦略はほとんど見られない形態である。

次に本業が70％以上の企業は最大30％程度本業以外の多角化事業もある企業であり、本業中心企業に分類される。本業中心企業の中でも、それぞれの事業が既存の製品や技術に根ざした形でつながる多角化である集約型と、1つの事業から次の事業、その次の事業と1つ1つの事業だけが関連する拡散型の2つに分類される。

その次に、本業比率は70％未満で、かつ垂直比率が70％以上の企業が垂直的統合企業である。アンゾフで紹介した垂直多角化と同様の意味である。

最後に、本業比率が70％未満で、かつ垂直比率も70％未満、かつ関連比率が70％以上の企業が関連企業であり、関連企業も集約型と拡散型に分類される。

これらのいずれにも属さない企業が非関連企業であり、その中でも、過去5年間の平均年成長率が10％以上で、5年間に5社以上買収し、かつ3社以上が非関連事業であり、内部金融比率（当期純利益＋当期の発行株式額／優先配当控除後純利益）が1以上である企業をコングロマリットと呼ぶ。

そしてルメルトはアメリカ企業の売上上位500社であるフォーチュン500のデータから246社を任意に抽出し、1949年、59年、69年における多角化データと、1949年から59年、1959年から69年までの収益性のデータを分析し、形態ごとの収益性の差を分析した。その結果が、図8および図9である。

図8　多角化パターンと資本収益性

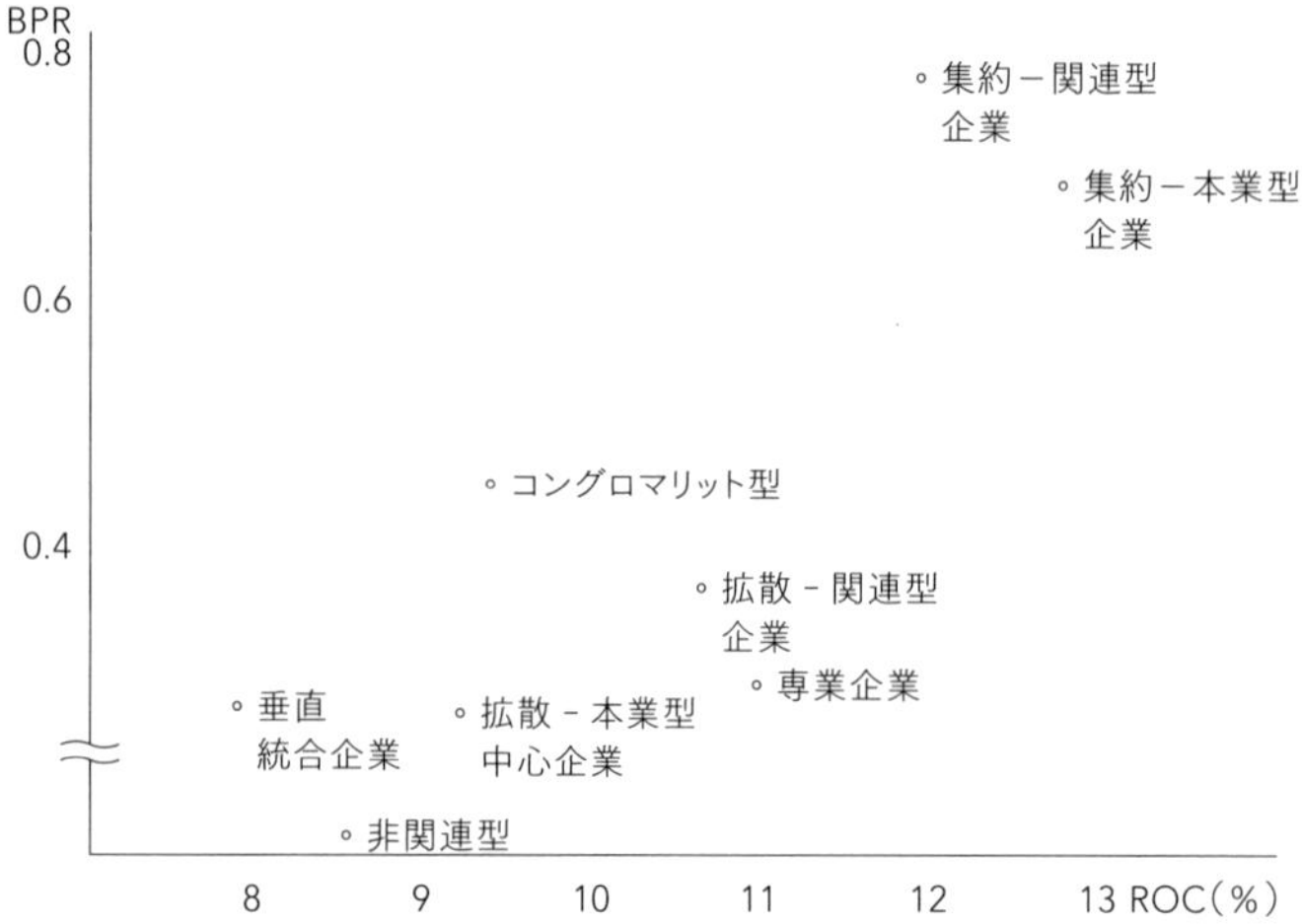

出典：リチャード・ルメルト『多角化戦略と経済成果』図3.5を筆者翻訳

図9　多角化と株主リターン

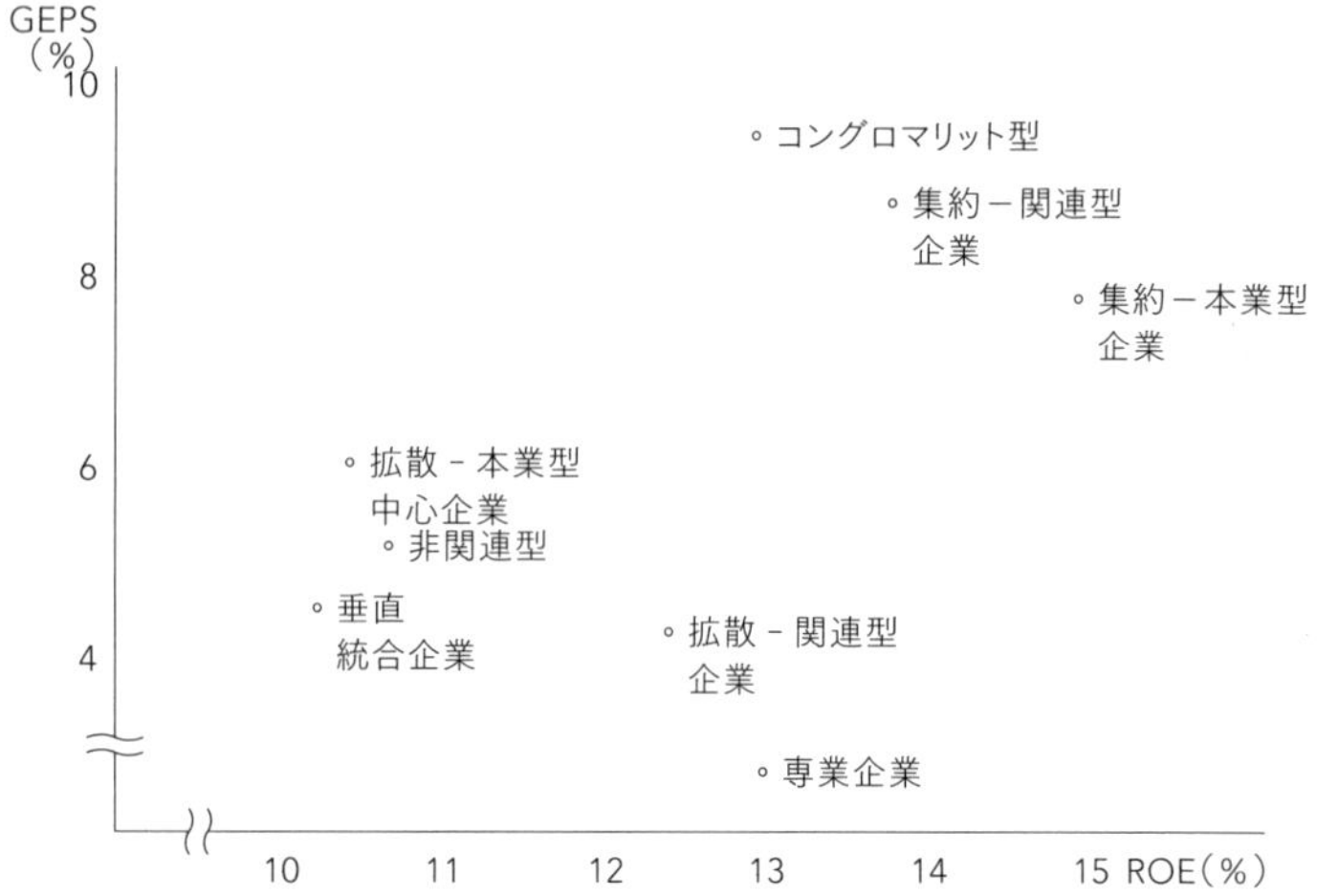

出典：リチャード・ルメルト『多角化戦略と経済成長』図3.6を筆者翻訳

図8は1株当たりの株式リスクをリスクプレミアムで割った指標であるBPRを縦軸に、横軸にROC（資本収益性）をとったものである。

すると、最も成果が高かったのが、すべての事業が技術もしくは市場で数珠つなぎになっている、エムスリーのような集約―本業型の企業、もしくは富士フイルムや花王のような集約―関連型の企業であった。その次には、JTのような拡散―関連型の企業、大手商社のようなコングロマリット型、専業企業型と続いた。

次に、縦軸に1株当たりの利益成長率（GEPS）、横軸にROE（株主収益率）をとったところ、同様に最も高いパフォーマンスだったのは、すべての事業が技術もしくは市場で関連する集約―本業型の企業もしくは集約―関連型の企業、それに加えてコングロマリット型であった。

以上の結果、ルメルトは**多角化戦略として最も優れているのは、それぞれの技術や市場が密接に関連した事業を展開する集約型である**と結論づけた。

関連多角化と産業効果

一方でルメルトの研究結果に対して、収益性の高い化学や医薬の業界で集約型の多角化が好まれることから収益性が高く出たのではないか、という産業効果を軸とした批判が登場する。

その先見的な研究がカート・クリステンセン[5]とシンシア・モンゴメリー[6]が1981年に『Strategic Management Journal（2（4）：327-343）』に発表した"Corporate economic-performance：Diversification strategy versus market-structure（企業の経済パフォーマンス：多角化戦略と市場構造）"という論文である。

彼らはルメルトの選択した企業のうち128社について、マーケットシェアなどのデータを加えて、1970年代のデータにアップデートして調査した。

その結果、確かに関連多角化は非関連多角化よりもパフォーマンスが高かったものの、そのパフォーマンスの差は、R&D投資や資本集中度などの業界に起因する要因であり、多角化戦略が直接的にパフォーマンスに影響するというよりも、業界構造によって好まれる多角化戦略のパターンがあり、そのパターンが収益性を決定することがわかった。

すなわち、特定企業に事業展開を集中させる業界では、市場シェアが高くなるとその市場だけでは売上拡大が限界となる。すると、既存事業と技術的に関連するような関連多角化が好まれ、その結果収益性が高くなる。逆に、低い収益性の業界や各社の集中度が低く、低い市場シェアに甘んじているような業界では、その業界では食っていけなくなるのだから、非関連な多角化が推奨されやすいものの、そのパターンではより収益性が悪化していくことになる。

5 **カート・クリステンセン**　ノースウェスタン大学ケロッグスクール教授。多角化戦略の研究者。シンシア・モンゴメリーの弟子に当たる。

6 **シンシア・モンゴメリー**　ハーバード・ビジネス・スクール教授。同校の戦略部門のトップを長らく務めていた。『ハーバード戦略教室』（文藝春秋）の著者。

このようにクリステンセンとモンゴメリーは**産業自体の収益性が多角化のパターンを規定する結果、さらに収益性が上がったり、下がったりする結果が生じる**という結論を導いた。

これに対して、ルメルトは1982年に彼らの論文をもとに再度調査を行った結果を『Strategic Management Journal（3（4）：359-369）』に“Diversification strategy and profitability（多角化戦略と収益性）”という論文として発表した。

ルメルトはクリステンセンとモンゴメリーの研究をもとに、自身の調査に1974年のデータを加えて調査し直した。すると、1969年までのデータとは異なり、74年のデータが加わったことで、**集約―関連型企業の収益性が最も高くなった一方で、集約―本業型中心企業の収益性は優位ではなくなる**という驚くべき結果が生じた。

さらに産業効果を含めて分析すると、集約―関連型企業のパフォーマンスの高さは、クリステンセンとモンゴメリーが指摘したように、産業自体の構造や収益性たる産業効果がもたらしたものという結論に至った。

多角化の勝ちパターンとは？

以上の3つの研究結果から、多角化戦略を成功させる大きな方向性が導き出せる。まず、非関連多角化は関連多角化よりも収益性が低いために避ける必要がある。次に、集約―関連多角化はパフォーマンスとしては好ましいものの、集約―関連多角化を選択できる企業は、本業の業界構造が望ましいケースが多いということである。したがって、メーカーやＩＴ企業など何らかの強みのある技術をもとに、**30％から40％を本業以外で稼ぐ事業を作り上げていく多角化戦略が最も好ましい**。これが、多角化戦略の定石になる。

ただし、ルメルトの研究およびその後にＲＢＶおよび多角化の手法として登場する企業の中核的な能力を活用すべきだと考える「コア・コンピタンス論」にも注意点がある。それは、**何をもって既存の技術や市場と関連するのか、何がコア・コンピタンスで何がコア・コンピタンスではないのか、という点が恣意的になりがち**ということである。

表面的には類似している隣の芝生であっても、実質のところではまったく異なる経営資源や能力が必要になることは、後からわかることが多い。

ニューノーマル時代、新規事業にチャレンジし、多角化を行うことは生き残りのためには必要不可欠であろう。しかしながら、安易に多角化できるかできないかの判断を行うのではなく、自社の持っている経営資源と新規事業先でどのような経営資源が必要なのかを、顧客や市場分析をもとに冷静に考えて行う必要がある。

またＭ＆Ａブームが訪れている中、多角化戦略をＭ＆Ａで実行するパターンも最近増えているが、これについても冷静に自社が経営できる事業なのかどうか判断することが必要であることを経営学の英知は教えてくれる。

多角化をM&Aで行う場合の成功確率は？

本書でも度々登場する経営学のスーパースターであるマイケル・ポーターも全社戦略としての多角化戦略に興味を抱いた。彼は、１９８７年に『Harvard Business Review（May-June 1987）』に掲載した"From Competitive Advantage to Corporate Strategy（競争優位から企業戦略へ）"という論稿[7]において、アメリカの多角化戦略について考察した。

ポーターはアメリカの著名企業33社が１９５０年から86年まで行ってきた多角化戦略の経緯とパフォーマンスを調査した。その結果、**買収して新規事業を行った企業の大半が、その後事業を維持できず売却してしまったこと**が明らかになった。

具体的には、各社は26年間の間に、平均して80の新規事業に挑戦し、27の新分野に参入した。そして新規参入の70%はM&Aによるものであり、22%が自社単独での新会社設立、8%が合弁事業であった。

結果として新規事業のためにM&Aを行った企業の53・4%がその後事業を手放しており、まったく新しい分野に多角化した場合には、買収した事業から撤退した比率は61・2%まで上昇し、70%以上を手放した企業は33社中14社、非関連多角化をM&Aで行った場

7　『Harvard Business Review』は世界中のビジネス界に多大な影響のある優れた雑誌であるが、学者の査読付きジャーナルではない。そのため本書では論文と表記せず、論稿という表記にとどめる。

合においては、74%がその後失敗し売却してしまっている。

このポーターの研究から、ニューノーマル時代の新規事業において、M&Aを活用した新規事業の成功確率は50%以下であること、それがまったく新しい分野である場合には40%以下となり、非関連分野になれば、30%以下になることがわかる。

ポーターの数字を冷静に見ると、そもそも自社単独で新規事業を行っても、10回に1回くらいしか成功しないので、30%以下などであっても、そこまで成功確率が低いとはいえないだろう。

ただし、昨今のM&Aブームを見ると、M&Aであれば新規事業よりも「時間が節約できる」「安上がり」といった安易な考えを持つ企業が増えつつある。M&Aを行っても新規事業の成功確率は多少増加するものの、その分大きな投資が必要になるので、自社で行うかM&Aで行うべきなのかを冷静に判断すべきである。

ニューノーマル時代、新規事業やM&Aを活用した多角化は企業経営のベースになると考えられるが、そもそものシナジーや競争優位が何なのかを冷静に判断し、どの分野にどのように多角化していくのか、その際に自社の技術やノウハウが活きるのかを客観視する必要があるだろう。

POINT

最先端の経営理論による示唆

- 多角化のためには競争優位とシナジーが前提。経営者は手が空くと多角化をしたい意欲に駆られるため、多角化を行う企業が多い
- 既存の技術や市場と関連性のある集約型を軸とし、本業と新規事業の割合が7対3から6対4くらいになるのが、多角化戦略の理想形
- 新規事業をM＆Aで行った場合にも成功確率は50％以下。異分野に参入した場合には40％以下。M＆Aだと時間が買える、新規事業より安上がりというイメージがあるが、そこまで成功確率が急激に上がるわけではない

2 経営者の能力と新規事業の成否：ドミナント・ロジック理論

企業の多角化はなぜ成功しないのか？

前節では多角化戦略の研究の歴史を紐解きながら、多角化戦略の成功確率と勝ちパターンについて、M&Aを活用した場合の注意点も含めて解説を行ってきた。

代表的な研究者であるアンゾフもペンローズも、多角化戦略を実現する上では、マネジメントのシナジーや経営者サービスなどを、経営者に関する能力を評価軸として加えていた。

そこで、本節では経営者の能力が、新規事業の成否にどのような影響を及ぼすのかについて、ニューノーマル時代を意識しながら、解説を行っていくことにしたい。

この分野で最も重要な研究は、**ドミナント・ロジック論**である。ドミナント・ロジック論は1986年にC・K・プラハラード[8]とリチャード・ベティス[9]が『Strategic Management Journal（7：485-501）』にて、"The dominant logic：A new linkage between diversity and performance（ドミナント・ロジック：多角化とパフォーマンスの新たなつながり）"という論文で提唱し

8 **C・K・プラハラード**　ミシガン州立大学スティーブン・M・ロス・スクール・ポール&ルス・マクラッケン記念講座教授。ハーバード・ビジネス・スクールにて経営博士号（DBA）を取得。コア・コンピタンス論を提唱したことでも知られる。2010年死去。

9 **リチャード・ベティス**　ノースカロライナ大学チャペルヒル校ケナン・フラグラー・ビジネス・スクール教授。近年は中国の研究者との研究を2つ最高峰のジャーナルである『strategic management Journal』に発表している。

た理論である。この論文は4100回以上引用されており、非常に人気がある論文である。

彼らは、企業は技術や市場の関連性の高い事業へ多角化したはずなのに、なぜ成功し得ないのか、という課題に挑んだ。

研究の結果、**これまでの事業における勝ちパターン（定石）が新規事業においては活かせず、それによって強みが活きないために成功しないのではないか**と考えた。

そこで彼らは認知心理学などの研究分野も含めて、経営者の何が多角化戦略のパフォーマンスに影響するのかを探っていき、そこで出た結論がドミナント・ロジックという考え方である。

ドミナント・ロジックと勝ちパターン

ドミナント・ロジックとは、経営者が事業の仕組みやビジネスモデルを検討したり、製品開発や技術開発、マーケティング・販売などの重要な資源配分の方針を立てたりすることを指す。このドミナント・ロジックは、経営者の頭の中に学習された知恵として構築されており、認知マップ（スキーマともいう）となっている。

ドミナント・ロジックとはつまるところ、**事業を成功させるためのビジネスの組み立て方とその展開方法のその経営者なりの〝勝ちパターン〟**になる。

図10 ドミナント・ロジックの形成プロセス

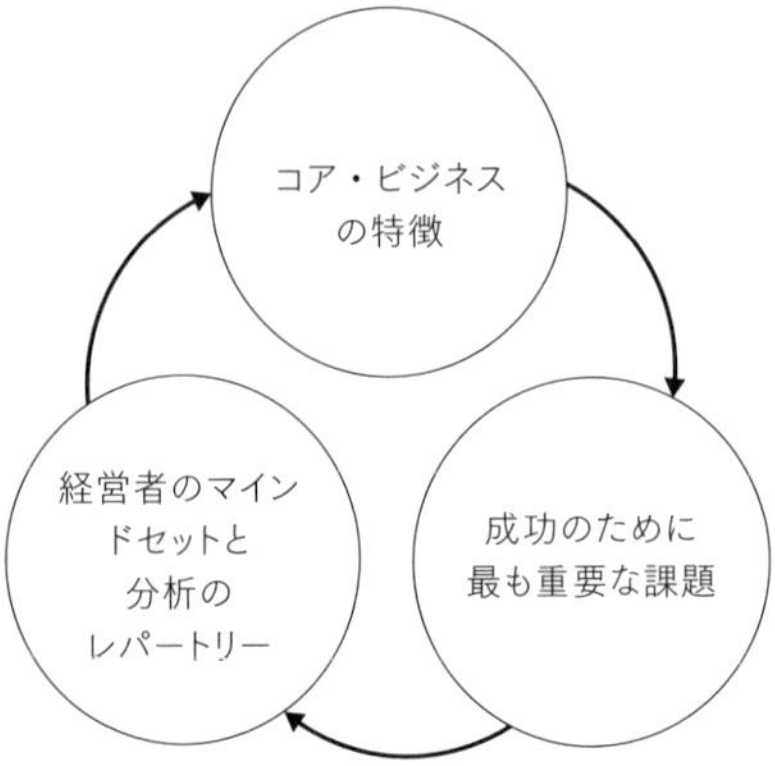

出典：C・K・プラハラード、リチャード・ベティス "The dominant logic：A new linkage between diversity and performance（ドミナント・ロジック：多角化とパフォーマンスの新たなつながり）"（1986）図1を筆者翻訳

ドミナント・ロジックがどのように形成されていくのかについては、図10が示している。上から時計回りに見ていこう。

まず、ドミナント・ロジックを獲得するプロセスとして、自社の本業であるコア・ビジネスがどのようになっているのかを経営者は考える。

次に、既存のコア・ビジネスで成功するために最も重要な課題は何かを考える。

最後に図の左になる、経営者としてのマインドセットと分析のレパートリー（パターンともいえる）を新規事業でも活かせるように学んでいくことでドミナント・ロジックは形成され、そのサイクルが回ることでドミナント・ロジックを複数持つことが可能になる。

一方で、経営者の勝ちパターンにハマ

っていないような事業を展開しようとしても、その勝ちパターンを横展開することができない以上、似たようなビジネスであっても、うまくいかないというのが大枠でのプラハラードらの結論である。

では、そもそもドミナント・ロジックが適用できない事業展開をしている場合にはどうしたら良いか。

プラハラードらは、事業ごとに求められる戦略面での多様性（つまり、顧客や製品がどれだけ複雑か）を減らすか、経営者が適用できるドミナント・ロジックを増やすか、どちらかであると述べている。ただし、短期的に新しい事業の勝ちパターンを学習するのは容易ではないため、ドミナント・ロジックが通用しない事業は撤退したほうが賢明だろう。

中長期的に見れば、ドミナント・ロジックは経営者の学習意欲やメンバー構成、メンバーの経験によって決定されることから、年齢や性別、経験したことがある業種など、経営者の多様性を増加させることで、ドミナント・ロジックを増加させることは可能であるとプラハラードらは指摘する。

事業ごとの〝勝ちパターン〟が利用できるか否かというと、若干安っぽくなりすぎるきらいはあるものの、それまでの多角化戦略の理論では議論されていなかった経営者自身の能力とその成長性が多角化戦略の足かせになる点はニューノーマル時代にも十分通用する考え方であろう。

このプラハラードとベティスの論文をより精緻化したのが、ロバート・グラント[10]である。グラントは1988年に、『Strategic Management Journal（9（6）：639-642）』で"On dominant logic : relatedness and the link between diversity and performance（ドミナント・ロジック論：多角化とパフォーマンスの関連性とつながり）"という論文を発表した。

グラントは、ドミナント・ロジックには、どのような事業に対してどのように資源配分を行うべきか、事業におけるKSF（Key Success Factor：重要成功要因）は何かという企業戦略レベルのドミナント・ロジックと製造や設計、広告を行い、それを管理するオペレーションレベルのドミナント・ロジックがあることを指摘した。

経営者の勝ちパターンといっても、戦略レベルでどのように儲けるか、そのためにはどんな経営資源が必要か、それをどう調達するのか、というレベルのものと、実際に事業を行う上で、オペレーションをどう切り盛りするかという視点があり、プラハラードとベディスは両者をドミナント・ロジックと指摘していたが、グラントは多角化戦略の成否においては、とりわけどのように儲けるか、そのためにどんな経営資源が必要で、それをどう調達するのかという**企業戦略レベルのドミナント・ロジックが重要になる**と指摘した。

一方で大きな疑問として、経営者がそもそも複数のドミナント・ロジック、すなわち勝ちパターンを手に入れることができるのか、という点が挙げられる。

10 **ロバート・グラント**　ボッコーニ大学教授。ロンドン・スクール・オブ・エコノミクス（LSE）にて博士号を取得。RBVの研究者。『グラント現代戦略分析**【第2版】**』（中央経済社）は世界中のビジネス・スクールで教科書として利用されている。

インテルの戦略転換と勝ちパターンの固定化

その点について、ロバート・A・バーゲルマン[11]は、1994年に『Administrative Science Quarterly（39：24-56）』に掲載された〝Fading Memories：A Process Theory of Strategic Business Exit in Dynamic Environment（色あせない記憶：ダイナミックな環境下での戦略的撤退のプロセス理論）〟において、インテルの半導体メモリ事業の撤退とマイクロプロセッサ（MPU）事業への参入の研究をもとに、経営者は自身の勝ちパターンに固執してしまうため、異なる複数のパターンを持ってビジネスをすることは難しいのではないか、と考えた。

インテルの当時の経営者は、ムーアの法則と呼ばれる半導体のマイクロプロセッサの搭載量は毎年2倍になる、という論文を発表したゴードン・ムーアであった。彼は半導体の研究者でもあった。

インテルは1980年代当時、64キロビットと256ビット世代の半導体メモリの開発に遅れが生じ、最大80%あったシェアを10%以下にまで落としてしまっていた。代わりに攻勢をかけていたのが、NECや富士通、日立などの日本企業である。

インテルとしては後続の1メガビットの半導体メモリで逆転しようと考えたが、そこに半導体不況がやってきた。その中で日本企業との競争に勝っていくためには最低でも20%

11 ロバート・A・バーゲルマン　スタンフォード・ビジネス・スクール・エドムンド・W・リトルフィールド教授。コロンビア大学にて社会学の修士号、経営学の博士号を取得。社内新規事業（コーポレートベンチャーリング）および多角化戦略の世界的研究者。

のシェアが必要であり、そのためには2つの工場と、4億ドルという巨額の投資が必要とされた。

一方で、パソコンの市場が拡大しつつあり、マイクロプロセッサの開発も新規事業としてインテルにとっては魅力的であり、そこにも投資が必要であった。

厄介なことに、半導体メモリとマイクロプロセッサは必要となる勝ちパターンが大きく異なった。半導体メモリにおいての勝ちパターンは、少ない製品パターンについて、いかに安く効率的に生産し価格競争を行うかであるのに対し、マイクロプロセッサ事業は、製品のパターンが複雑で、その設計と製品デザインの良し悪し、そしてマーケティングが勝ちパターンであり、半導体メモリで重要であった製造部分についてはほとんど重要視されていなかった。

プラハラードとペディィスのドミナント・ロジックの理論によれば、時間はかかるものの学習をして新しいドミナント・ロジックを学び取ることで、マイクロプロセッサ事業でも成功を収めることができることになる。

しかし実際には、ゴードン・ムーアおよびインテルを世界的企業にしたアンドリュー・グローブは目の前の難題に頭を悩ますのみで、どっちつかずの状態となっていた。つまり、ドミナント・ロジックを学び取って両方で勝つということではなく、その場で立ちすくんでしまったのである。

その反面、社内ではムーアとグローブが正式に半導体メモリから撤退し、マイクロプロセッサ事業に特化する戦略を採る前から、新しい事業であるマイクロプロセッサで勝つために経営資源を徐々にシフトさせていた。

そして、いざマイクロプロセッサ事業に集中すると、ムーアとグローブが決定したタイミングでは、すでにマイクロプロセッサ事業で勝っていくための経営資源の配分は、事業部レベルで完了していた。

以上のバーゲルマンの事例では、経営者はまったく新しい勝ちパターンが必要となる新規事業において、それを積極的に学習して勝ちパターンを増やすことではなく、どのように本業と新規事業をバランスするかという難しい課題に迫られ、その際には勝ちパターンを増やす前にどちらを選んだら良いか、と立ち止まってしまうことを明らかにした。

もちろんこのインテルの事例は、本業が衰退しつつある中での事業転換の事例であり、本業が安定的な企業にとっては当てはまらないかもしれない。しかし、ニューノーマル時代において、多くの事業において変化のスピードが速くなり、その際には本業が急速に縮小（シュリンク）することも十分に考えられる。

勝ちパターンは情報フィルターとなる

では、そのような状況下ではどのようにすれば良いのだろうか。バーゲルマンの指摘は、インテルの事例のように、現実をよく知る事業部の現場に権限を渡し、事業ごとのパターンで最適化を図ることになる。

バーゲルマンの示したインテルの事例に対抗し、プラハラードとペディスは1995年に『Strategic Management Journal (16(1):5-14)』において、"The dominant logic: Retrospective and extension (ドミナント・ロジック:回顧と拡張)"という論文を発表した。

彼らは、**ドミナント・ロジックは経営者の勝ちパターンであると同時に、情報のフィルターにもなっており、自身が好ましい情報だけをそこで選別し、残りは切り捨てる役割を担っている**と考えた。

だからこそ、経営者は平常時においては、自身の勝ちパターンを簡単には変えることができないと考えた。自身が都合の良いように情報のフィルターをかけてしまっているからである。

しかしながらバーゲルマンが言うように、事業の安定性が低くなったような際には、必然的に経営者として勝ちパターンを入れ替えなければならない。そのような場合には、経

図11 ドミナント・ロジックの変遷

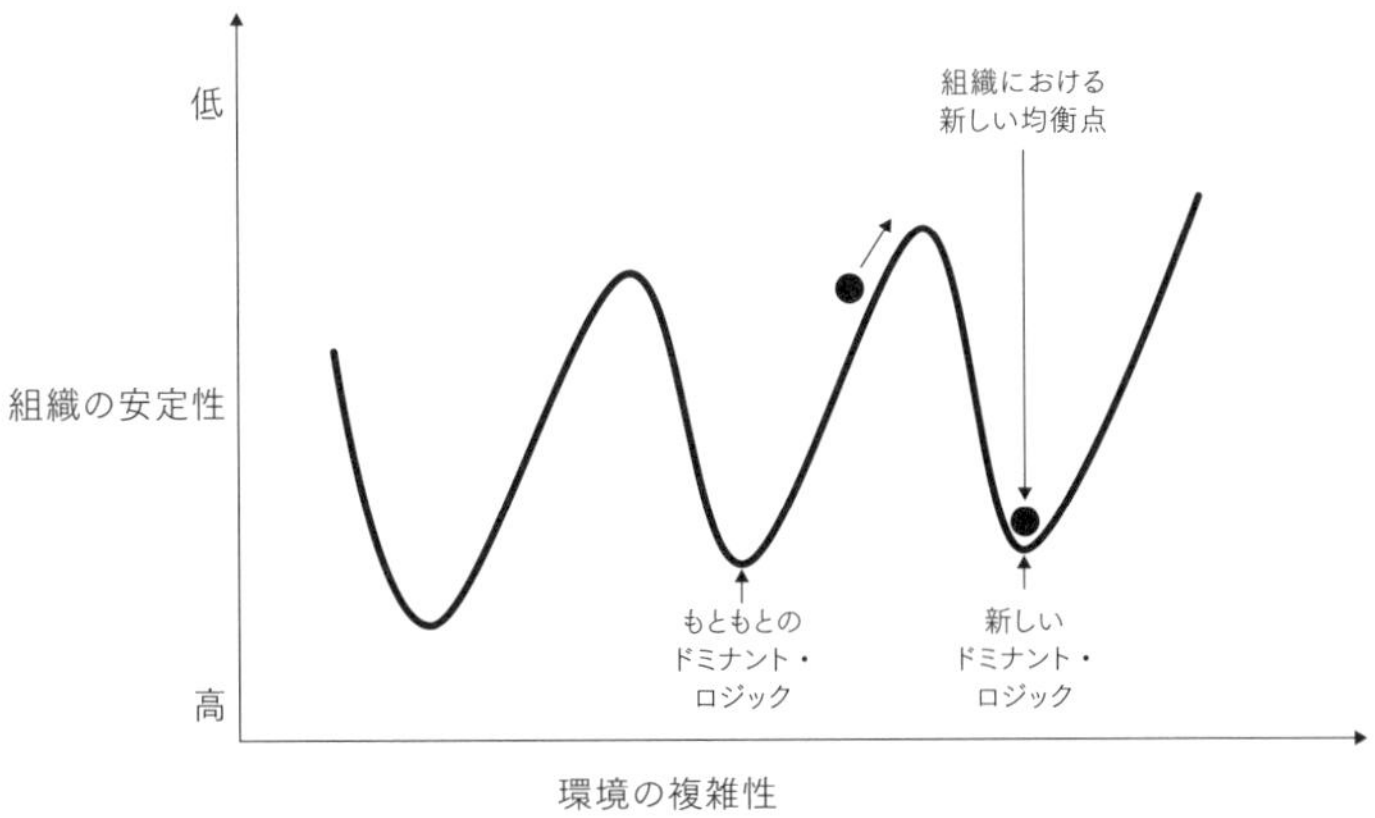

出典：リチャード・ベティス、C・K・プラハラード "The dominant logic：Retrospective and extension（ドミナント・ロジック：回顧と拡張）"（1995）図1を筆者翻訳

営者は環境に適応するような学習を迫られる結果、ドミナント・ロジックが増えるのではなく、学習によって入れ替わるのだとした。それを表したのが、図11である。

真ん中の「もともとのドミナント・ロジック」と書かれた箇所をご覧いただきたい。このドミナント・ロジックを使って事業を行うことができるのは組織の安定性が高いときである。一方で、環境変化などで組織を安定させるのではなく、変化させることが必要となる場合、経営者はこれまでの勝ちパターン、すなわち新しいドミナント・ロジックを下がる必要がある。

図の中で黒丸が山を駆け上っていくように描かれているのは、組織の安定性が減少するにつれ、よりドミナント・ロジックを変化させる取り組みが加速するからである。

そして環境に適応する新しいドミナント・ロジックを会得できた場合、企業の安定性は再び増す。このようなサイクルで経営者は環境変化への対応と学習、そして新たな組織の安定を得るというのが、彼らのモデルである。ただし、そのようなドミナント・ロジックの移行すら難易度が高いのが経営の現実である。

マリー・トリプサス[12]とジョバンニ・ガベッティ[13]は2000年に『Strategic management Journal（21(10)：1147-1161）』に発表した“Capabilities, cognition, and inertia : evidence from digital imaging（ケイパビリティと認知と慣性：デジタルイメージング産業の事例）”という論文において、ポラロイドが新しい市場を開拓するために情報を獲得し、学習を継続することができなかったために、デジタル事業において失敗したとしている。ちなみに、この論文は3千回以上引用されている。

彼らはポラロイドの事例から、前節で紹介したダイナミック・ケイパビリティを企業内で磨くことが重要だと説明している。

筆者は、ダイナミック・ケイパビリティというよりも、むしろ**経営者がいかに自社の外から情報をとってきて、変化に対応するだけの情報を持てるかが、新規事業の成否を分けるのではないか**と考える。

くしくも、プラハラードとベティスが最初の論文で経営者の多様性や学習意欲を増加さ

12 **マリー・トリプサス**　カリフォルニア大学サンタ・バーバラ校教授。ハーバード大学にてMBAを取得し、MITスローンスクール・オブ・マネジメントで博士号を取得。イリノイ州の公認会計士でもある。ボストン・カレッジ、ハーバード、ウォートン・スクールと著名ビジネス・スクールを渡り歩いてきた。

13 **ジョバンニ・ガベッティ**　ダートマス大学タックスクール教授。ペンシルベニア大学ウォートン・スクールにて修士号、博士号を取得。認知や心理の観点から経営戦略を考える研究者である。

せることがドミナント・ロジックの増加に役立つと述べたように、そして、この経営者の多様性を増加させ、より広く情報をとってくるために、多様性のある人材を登用したり、コンサルティングファームなどを使って外部のことを知ったりすることが重要である。

ドミナント・ロジックを増加させるためのメンバー構成

その点、どのようなメンバーをそろえるべきかについて参考となるのが、ジョン・マイケル[14]とドナルド・ハンブリック[15]が1992年に『Academy of Managament Journal（35（1）：9-37）』で発表した"Diversification posture and top management team characteristic（多角化の方向性とトップ・マネジメントチームの特性）"という論文である。

この論文では、ルメルトが用いた134社の財務データと経営陣の出身部署、在職期間などから多角化のパフォーマンスに関連する経営陣の特性について調査を行った。その結果、経営陣の在職期間は大きく影響しないことが明らかになったのに加え、多角化された事業間の相互依存度合いが高い集約―関連企業では、好ましい経営陣の布陣は、オペレーション、製造、設計、マーケティングなど主要な機能のトップがそれぞれそろうことであり、一方で、それ以外の相互依存度合いが低い企業では、経営管理、ファイナンス、法務などの機能面に詳しい経営陣がそろっているべきという結論を得た。

14　**ジョン・マイケル**　ノートルダム大学メンドーザ・ビジネス・スクール准教授。コロンビア大学にて修士号および博士号を取得。

15　**ドナルド・ハンブリック**　ノートルダム大学メンドーザ・ビジネス・スクール教授。カンザス大学にて修士号、コーネル大学にて博士号を取得。

これらのことから、経営者が新規事業を成功させるためには、ドミナント・ロジックを加えていく必要があるが、そのためには自身の出身部署だけでなく、幅広い部署から登用された経営陣が必要であり、必要となる布陣はどのような多角化戦略を採っているかによって異なることがわかる。

ニューノーマル時代において、さまざまな事業を展開していかなければならない状況になってきている中で、**ダイナミック・ケイパビリティや両利きの経営の考え方として最も重要なのは、経営者の能力、特に情報感度と情報吸収力にある**といえよう。

POINT

最先端の経営理論による示唆

- 経営者はそれぞれ勝ちパターンであるドミナント・ロジックを持っており、勝ちパターンが異なる新規事業においては、成功確率を増加させるために、勝ちパターン自体を学ぶ必要がある
- しかしながら、既存事業で成功していればいるほどその勝ちパターンを学ぶことが難しいことがインテルやポラロイドの事例から明らかである
- 経営陣は万能ではないので、多様性を増加させ、自身の情報フィルターを広げていくことで、過去の勝ちパターンにとらわれず、新規事業でも成功することが可能になる

3 新規事業が成功しやすい組織の特徴：オープンネス理論

新規事業の成功を3つの方向性から読み解く

ここまで、多角化戦略を成功させるための戦略パターンと、その際に必要となる経営者の勝ちパターンや情報感度、マインドセットという点に注目してきた。

本節では、新規事業を成功させるために必要な組織論として、どのような組織を構築するとインテルの事例のように自発的に動き、新規事業が成功しやすくなるのかについて見ていきたい。

この分野としては、大きく、①**「従業員の多様性」から分析する研究**、②**現場の自発性を高めることに解を求めるもの**、③**ミドル／トップ・マネジメントの関与度合い**、という3つの方向から新規事業がどのように生み出され、成功するのかを読み解くことができる。

まず①の「従業員の多様性」が新規事業の成否に関連すると指摘する研究の先駆けとしては、チャールズ・ガルニック[16]とシモン・ロダン[17]が1998年に『Strategic Management

16　**チャールズ・ガルニック**　INSEADアビバ記念講座教授。オックスフォード大学で修士号、スタンフォード大学で博士号を取得。MBAやEMBAコースの最優秀教授賞も複数回取得。

17　**シモン・ロダン**　サンノゼ州立大学教授。以前はINSEADにて修士号教授。INSEADにて修士号および博士号を取得。

Journal（19(12)：1193-1201）』で発表した"Resource recombinations in the firm：knowledge structure and the potential for Schumpeterian innovation（企業における資源の再結合：シュンペーター型イノベーションの構造と可能性）」という論文がある。

彼らは、まずイノベーションを起こす要因を経済学者のヨゼフ・シュンペーターが唱えた資源・知識・技術の「新結合」、つまり新しい組み合わせによると捉え、**実際に企業内でどのように既存の資源が新結合されていくか**を分析した。

彼らは、新規事業やイノベーションのきっかけとなるような企業内の資源の再結合が促進されるのは、従業員の多様性、特にそれぞれの持っている知識の多様性が増加するように、年齢や性別、学歴、経験が異なっていることが重要であると考えた。

彼らの研究はあくまでこれまでの研究を新規事業と従業員の多様性という点から再構築したため、具体的なデータなどは提示されていないが、その後の従業員の多様性がどのように新規事業の成否に関わるのかを検討する先駆けとなった。

従業員の多様性と新規事業の積極化

ガルニックとロダンが説いた従業員の多様性が新規事業のチャレンジを促進するという仮説をデータによって調査したのが、イリノイ大学に在籍していたジェラルド・ヒルズ[18]、ロ

18 **ジェラルド・ヒルズ** ブラッドリー大学教授。マーケティングと起業家精神に関する第一人者。

ドニー・シェダー[19]、トム・ランプキン[20]である。

彼らは、1999年に『Frontiers of Entrepreneurship Research（27（5）：216-227）』の“Opportunity recognition as a creative process（クリエイティブプロセスとしての機会認識）”という論文において、シカゴにある売上5億円から100億円に及ぶ165の企業の経営者／オーナーに対して、アイデアの形成から直感、過去の経歴、セレンディピティなど、創造性に関する質問と、地道な改善活動に関する31個の質問表を送って、どのような企業が新規事業に積極的なのかについて多変量解析調査を行った。

前職の業界や業務、過去の経歴など従業員の多様性が高ければ、それぞれの創造的な思考方法や連想方法が異なる結果、従業員の起業家的な創造活動にプラスの影響があり、従業員の多様性が低い企業よりも40%ほど新規事業に積極的であることが明らかとなった。だからこそ、チャレンジ回数が増加するから、結果的に新規事業の成功に結びつくという理屈である。

その後、ランプキンはベンジャミン・リヒテンシュタイン[21]とともに具体的にどのようなプロセスで従業員の多様性が新規事業の可能性を増加させるのかを調査した。2005年に『Entrepreneurship Theory and Practice（29（4）：451-472）』に掲載された“The Role of Organizational Learning in the Opportunity-Recognition Process（機会認識プロセスにおける組織学習の役割）”という論文である。

19 **ロドニー・シェダー**　イリノイ大学教授。ジョージア州立大学にて博士号を取得。

20 **トム・ランプキン**　オクラホマ大学教授。南カリフォルニア大学にて修士号を、テキサス大学にて博士号を取得。

21 **ベンジャミン・リヒテンシュタイン**　マサチューセッツ大学教授。カリフォルニア大学サンタ・クルーズ校にて修士号、ボストン・カレッジにて博士号を取得。

図12 従業員の多様性と新規事業の機会発見プロセス

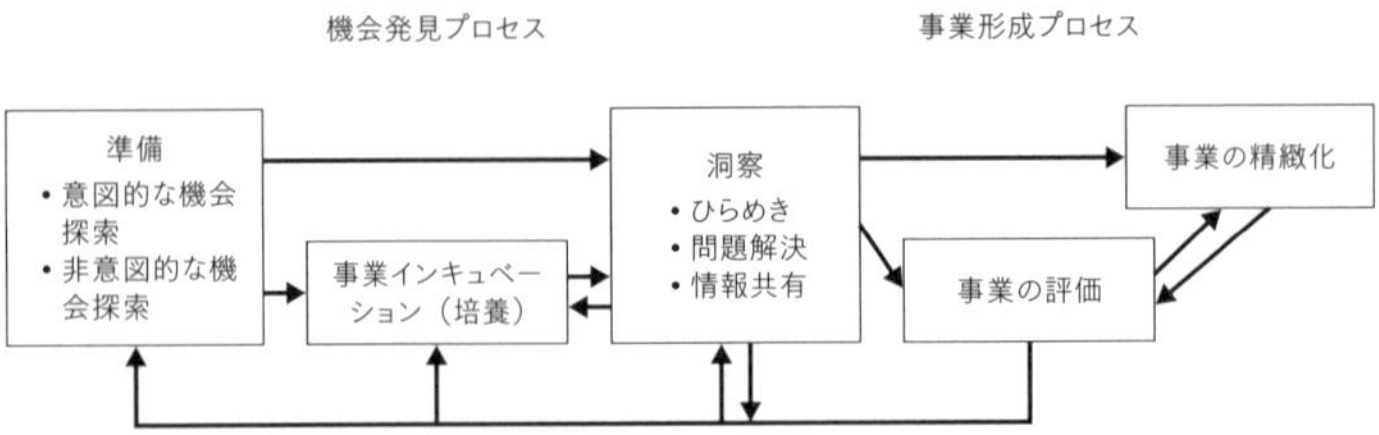

出典：トム・ランプキン、ベンジャミン・リヒテンシュタイン “The role of organizational learning in the oppotunity recognition process（機会認識プロセスにおける組織学習の役割）”（2005）図1を筆者翻訳

図12を見ていただきたい。まず**従業員の多様性が高いと、事業機会の発見のために必要な情報を探索する可能性が高まる。**さまざまなバックグラウンドを持つ従業員がいたほうが、それぞれが意図的／非意図的問わずさまざまな情報に触れることとなり、結果的にそれらの情報をもとに、新しいアイデアが生まれる可能性が高いからである。

次に、**そのようなアイデアが生まれる可能性が高ければ、インキュベーション（培養）させる事業の種も多くなるし、当然そこからひらめきが起きたり、問題解決が進んだり、情報共有が起きやすくなったりする。**その結果、新しい事業をより事業計画として精緻化し、それを評価し、実際の事業化に進んでいくプロセスが回り出す。

以上のように、従業員の多様性が増加することで、具体的に売上や利益がどう上がるのかというような研究はまだ行われていないものの、新規事業が起こりやすくなるプロセスと、その差については最新の経営学の研究をもとに、明らかになってきている。

現場の自発性と新規事業

次に、②の現場の自発性を高めることに解を求めるものを見ていこう。この研究の端緒はまさしく・ロバート・バーゲルマンの研究にある。

バーゲルマンは１９８３年に現場の自発性を高めることで既存企業による戦略転換プロセスについて、『Administrative Science Quarterly（28（2）：223-244）』に"A Process Model of Internal Corporate Venturing in the Diversified Major Firm（多角化主要企業における社内ベンチャーのプロセス）"という論文を発表した。

バーゲルマンはインテルの事例の前に発表したこの論文において、あるハイテク製品の大企業における複数の事業部のメンバーからトップ・マネジメントに対してどのように新規事業が形成されているのか、どんなメンバーが参加しているのか、どのように事業化されていくのかについて、インタビューとそれぞれの新規事業のデータ分析を行った。

その結果、新規事業が成功するにはそもそも経営資源や、お金や人が必要となる。だからこそ、その経営資源を獲得するためには、経営陣のゴーサインが必要となる。すると、特に既存の大企業において新規事業が成功するためには、①ビジネスの現場で最も顧客の声を聞く現場レベルのメンバー／マネージャーが自発的に新規事業を提案するチャンスがあること、②ミドルマネージャーがこれらの取り組みをより組織の戦略の中に意味づけて上司に報告できるように現場の事業の現状を吸い上げながら、意味づけを行えるだけの能力があること、そして③経営陣がその報告・提案を聞いて、自社の戦略を変更するだけの柔軟さがあることという3つが必要であることを発見した。

　バーゲルマンの主張は、従業員の多様性が高いとか、組織の起業家精神が高いだけでは新規事業は成功しないことを意味している。経営資源の配分がなければ、新規事業は成立しないのだから、ボトムアップを重視した上で、現場とミドルが自発的に事業を起こせるような組織であること、それに加えて経営陣が新規事業の芽を戦略に落とし込めることの2つが必要になると述べた。

　このバーゲルマンの主張を発展させたのが、ショーナ・ブラウン[22]とキャサリン・アイゼンハートである。彼らは1997年に『Administrative Science Quarterly（42（1）：1-34）』に発表した"The art of continuous change : linking complexity theory and time paced evolution in relentlessly shifting organization（持続的変化の芸術：絶え間なく変化する組織における複雑性理論と時間的進化理論の関連付け）"という論文において、サーバー会社やPC開発会社など6社のコンピュータ企業の6つの戦略的事業部門（Strategic Business Unit：SBU）について55回のイ

22 **ショーナ・ブラウン**　起業家兼経営コンサルタント。2003年から12年までグーグルの経営幹部だった。当時はマッキンゼー・アンド・カンパニーのコンサルタント。

ンタビューと質問表調査、業績調査を行った。

そして、当初計画したタイミング通りに製品開発が完了し、製品投入後もトラブルなく拡販することができている企業と、ほぼ遅延、25%しか間に合わなかったなど大半が時間通りにならず、かつ製品投入後もトラブルばかりが起きている企業との差を分析した。

その結果、新規事業が成功している企業は、現場からミドルマネージャーの範囲内でリアルタイムのコミュニケーションが活発に行われながら、その場その場で適切な修正が加えられ、その製品設計も比較的現場の裁量で決められていることがわかった。

また、新規事業が成功しやすい組織は（今やリーン・スタートアップの考え方で認識されているが）、製品の完全版を目指すのではなく、実験用の製品を活用したり、未来予測モデルを活用したり、自社単独での開発ではなく、戦略的提携を活用した新製品開発を行っていることを発見した。

バーゲルマンもブラウン、アイゼンハートも、従業員個人の限界を考え、それらが所属する部署や担当領域、権限をどのように設計するのかによって新規事業のパフォーマンスが変わると考えたのである。そして、成功している企業は、経営陣から見たら、ある種自由奔放だったり、統制だっていないような活動を行っており、効率的ではないが、最終的に新規事業という難題の成功に寄与する可能性が高い。このような観点を複数の事例から発見したという意味で、変化が早くなる時代において、現場の柔軟性とミドルマネジメントの重要性が増加していくだろう。

ミドルマネジメントが新規事業を左右する

このようなミドルマネジメントが戦略において果たす重要性については、プラハラードとハメルの『コア・コンピタンス経営』（日本経済新聞社）においても指摘されている。彼らはジャパン・アズ・ナンバーワンの時代には、日本企業は優れたミドルが現場と経営陣をうまく調整・コントロールしながら、片方では現場に自由な権限を与え、もう一方で経営陣から承認を得るための間、時間外に研究をするなどして隠れ蓑にしたり、プロジェクトを黙認したりするなどして、事業の芽が出ることをサポートしていたことが日本企業の新製品開発に寄与したと指摘する。

ニューノーマル時代において、新規事業を積極化する上では、経営陣がつぶさに事業を1つずつチェックすることは簡単ではない。もちろん丸投げすることはできないだろうが、**予算や範囲を決めて、その中で自由な事業創造を行えるような組織を整えること、そして当時の日本企業のように、ミドルマネジメントに報いることが重要である。**

今のミドルマネジメントは大変な割に認められることが少なく、その上海外の成長企業と比べて見劣りする報酬しか与えられていない。だから、優秀な人材はどんどん外資系企業に転職したり、起業したりしてしまう。

論文の内容とは関係ないが、ニューノーマル時代の経営においてミドルマネジメントに報いるべきであることは、現場の自発性を上げることとセットで重要なポイントであるから付け加えておこう。

ミドル・トップマネジメントは新規事業に積極的に関与すべき

最後に③ミドル・トップマネジメントの関与度合いに関する研究である。

先のバーゲルマンの指摘のように、経営陣はミドルマネジメントが持ってきた事業案をもとに、戦略の変更や経営資源の配分を行うことが仕事であり、積極的な関与は必要ないと考えられてきた。

また、ドミナント・ロジックを重視する経営学者からも、経営陣は自身のドミナント・ロジックに引っ張られてしまいがちであり、それに合わない新規事業を拒否してしまう傾向にあるため、積極的な関与は必要ないと考えられてきた。

一方で最新の研究では、経営陣の積極的な関与がむしろ企業の危機の際には重要とする説も登場してきた。

ニコライ・フォス[23]、トーベン・ピダーセン[24]、ヤコブ・ピント[25]は、『Innovating Organization

23 **ニコライ・フォス**　コペンハーゲン・ビジネス・スクール教授。同校で修士号、博士号を取得。224の論文と26冊の書籍を執筆する研究者。

24 **トーベン・ピダーセン**　コペンハーゲン・ビジネス・スクール教授。ロスキレ大学にて政治科学の修士号、コペンハーゲン・ビジネス・スクールで博士号を取得。

25 **ヤコブ・ピント**　コペンハーゲン・ビジネス・スクール、コンサルティングファームを経て、ノルデア銀行の富裕層ビジネス部門COO。

and Management（組織のイノベーションとマネジメント）』という書籍において、レゴ・グループの事例から、トップ・マネジメントが新規事業の推進に関与することの意味を考えた。

レゴ・グループでは、現場で起きていたさまざまな起業家的な活動をより良くコントロールするために、階層間での意思決定権を設計し直し、経営陣が関与する幅を増やすことで、現場レベルで起きている起業家プロセスにより良く関与することができ、それによって、ミドルマネージャーが発見できないような事業の芽を直接探して、それを伸ばすことが可能になった。

その結果として、２００４年頃に破綻寸前まで追い込まれたレゴ・グループが復活することができたと結論づけている。

フォスらの研究をさらに発展させたのが、ＲＢＶの大家であるバーニーとフォス、そしてヤコブ・リンジーである。彼らは、２０１８年に『Strategic Management Journal（39（5）：1325-1349）』において、“The Role of Senior Management in Opportunity Formation：Direct Involvement or Reactive Selection?（機会形成におけるシニアマネジメントの役割：直接的な関与か反応選択か）”という論文で、デンマークの従業員40名以上の企業４２３社に対して、経営者と人事責任者に対するアンケート／インタビューを行った。

その結果、シニアマネジメント（部長職）の新規事業に対する積極的な関与が、マーケティングの大幅な変更、製品・サービスの変更や撤退という要素に影響し、現場の自発性によるボトムアップ主導、従業員の多様性という2つの要素を調整する効果があることが明らかとなった。

以上バーニーらの研究は、大きく分けて3つの研究を総括したものといえる。すなわち、**新規事業開発の成否には、従業員の多様性と現場の自発性によるボトムアップ主導がそれぞれ同じ程度に必要であり、さらにはシニアマネジメントの積極的なサポートがそれらを加速させるために重要な要素になる、ということである。**

このように考えると、『コア・コンピタンス経営』においてプラハラードとハメルが指摘した1980年代の日本企業の強みと、2018年にバーニーらが示した結論とは、大きく変わっていないように思える。

しかしながら、日本の大手企業を中心に、従業員の多様性という意味では不十分である。この点は、今後女性活用や中途社員の採用、シニアの活用などを含めて多様性の増加による、ニーズに合った新規事業開発が求められるだろう。

ただし、バーゲルマンの指摘通り、ただ多様性を増しただけでは意味がない。戦略を吸い上げて意味づけるミドル、そして経営陣がそれを踏まえて戦略を変更することが必要である。

POINT

最先端の経営理論による示唆

- 新規事業を成功させる要因には、①従業員の多様性、②現場の自発性、③シニアマネジメントの関与という3つの方向性がある
- 現場の多様性だけを増加させようとしても、新規事業は成功しない。現場の自発性によって生まれた事業の芽をミドルマネジメントが認識し、それを会社の戦略の中に意味づけ、それを経営陣が戦略として採り入れなければならない
- シニアマネジメントの関与は、新規事業を促進する上で重要である

4 プラットフォームビジネスの立ち上げ方：プラットフォーム戦略論

ここまで、多角化戦略の定石と新規事業の立ち上げの確率を上げるための方法について、多面的に解説を行ってきた。

本節では、多くの読者が構築を目指すと思われる「プラットフォームビジネス」について、その立ち上げ方の定石を解説していきたい。

議論の初めに、プラットフォームビジネスの定義についてさまざまな解釈があるので説明しておく。

プラットフォームビジネスの定義

プラットフォームビジネスとは、**利用者を集め、プラットフォーム内でなければ得られないような価値を得ることができ、それによって価値が非線形的に増殖するもの**を指す。

プラットフォームという言葉をビジネスで初めて説明したのが、大前研一[26]の『大前研一「新・資本論」見えない経済大陸へ挑む』（東洋経済新報社）である。大前は、この書籍においてサイバー経済が拡大することから、サイバー上の場であるプラットフォームに価値が生

26 **大前研一**　ビジネス・ブレークスルー大学学長。元マッキンゼー・アンド・カンパニーアジア太平洋地域会長。世界的なマネジメントグルー（教祖）として知られる。

図13　プラットフォームビジネスの立ち上げ順序

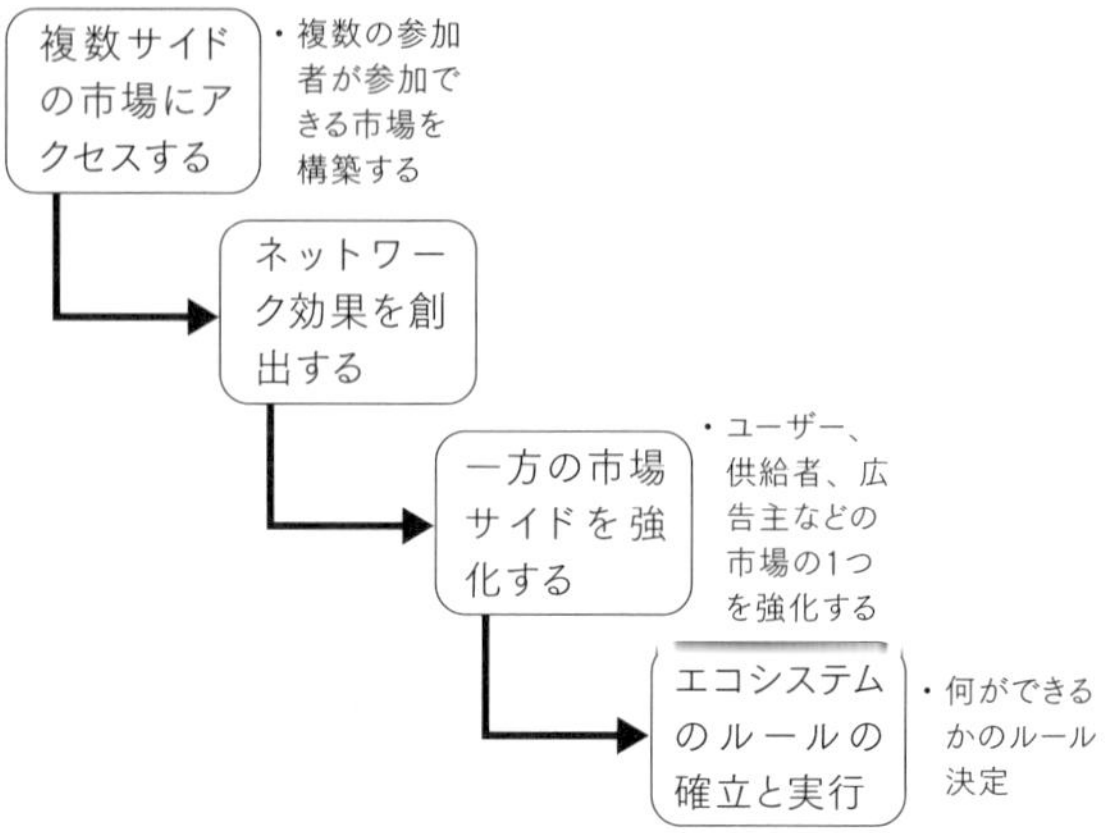

出典：クスマノら『プラットフォームビジネス』（2019）をもとに著者作成

まれることを2001年に説明してみせた。これ以降、プラットフォームビジネスに関連する研究や著作はIT産業の勃興とともに飛躍的に増加した。ただし、プラットフォームビジネスの立ち上げ方に関する細かな議論を行っている論文や書籍は多数あるものの、全体像をわかりやすく、丁寧に説明している論文は現状ほとんど見られない。そこで本節ではプラットフォームビジネスの立ち上げ方について、世界的な学者の視点から解説したマイケル・クスマノ[27]、アナベル・ガワー[28]、デビット・ヨッフィー[29]の『プラットフォームビジネス』（有斐閣）のフレームワークを説明し、そのポイントごとに論文を解説する形としたい。

　クスマノらは、『プラットフォーム・リ

27 **マイケル・クスマノ**　MITスローン・スクール・オブ・マネジメント教授。元東京理科大学副学長。マイクロソフトの研究者として世界的に著名。

28 **アナベル・ガワー**　サリー大学デジタルエコノミーセンター教授。スタンフォード大学にて修士号を取得。MITスローン・スクール・オブ・マネジメントにて博士号を取得。

29 **デビット・ヨッフィー**　ハーバード・ビジネス・スクール教授。インテルの取締役などを歴任。

ーダーシップ』（有斐閣）を２００５年に発表して以降、マイクロソフトやグーグル、フェイスブックをはじめ、UberやAirb&bなどさまざまなプラットフォーマーの研究を行ってきた。

彼らが解明したプラットフォームビジネスの立ち上げ方が図13である。

プラットフォームビジネスの立ち上げ方

最初に行うべきは、プラットフォームにどのようなプレイヤーが参加できるのかを決定することであり、そのためには**「複数サイドの市場にアクセスできる」**ことが必要となる。たとえばフェイスブックであれば、サイトユーザー、広告主、コンテンツプロバイダー、アプリ開発者の４つのプレイヤー（市場）がプラットフォームにアクセスできるとクスマノらは説明する。

複数サイドの市場（multi-side platforms：ＭＰＳ）という概念を最初に提唱したのは、ジーン・ロチェット[30]とジーン・ティオール[31]である。彼らは２００３年に『Journal of the European Economic Association（１（４）：990-1029）』で発表した〝Platform competition in two-sided markets（２つの市場側面におけるプラットフォームの競争）〟という論文において、複数の市場サイドをプラットフォーム上で増加させることが重要であることを指摘した。

彼らは２００３年の時点で、プラットフォームが成功するためには、ビジネスモデルと

30 **ジーン・ロチェット**　ジュネーブ大学スイスファイナンス研究所銀行学教授。トゥールーズ大学経済研究所パートナーシップ研究センター客員教授。パリ大学にて博士号を取得。

31 **ジーン・ティオール**　フランス経済研究所（ＩＲＥＳ）社会経済学研究員。

して、どのように両サイド、たとえば売り手と買い手、閲覧者と広告主に働きかけながら、全体として利益を上げるのかを検討するべきであると指摘している。

具体的には取引量を増加させ、プラットフォームの利益を増加させるためには、**取引にあたって、売り手と買い手、閲覧者と広告主などの間で代金をどのように徴収するかと、それをどのように配分するかの決定が重要である**とした。

たとえば、広告主から100円をもらい、そのうち50円を閲覧者にサービスやプレゼントとして提供し、残りの50円を運営費に回すなど、取引全体の増加とそれによる参加者の増加をビジネスモデル全体としてどのように設計するのかを決定することで、プラットフォームの成否が決まる、とするのが彼らの指摘である。

彼らの議論をより精緻化したのが、**アンドレイ・ハギウ**[32]である。ハギウは2007年に『Review of Network Economics（6（2）: 115-133）』において、〝Merchant or Two-Sided Platform?（売買か複数市場プラットフォームか）〟という論文を発表した。

ハギウは、図14のように、**売買のプラットフォームと2つの市場を仲介するプラットフォームは別のプラットフォームであると認識し、それぞれのメリット・デメリットを考えるべきだ**と指摘した。

複数市場プラットフォームの例としては、アップルストアのようにコンテンツを提供する側とダウンロードする側をアップルストアでマッチングさせるものの、実際にコンテン

32 **アンドレイ・ハギウ** MITスローン・スクール・オブ・マネジメント招聘准教授。ハーバード・ビジネス・スクールでプラットフォーム戦略の研究を経て、MITにて研究を行う。

図14　複数市場プラットフォームと売買プラットフォームの違い

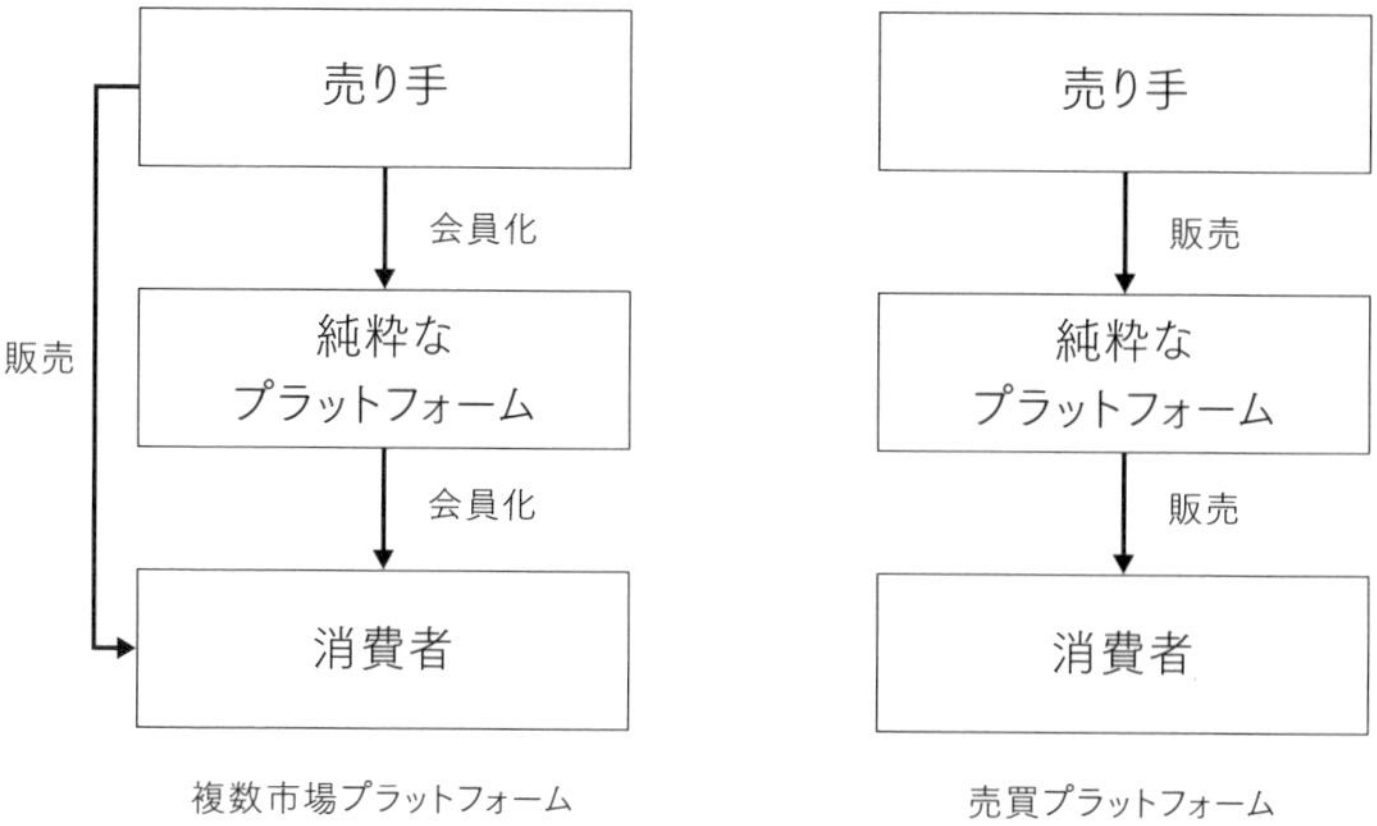

出典：アンドレイ・ハギウ "Merchant of Two-Sided Platform?（売買か複数市場プラットフォームか）"（2007）図1をもとに筆者作成

ツを提供するのはコンテンツ提供者というパターンである。

売買プラットフォームは、アマゾンのように、各種業者から商品を仕入れて、ユーザーに販売するというパターンである（現在ではユーザーも出品できるが）。

それぞれのメリット・デメリットとしては、売買プラットフォームのほうには売り主と買主の情報ギャップが存在する一方で、複数市場プラットフォームとは異なり、売り主側が即時性のあるやり取りのために継続的な人と時間の投資をする必要があることに加え、多様な製品ラインナップが必要になるという特徴がある。一方で複数市場プラットフォームの場合はその逆で、プレイヤー間の情報ギャップが存在する一方で、大きな投資をプレイヤーがしなくて良いという特徴がある。

このようにプラットフォームごとに必要な要素が異なるため、何をプレイヤーに期待させ、どのような価値を提供するかをまず決定する必要がある。

イノベーション・プラットフォームと取引プラットフォームの価値

そしてクスマノらは、どのようなプレイヤー（市場）が、何を行えるのかについては、プラットフォームがイノベーション・プラットフォームか、取引プラットフォームかによって異なると結論づけた。

イノベーション・プラットフォームとは、プラットフォームの技術基盤を共有することで、プラットフォーマーや各種プレイヤーが、新たな補完的製品やサービスを生み出すことができるようなものである。補完的製品やサービスとしては、具体的にはiTunesやNetflixで提供されるようなデジタルコンテンツであるとか、ＡＷＳやWechatなどもイノベーション・プラットフォームに分類される。

取引プラットフォームとは、仲介者やオンライン市場の形で複数のプレイヤーが売買や交換、取引を行うことができる「場」を提供するプラットフォームである。具体的には、アマゾン、アップルストア、グーグルストア、セールスフォースのAppExchange、Airbnb、ツイッターなどが該当する。

どのような参加者をプラットフォームに参加させるのかを検討したら、その次に**ネットワーク効果を創出する**必要がある。ネットワーク効果とは、そのネットワーク内の利用者数が増加するごとにネットワークの価値が高まる状態を指す。

ネットワーク効果が最初に研究されたのは、電話業界である。電話は、ただ一人しか電話番号を持っていなければお金を払って利用する価値はないが、電話番号を持っている人が増えれば増えるほど、利用価値が増加する特徴がある。それをネットワーク効果と呼んだのが**ジェフェリー・ロフルス**[33]が1974年に『The Bell Journal of Economics and Management Science（5（1）：16-37）』に掲載した〝A theory of interdependent demand for a communication service（通信サービスにおける相互依存的な需要の理論）〟である。

ロフルスはユーザー数を最大化し、ネットワーク効果を向上させるためにはいくらの価格設定にするべきかを研究した。固定費を下げて導入ハードルを下げる代わりに従量課金するという考え方は今では一般的だが、ロフルスはこの考え方を74年の論文ですでに提唱している。

33　**ジェフェリー・ロフルス**　戦略政策研究所のコンサルタント。MITで博士号を取得し、ベル経済研究所でネットワーク効果、バンドワゴン効果の研究を行う。電気通信産業の著名な経済学者としても知られる。

ネットワーク効果を高めながら多面的に収益を得る

ただし、ユーザーとユーザーという同じプレイヤー間のネットワーク効果を高めるだけでは、ユーザーからお金を取り続けない限り収益が上がらない。したがって、別のプレイヤーにも費用を負担してもらうことで、ユーザーの費用負担を減らし、それによってユーザー数を増やしていく。そうすると別のプレイヤーが増える、というサイクルを回すことが必要である。

クスマノらも、フェイスブックが仮に在校生の社交クラブのように、SNSにアクセスすることに対して課金していたとしたら、現在のように巨大プラットフォームになることはなく、ニッチビジネスにとどまるか、失敗していただろうと指摘している。

したがって、多様なプレイヤーからサービスや参加料をとることで、アセットライト（保有資産が少なく、固定費が低い）なビジネスモデルを作り上げることが必要になる。

3つ目が、**複数サイドの市場のうち、どちらか一方に向けた価値を強化すること**である。どちらをより強化すれば良いかは、イノベーション・プラットフォームか、取引プラットフォームかで異なる。

イノベーション・プラットフォームの場合、当初は他社コンテンツやサービスを前提としなくてもユーザー数を獲得できるような設計を行う必要がある。そのためには、サービスとサービスのアクセスを簡単にできるようにAPIを設計したり、簡単にサービスの一部分のみを利用できるようなモジュラー（共通規格）設計にしておいたりする必要がある。そして、安価もしくは無料のライセンス契約などで、ユーザーが利用するハードルを下げる方法が必要となる。

ユーザーが少ない中で投資をしてくれる他のプレイヤーを惹きつけるためには、アップルやグーグルのように、製品説明会などで大々的にアピールする手法も必要であるとクスマノらは指摘する。

取引プラットフォームの場合には、買い手が多数いることこそが価値であり、それを売り手に信頼してもらうことと、その信頼を確認できることが必要である。

Airbnbは、地域掲示板であるCraigslistに投稿されている物件データを収集して、自社で投稿者に営業を行っていくことからスタートしたことで、最初から多数の物件が登録されている、大規模で信頼されたウェブサイトであることを顧客に示すことができた。

クスマノらは、プラットフォームはゼロから始める必要はなく、公開されているデータや情報を分析し、既存のグループや情報を最大限活用すること、立ち上げ段階は資金的に持続可能とは思えないような行為であっても、プラットフォームに必要な投資はするべきだという。

Airbnbの場合には、物件を借りたいと思わせるために、プロのカメラマンによるホテルのようなきれいな物件写真を掲載することに資金が必要だった。以降も掲載するすべての物件でこれを行おうとすると、事業がスケールしていくには到底まかなえないコストが必要だったが、きれいな写真を載せることが初期にスタンダードとなったことで、それ以降はAirbnbがカメラマンを雇うのではなく、物件投稿者が自身で雇うようになり、コストを気にする必要はなくなったという。

このように、プラットフォームが高いレベルで競争優位を得るためには、初期的には資金的に持続可能とはいえないような活用でも十分投資に値する。

最後に、**エコシステムのルールの確立と実行**である。

プラットフォームの信頼性を維持するためには、ルールを早期に明確化し、それを徹底しなければ、いつかユーザー離れを引き起こすことになる。

アンドレイ・ハギウは、**サイモン・ロスマン**[34]とともに、『Harvard Business Review（April 2016）』に発表した“Network Effects Aren't Enough（ネットワーク効果は十分でない）”という論稿で、プラットフォームの成長だけに特化した行動は危険だと指摘する。

詐欺的なコンテンツを放置していたり、コードを悪用したサービスが登場したり、クオリティの低い製品の販売を放置していたり、規制当局とのコミュニケーションをおろそかにしたりすれば、ユーザー離れにつながる可能性がある。だからこそ早期にルールを築き、

34 **サイモン・ロスマン**　ベンチャーキャピタルであるグレイロックのベンチャーパートナー。著名なプラットフォーマーであるLyftやタスクラビットなどに投資実績がある。初期のeBayに入社し、eBayモーターを立ち上げ、マッキンゼー・アンド・カンパニーを経てテスラの初期の取締役も務めた。

急速な成長ばかりに注力してはならないと警告している。

ルール化とその徹底にどこまで時間を割くかは、イノベーション・プラットフォームか、取引プラットフォームか、どのようなビジネスかによって異なる。

しかしながら、日本においてもプラットフォーマーの問題が頻繁に見られるようになってきている一方で、ハギウが唱えるような警告はまだ広がっていない。

ニューノーマル時代、プラットフォームビジネスを立ち上げるだけでなく、それをどう維持するか、攻めとともに守りの部分についても改めて確認しておきたい。

POINT

最先端の経営理論による示唆

- プラットフォームビジネスの立ち上げには、①複数の市場モデルにアクセスする、②ネットワーク効果を創出する、③一方の市場サイドを強化する、④エコシステムのルールを決定し、徹底することが必要
- ユーザーが導入しやすい価格設定が必要で、初期から全部自社でやる必要はなく、外部の情報などを活用する
- プラットフォームの拡大だけでなく、ルールを早期に徹底し、プラットフォームを守ることも同様に重要である

Chapter 3

イノベーション理論の実際

1 イノベーションの蓋然性：AIUモデル

AIUモデルとは？

第2章ではニューノーマル時代に多くの読者が興味を持つであろう、新規事業の立ち上げ方について解説を行った。本章ではもうひとつの興味分野と考えられる、イノベーションについて見ていこう。

とはいえ、イノベーションというと研究者の指摘もかなりバラバラである。本書ではハイテク製品などの細部に入りすぎず、よりマクロ的な視点から、どんな業界にも通用する

図15 産業におけるイノベーションの進展

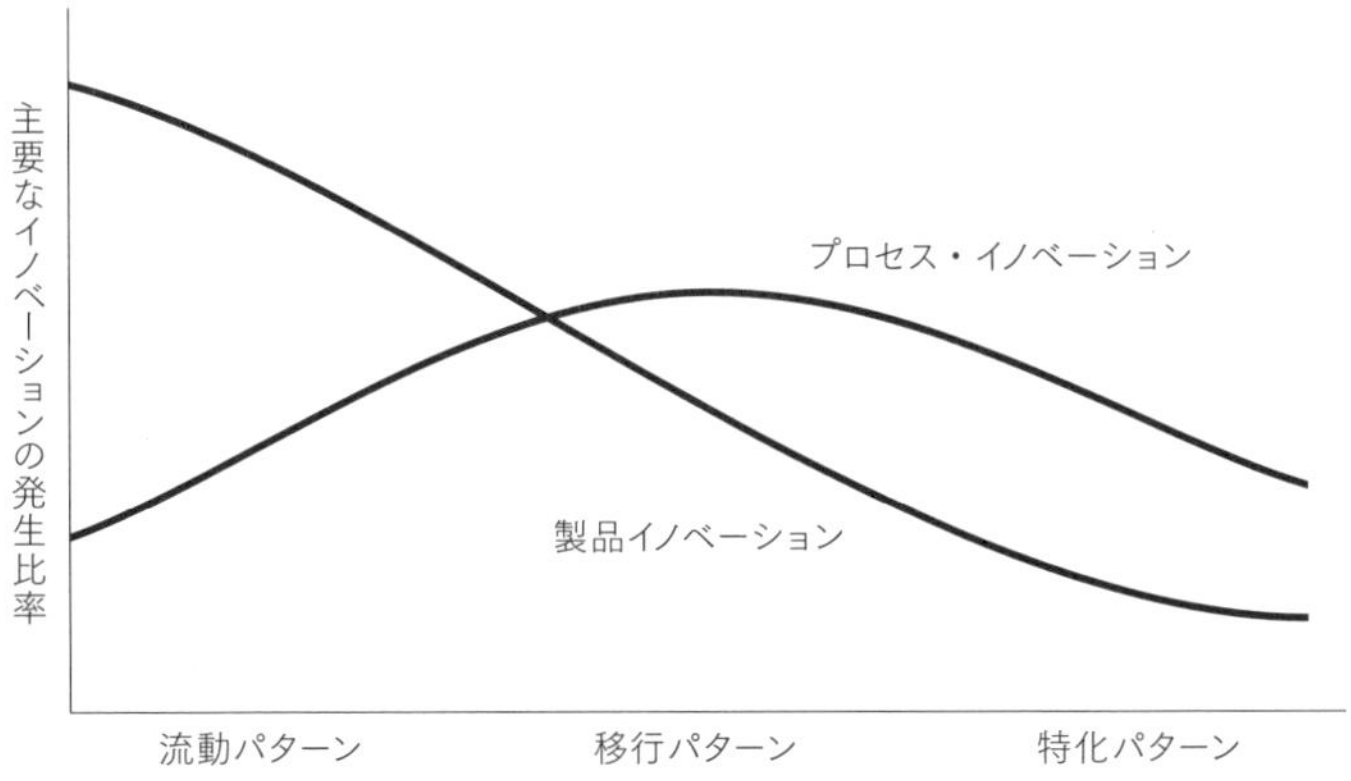

出典：ウィリアム・アバナシー、ジェームス・アッターバック "Patterns of industrial innovation（産業イノベーションのパターン）" 図1を筆者翻訳

ような理論を解説することにしたい。

そこで本節では、イノベーションが産業全体でどのように起きてくるのか、イノベーションの体系についての理論を紹介することにする。本節は『赤門マネジメント・レビュー（11（10）：665-680）』に掲載された秋池篤「A－Uモデルの誕生と変遷」（2012）を参考とした。

この分野の初期的な研究としては、**A－Uモデル**が挙げられる。A－Uモデルは『Technology Review（80（7）：40-47）』において"Patterns of industrial innovation（産業イノベーションのパターン）"という論文で広まった、ウィリアム・アバナシー[1]とジェームス・アッターバック[2]という著者の名前をもとにつけられたモデルである[3]。

1 **ウィリアム・アバナシー**　元ハーバード・ビジネス・スクール教授。ハーバード・ビジネス・スクールにてMBA、博士号を取得。「生産性のジレンマ」の理論で経営学の世界で著名。

2 **ジェームス・アッターバック**　MITスローンスクール教授。ノースウェスタン大学にて経営工学の修士号、MITで経営学の博士号を取得。『イノベーション・ダイナミクス』（有斐閣）の著者としても知られる。

3 A－Uモデルが最初に登場したのは1975年の論文だが、本書では最も引用されている78年のモデルをベースに解説を行うことにする。

Ａ－Ｕモデルの研究のポイントは、個々のイノベーションの成否を議論するのではなく、Ｔ型フォードの登場前後の自動車産業、以降の白熱電球産業などを調査した結果、産業全体でイノベーションがどのように起こり、それが広がっていくのかについて非常にシンプルな図で示した点にある（図15参照）。

Ａ－Ｕモデルとイノベーションの発生プロセス

図15では、縦軸に主要なイノベーションの発生比率、横軸が産業の状態として、流動パターン、移行パターン、特化パターンの3つの状態が定められている。

図を見ると、流動パターンの状態においては、主要な製品イノベーションが多数起きている状態であり、いくつもの画期的な製品が登場している。その後、製品が淘汰されていく中で、移行パターンに入り、プロセス・イノベーションが増加しながら、製品イノベーションが減少する。最終的に、特化パターンでは、製品イノベーションが大きく減少し、プロセス・イノベーションも徐々に減少し、産業全体のイノベーションは安定していくパターンをとる。

さらにアバナシーは１９７８年に発表した『The Productivity dilemma（生産性のジレンマ）』の中でＡ－Ｕモデルを発展させ、**ドミナント・デザイン**という概念を提示する（図16参照）。

図16 ドミナント・デザインとイノベーションパターン

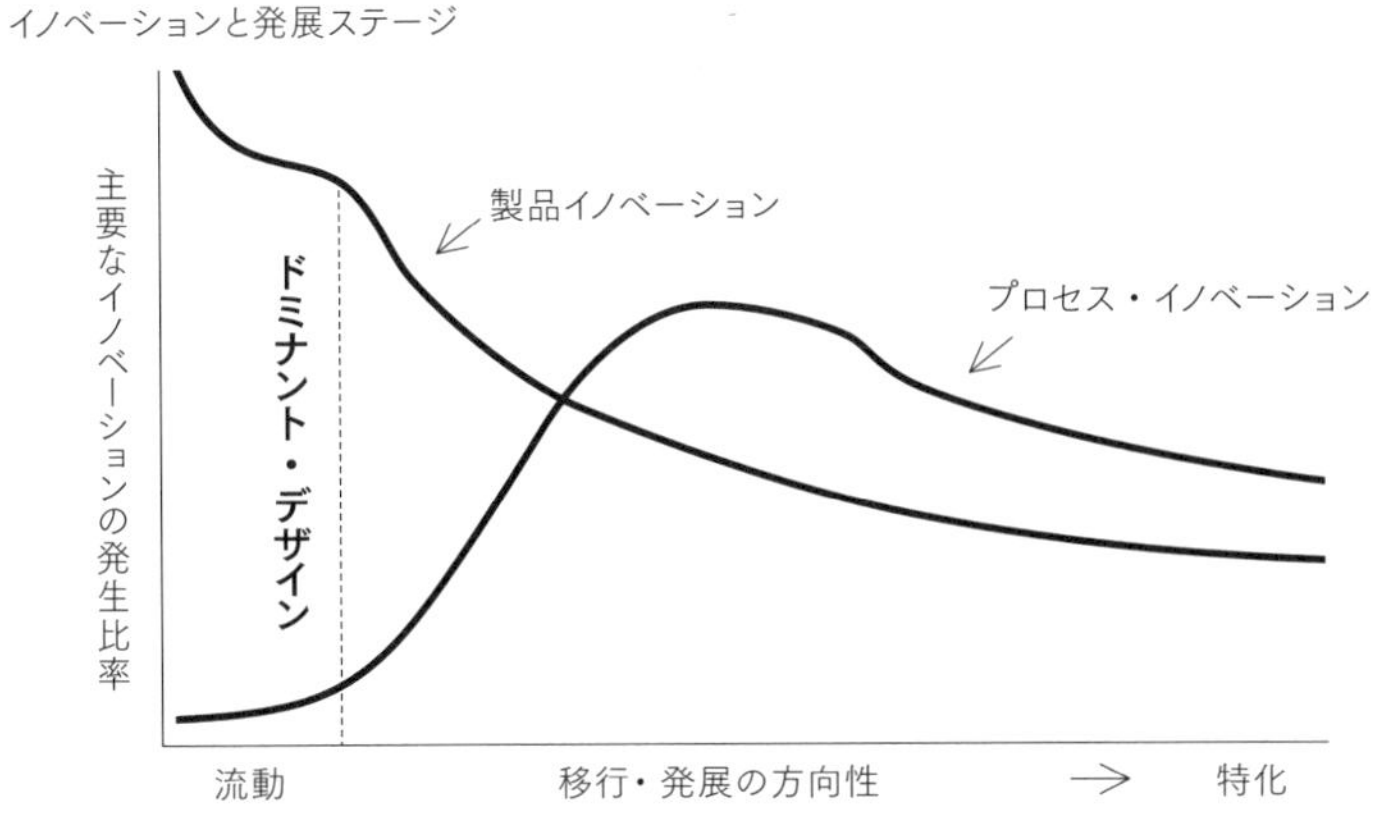

出典：ウィリアム・アバナシー『The Productivity dilemma（生産性のジレンマ）』p72を筆者翻訳

図16は図15とおおむね同じ図ではあるが、真ん中左に「ドミナント・デザイン」という言葉がある。ドミナント・デザインとは、その製品群の中で大多数の顧客の要求水準を満たした標準的な製品／サービスの形態を指す。

具体的には、自動車であればT型フォードであり、スマートフォンであればiPhone、表計算ソフトといえばマイクロソフトエクセルといった標準となるモデルである。

このドミナント・デザインが登場する前は、顧客のニーズを満たすように多くの製品が市場に登場し、製品イノベーションが活性化するという考え方が主流であった。しかしながら、ドミナント・デザインが市場で決定されると、製品が何を満たさなければならないかが決定するため、その後は効率性を重視するプロセス・イノベーションが増加するのが、アバナシーが１９８４年に提示したＡ－Ｕモデルの完成形である。

以上のように、産業全体のイノベーションがどのように起きるのか、そのプロセスがわかれば、自社が今どのようなイノベーションを重視しなければならないかが明らかとなる。市場が流動パターンであれば、ドミナント・デザインを目指した製品イノベーションを重視すべきであるし、ドミナント・デザインが決定されていれば、基本的には効率を上げるためにプロセス・イノベーションが重要となる。

このＡ－Ｕモデルは、とかく個別のイノベーション論に走りがちな中で、経営者が新規事業担当者を、製品開発担当者が全体像を理解する上で重要である。

変革力マップとイノベーションの４パターン

次にアバナシーは産業全体のイノベーション論からやや離れて、イノベーションのパターン分けを目指した。

それが、アバナシーとキム・クラーク[4]が１９８５年に『Research Policy（14（1）：3-22）』で発表した"Innovation : Mapping the winds of creative destruction（イノベーション：創造的破

4 **キム・クラーク** 末日聖徒イエス・キリスト教会名誉総局。元ハーバード・ビジネス・スクール学部長。元ブリガムヤング大学学長。設計のモジュラー化やイノベーションの研究で著名。『（増補版）製品開発力』（ダイヤモンド社）は東京大学の藤本隆宏教授との共著。

図17　イノベーションの4つの類型

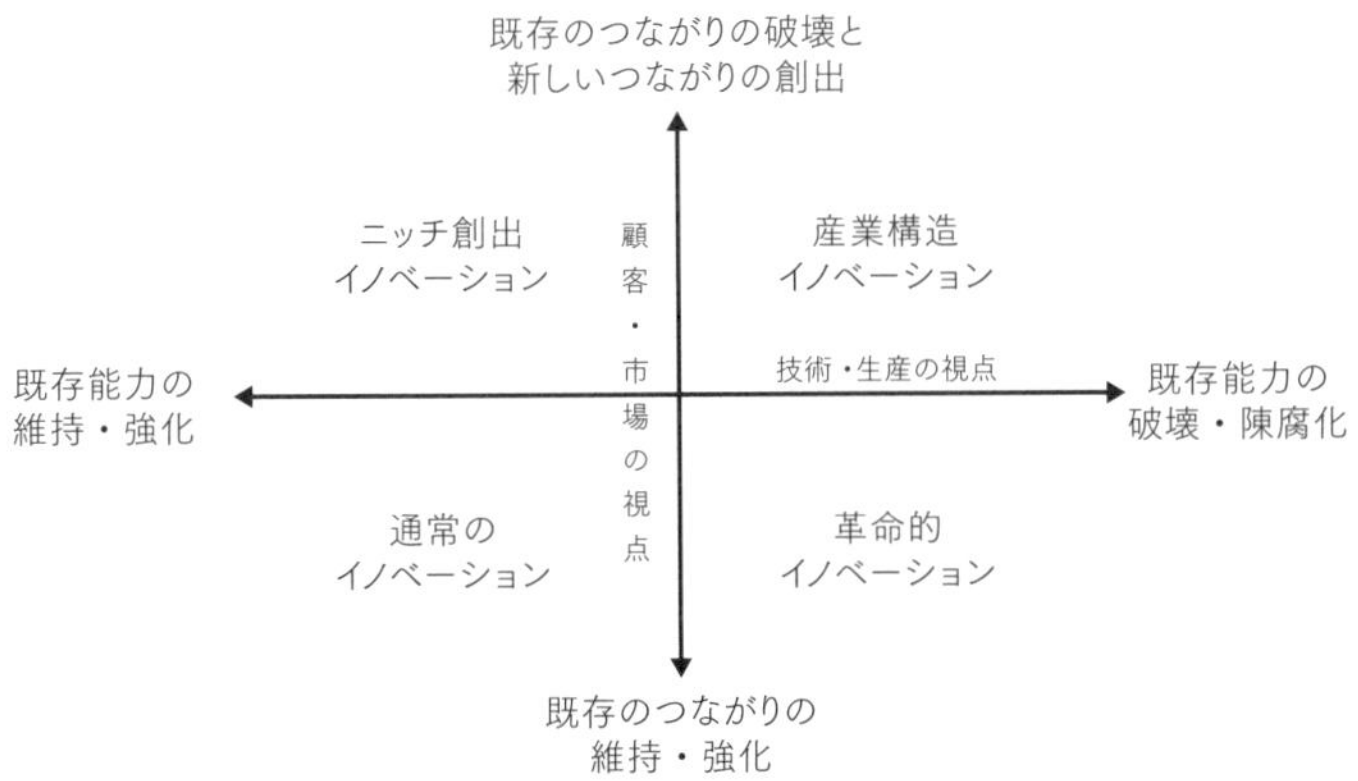

出典：ウィリアム・アバナシー、キム・クラーク“Innovation：Mapping the winds of creative destruction（イノベーション：創造的破壊の風をマッピングする）”図1を筆者翻訳

壊の風をマッピングする）”という論文である。

アバナシーとクラークは、この論文において、**変革力**マップという概念を提示した。彼らは、イノベーションを市場および顧客とのつながりについて、破壊するものと強化するものに分け、さらに技術／生産方式について既存の能力を維持・強化するものと、破壊・陳腐化するようなものの4つに分類した（図17参照）。

図17は、右上が市場および顧客との既存のつながりを破壊し、さらには新しい技術・生産方式を要求する、産業構造イノベーションである。右下が既存のつながりを維持・増強しながら、技術・生産方式は既存のものを陳腐化してしまう、革命的なイノベーションである。左上が顧客との既存のつながりを破壊し、新た

なつながりを創出しながらも、既存の技術・生産能力を維持・増強する、ニッチ創出イノベーションである。左下が、顧客との既存のつながりの維持・増強で、かつ技術・生産能力についても維持・増強する通常のイノベーションである。

右上の産業構造（を変革するような）イノベーションは、馬なしの馬車と呼ばれた荷台車だった自動車産業において、T型フォードが登場したことで自動車の形が形成され、その後の自動車はT型フォードを色やサイズなどバリュエーションで変化させたものとなった。

このように、T型フォードはクランクシャフトにバナジウム鋼を利用したり、ベルトコンベアー式、タイヤから自社生産という新しい技術・生産方式を構築したりすることで、馬なし馬車のユーザーとのつながりではなく、新しいつながりを形成した。このT型フォードのようなイノベーションが、一般的に理解されるようなイノベーションであろう。

次に革命的イノベーションは、既存ユーザーに新しい技術・生産能力で大きな価値を提供するようなイノベーションである。

アバナシーとクラークは、現在の自動車に見られるすべての側面が覆われたスチールボディを具体例として挙げている。それまでの馬車は木製でかつドアの部分以外は空いていたため、腐食もあり耐久性に問題があり、さらには雨の際に乗りにくいという課題があった。

しかし、スチールボディが登場したことで、既存のユーザーは馬車のように定期的にメンテナンスや入れ替えを行う必要がなく、長く利用できるようになった。それによって一気に自動車の市場が拡大した。

3つ目にニッチ創出イノベーションは、技術や生産方式は大きく変えないものの、それを組み合わせて特定の顧客・市場に提供することで、イノベーションを遂げる方法である。アバナシーとクラークはフォードのモデルAの事例を紹介している。モデルAは既存の技術の寄せ集めではあったが、低価格でそこそこの品質のファミリーカーであり、都市化が進む中で20代ファミリーの最初の1台にうってつけな製品として市場を確立した。

最後に通常のイノベーションである。これはアバナシーが当初プロセス・イノベーションと呼んだものと同意義で、製品のコスト削減や生産方式の変更によって生じるものである。

以上のようにアバナシーはA－Uモデルという産業全体のマクロなイノベーション構造から、企業がどのようなイノベーションを目指すべきなのか、そのパターンを4つに分類した。

このアバナシーの論文はその後クリステンセンに引き継がれ、クリステンセンはより顧客と市場の要素を重視したイノベーションのプロセスとして、ラディカル・イノベーションとインクリメンタル・イノベーションを分類し、『イノベーションのジレンマ』（翔泳社）を発表した。

新規顧客性を上げ、イノベーションのジレンマを避ける

ニューノーマル時代、産業構造（変革）イノベーションやクリステンセンのラディカルなイノベーションを起こすために参考となる論文として、ビジャイ・ゴビンダラジャン[5]、パラヴィーン・コバレ[6]、アーウィン・ダネルス[7]が2011年に『Journal of Product Innovation Management（28（1）: 121-132）』に発表した"The Effects of Mainstream and Emerging Customer Orientations on Radical and Disruptive Innovations（ラディカルで破壊的なイノベーションにおける主要市場と新興顧客志向）"がある。

彼らは、**新興顧客志向**という概念を提示した。新興顧客志向とは、取引規模の小さな新興顧客にどの程度関心を示しているのか、という指標を指す。多くの企業は直近の売上を上げるために、取引規模が大きな顧客にばかり目がいきがちである。しかしながら、そうするとアバナシーやクリステンセンの説く、産業構造イノベーションや破壊的なイノベーションに負けてしまう。

ゴビンダラジャンらは、フォーチュン200のうち19社の128の戦略事業部門に対し、技術の発見・吸収力とカニバリゼーションをどの程度重視しているかについてアンケートとインタビュー調査を行った。すると、既存の主要顧客だけにとらわれず、カニバリゼー

5 **ビジャイ・ゴビンダラジャン** ダートマス大学タックスクール教授。『ストラテジック・イノベーション』（翔泳社）および『リバース・イノベーション』（ダイヤモンド社）の著作で世界的な研究者となった。

6 **パラヴィーン・コバレ** ダートマス大学タックスクール教授。インド経営大学院にてMBA、コロンビア大学にて博士号を取得。MBAおよびエグゼクティブMBA教育に熱心でティーチングアワードを多数獲得。

7 **アーウィン・ダネルス** サウスフロリダ大学ムマカレッジオブビジネス准教授。ゲント大学にてMBA、ペンシルベニア大学ウォートン・スクールにて博士号を取得。

ションを重視せず、規模の小さな顧客からの声もきちんと把握している企業は、頻繁に破壊的なイノベーションを起こすことができることを発見した。

一方で、両利きの経営のように技術の発見や吸収力が高い企業は、顧客に新しい技術で新しい価値を提供する産業構造イノベーション（ラディカル・イノベーション）を起こす可能性が高いことを統計的に示した。

以上のように、ニューノーマル時代におけるイノベーションにおいては、まず**自社が取り組む業界・産業でイノベーションはどのようなフェーズにあるかをA－Uモデルから分析するとともに、変革力マップに基づいてどのようなイノベーションを目指すのかを決定する。**そして最終的には、**小さな顧客や技術変化にも目を向けて、「イノベーションのジレンマ」に陥ることを避けながらイノベーションにチャレンジすること**が重要である。

POINT

最先端の経営理論による示唆

- 産業のイノベーションはドミナント・デザインの登場前後で、製品イノベーションが増加するか、プロセス・イノベーションが増加するかが異なる。まずはどのフェーズにあるかを冷静に分析することが重要である
- 変革力マップによって、自社がどのようなイノベーションを起こすべきなのかを判断する。そして、それに基づいて顧客や技術を構築する
- カニバリゼーションを気にせず、自社の大規模顧客だけでなく、新興顧客に対するカバーを積極化することで、将来のイノベーションの芽が手に入る

2 イノベーションを起こすのは誰か？ ユーザーイノベーション論

ユーザーイノベーションという考え方の端緒

前節では産業全体としてどのようにイノベーションが起きるのかというA–Uモデルからスタートし、変革力マップといった自社がどのようなイノベーションを目指すべきなのかについて解説を行った。

本節では、企業ではなくユーザーがイノベーションの主体になる、**ユーザーイノベーション論**について解説していこう。この理論は、経営学の世界では以前から広く知られていたが、実際のビジネスの現場ではほとんど議論されてこなかった。

ユーザーイノベーションを主に提唱しているのは、MITのエリック・フォン・ヒッペル[8]である。そこで、彼の研究を中心にユーザーイノベーション論がどのように議論され、現在どのようなことが明らかとなっているのかを見ていくことにする。

まず、ユーザーイノベーションという考え方の端緒は、ヒッペルが1976年に『Research Policy（5（3）: 212-239）』に発表した"The dominant role of users in scientific instrument in-

8
エリック・フォン・ヒッペル　ハーバード大学において修士号、カーネギーメロン大学にて博士号を取得。『民主化するイノベーションの時代』（ファーストプレス）、『フリーイノベーション』（白桃書房）の著者。

図18　科学機器装置の発明および改良の典型的なステップ

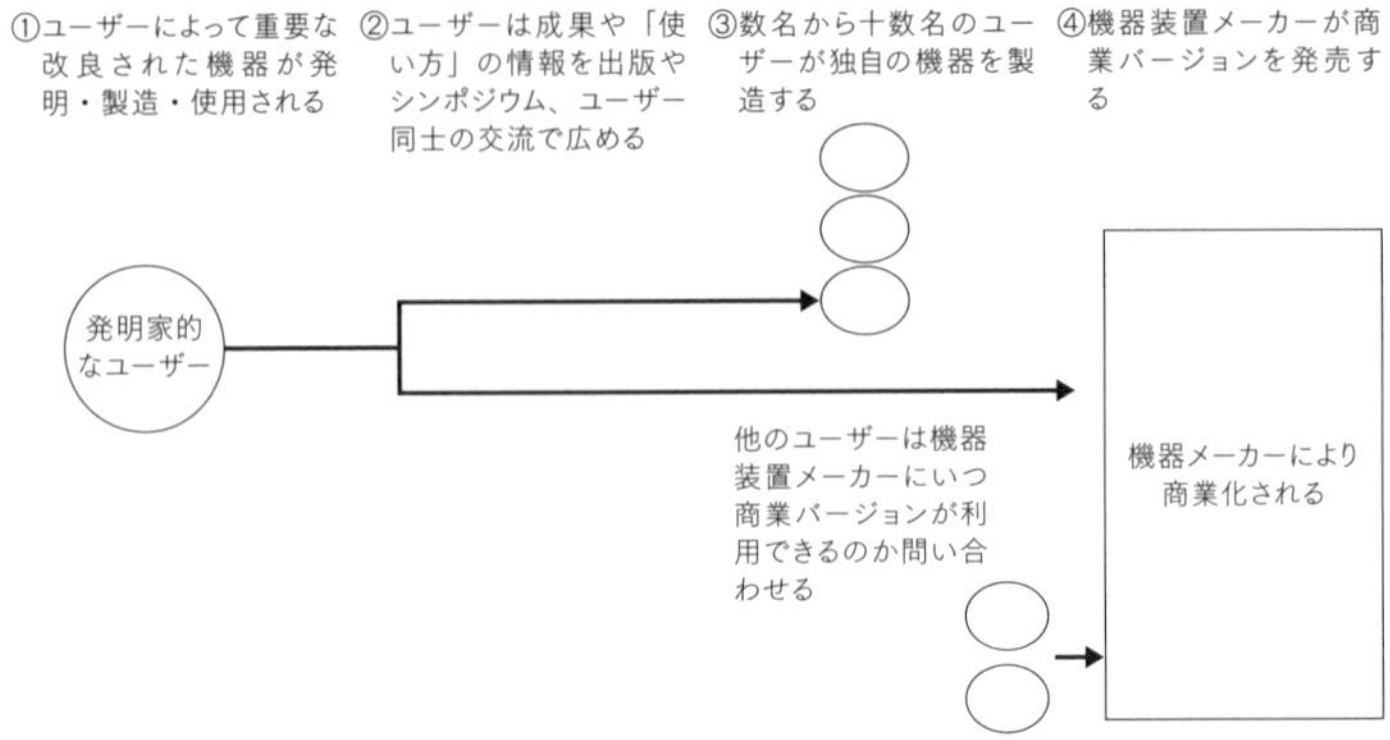
①ユーザーによって重要な改良された機器が発明・製造・使用される
②ユーザーは成果や「使い方」の情報を出版やシンポジウム、ユーザー同士の交流で広める
③数名から十数名のユーザーが独自の機器を製造する
④機器装置メーカーが商業バージョンを発売する
発明家的なユーザー
他のユーザーは機器装置メーカーにいつ商業バージョンが利用できるのか問い合わせる
機器メーカーにより商業化される

出典：エリック・フォン・ヒッペル "The dominant role of users in scientific instrument innovation process（科学機械装置産業のイノベーションプロセスにおけるユーザー独自の役割）" 図1を筆者翻訳

novation process（科学機械装置産業のイノベーションプロセスにおけるユーザー独自の役割）である。

この論文でヒッペルは、1934年から54年までに商業化された科学機器装置について、4つの画期的なイノベーション、46個の主要な機器の改善・改良イノベーション、63個の部分的な機器改善・改良イノベーションの3つについて、その主体は誰なのかを調査した。

その結果、46個の主要な機器改善・改良のうち81%がユーザーが試作品を作ったり、機器改良の費用を投資したりするなど、より高機能の製品を欲しており、**ユーザー主体で行われた**と結論づけた。

その改良が起きるプロセスは、図18の通りである。

まず発明家的なユーザーが重要な改良機器を発明・製造・使用する。次にユーザー間で、その情報が出版やシンポジウム、交流によって広がる。そうすると、ユーザー間で情報が伝播し、自身も改良版を製造したいイノベーティブなユーザーが数名から十数名登場する。自身で製造できないユーザーについては、メーカーに対して、改良版の商業化を依頼し、その声を聞いて、メーカーが改良版を発売するのが、科学機器装置産業という非常に複雑な業界においてユーザー主導で起きたイノベーションの事例である。

しかし、ヒッペルのこの論文における事例は科学機器装置に限定されていたため、説得力にかけるところがあった。そこで、ヒッペルは1977年に『IEEE Transactions on Engineering Management（24（2）：60-71）』に発表した論文、“The dominant role of users in semiconductor and electronic subassembly process innovation（半導体および電子部品組み立て業界のプロセス・イノベーションにおけるユーザー独自の役割）”では、半導体と電子部品組み立て業界についても調査を行った。

その結果、科学機器装置業界よりはやや比率が下がったものの、55の製品改良のイノベーションのうち67％は、メーカーではなく機器のユーザーである大学教授や研究者の主導で行われたものであったことが明らかとなった。

また、半導体や電子部品組み立て業界においても、機器を改良して効率的に利用したいというニーズを持っているのは先見的な発明家的ユーザーであり、ユーザーがニーズを認識し、解決策を考案し、試作品を製造し、実際に使用することで、メーカーがイノベーション活動を行うよりも前に、イノベーションプロセスが始まっていることが確認された。

リードユーザーとイノベーションの促進

3つの業界でユーザー主導型のイノベーションが起きていることを示したヒッペルは、1986年に『Management Science（32（7）：791-805）』において、“Lead Users：A source of novel product concepts（リードユーザー：斬新な製品コンセプトの発信源）”という論文を発表する。

ヒッペルはこの論文の中で発明家的なユーザーを、「リードユーザー」と命名し、**ユーザーイノベーションを主導する主体**としている。そしてリードユーザーは、後に一般的になる製品に対するニーズを数カ月もしくは何年も前から認識しており、そのニーズに対する解決策を自身で持つことで高い利益を得るものと定義する。

リードユーザーは、製造工程を自身で改良することで、他社よりも高い生産性が得られるので率先して自身で改良を行おうとする。産業財の世界においては、ユーザー主導のイノベーションの75%が、他のユーザーが利用できるような一般製品として普及するまで20年以上かかっていると指摘されており、その間リードユーザーは他社よりも高い生産性を得ることができる。

一方でメーカーとしては、マーケティング・リサーチを行うのではなく、リードユーザーを特定することで、より差し迫ったニーズのあるイノベーションを起こすことが可能だと指摘する。

具体的には、①重要な市場・技術トレンドを特定する、②利用経験の長さとニーズの強さという2点を軸として、市場や技術トレンドをリードするようなユーザーを特定する、③リードユーザーのニーズを分析する、④リードユーザーのニーズを市場全体のニーズとして捉えて良いのかを判断し、製品改良の有無と方法を判断するステップである。

しかし読者の中には、製品開発の素人であるリードユーザーが設計した製品が本当に優れたものなのか疑問を持たれる方もいるであろう。

その疑問に対して、ヒッペルはグレン・アーバン[9]とともに、1988年に『Management Science（34(5)：569-582)』で発表した"Lead user analysis for the development new industrial produce（新しい工業製品開発のためにリードユーザーを分析する）"という論文の中で回答している。

この論文では、リードユーザーが提示した製品コンセプトが他のユーザーから見ても有用なものなのかどうかについて、リードユーザーを定義しながら調査を行った。

彼らはこれまでのメーカー対象ではなく、CADシステムの業界において、その市場の専門的なユーザーであるエンジニア数名を特定し、まず将来のトレンドを分析した。

そしてメンバーのリストとサプライヤーのリスト、潜在的な顧客リストからランダムに

9 **グレン・アーバン** MITデジタルビジネスセンター会長。元MITスローン・スクール・オブ・マネジメント学部長。ウィスコンシン大学よりMBAと機械エンジニアリングの修士号を取得し、ノースウェスタン大学ケロッグスクールより博士号を取得。

178名のエンジニア、スーパーバイザー、テクニカルサポート担当者を選択し、①どの程度自社のCADシステム構築に関与したか、②どの程度社内で改善しているか、③現状製品の満足度、④いつから自社で使用し始めたのか、を記載した質問表を送付した。

最終的には136名から回答を得ることができ、リードユーザーグループは自社のCADシステムの構築に87%関与している一方で、リードユーザー以外は1%程度であり、また既存のCADの満足度はリードユーザーグループは7点満点中4・1点だったのに対し、リードユーザー以外は5・3点となっており、その使用期間も7年の差があった。

このようなデータの中で、リードユーザー以外のユーザーに対して、自社のCAD、現在シェアナンバーワンのCAD、あるリードユーザーが開発したCAD、リードユーザーグループが開発したCADという4つのCADシステムのどれが最も好ましいかを質問した。

その結果、自社のCADは4つ中2番目であったものの、リードユーザーグループが開発したCADは全体の78・6%が支持する優れた製品となっており、他の製品と比べて、購入確率も2倍高いことが明らかになった。

つまり、**複数人のリードユーザーが集まって開発した製品は、市場全体のニーズを捉えていることが多く、そのようなイノベーションプロセスがメーカーにとって重要なこと**になる。

アパレル製品やソフトウェアなどでは、ユーザーを巻き込んだイノベーション活動が行われることがあるが、その他の産業においても、ユーザー主導のイノベーションが有効であることが明らかとなってきている。

リードユーザーとコミュニティ利用

最後にユーザーイノベーションに関する最新の研究であるユーザーコミュニティを活用する手法として、ラーズ・ジェッペセン[10]とラーズ・フレデリクセン[11]が2006年に『Organization Science（17（1）：45-63）』に発表した“Why do users contribute to firm-hosted user communities? The case of commuter-controlled music instrument（なぜユーザーは企業が主催するユーザーコミュニティに貢献するのか。音楽制作ソフトウェアの事例）”という論文を紹介しよう。

ジェッペセンとフレデリクセンは、ローランド製のシンセサイザーで動く音楽制作ソフトウェアであるReBirthを開発するプロペラヘッド・ソフトウェア社を調査した。ReBirthの特徴として、製品機能拡張用のソフトウェアをユーザー側で開発し、リリースできる。

そして345名のユーザーに対して、インターネット経由でのアンケート調査を行ったところ、画期的なソフトウェアを提供したのは実際に利用する音楽制作のプロではなくIT開発のプロであり、自身の能力を活かして貢献したいことが第一目的であり、収入などを

10 **ラーズ・ジェッペセン**　コペンハーゲン・ビジネス・スクール教授。コペンハーゲン大学にて修士号を取得した後、コペンハーゲン・ビジネス・スクールにて博士号を取得。

11 **ラーズ・フレデリクセン**　オーフス大学教授。ボローニャビジネススクール招聘教授。コペンハーゲン・ビジネス・スクールにて博士号を取得。ユーザーイノベーションとコミュニティの専門家。

目的としていないことが明らかとなった。

またコミュニティの仲間から褒められたいという意図ではなく、企業にコミュニティに貢献していると認められたいという欲求からイノベーション活動に参加していることも明らかになった。

この結果は、一般的に仲間から認められたいという思いで貢献する考えと逆になっており、企業がリードユーザーとイノベーション活動を行う上で、企業側から認知し、それを称賛することが必要になるといえよう。

以上、本節ではヒッペルのユーザーイノベーションの理論をもとに、ユーザーをイノベーションに巻き込むことの重要性について説明を行ってきた。

ここで注意が必要なのは、**ユーザーイノベーションの大半は製品やサービスの改良に関するイノベーションであり、画期的な製品イノベーションではないこと**である。

画期的なイノベーション（製品イノベーション）については企業主導で、製品の大規模な改善や改良に関するイノベーション（プロセス・イノベーション）についてはユーザーを活用することが重要だと考えると、A－Uモデルとも整合性がとれるといえる。

では、ニューノーマル時代に企業はどうすべきか。まず画期的なイノベーションについては、顧客の声よりも企業としてのビジョンや製品コンセプトをより重視するということである。顧客の声を聞いてもイノベーションは起きないという指摘は一般化してきているが、その背景にはこれらの研究がある。一方で、ニューノーマル時代におけるプロセス・イノベーション活動においては、ユーザーをいかに巻き込んで、より良い製品を作り上げるか、という点が多くの企業で重要になるだろう。

その際にリードユーザーにとって重要なのは、金銭的な対価ではなく、イノベーションへの貢献や周囲からの尊敬といった、非金銭的な対価である。そして、これらのリードユーザーはアンケート分析からは出てこない有益な情報を多数持っているのである。

POINT

最先端の経営理論による示唆

- 多くの産業でリードユーザーと呼ばれる発明家的なユーザーが製品の改良や改善に関するイノベーションをリードしている
- リードユーザーをマーケティング・リサーチよりも重視すべきである
- リードユーザーが複数集まって提案する製品コンセプトは他のユーザーから見ても非常に魅力的であり、他のユーザーの購入比率も高い
- リードユーザーは企業に認められたいという思いでイノベーション活動に貢献する

3 イノベーションと問題解決：ジョブ理論

ジョブ理論の原点となった考え方

本章の最後に、イノベーション活動の根本であり、顧客の問題解決という視点で、近年注目されているジョブ理論（Jobs To Be Done：ＪＴＢＤ）を紹介しよう。

ジョブ理論とは、顧客の「解決するべき課題」に着目し、そのための商品を提供したり、購買プロセス全体を見直したりする考え方であり、『イノベーションのジレンマ』のクレイトン・クリステンセンが２０１６年に“Competing Against Luck（運に抗う）”を発表し、日本でも２０１７年に『ジョブ理論』（ハーパーコリンズ・ジャパン）として刊行された。

ジョブ理論は一見クリステンセンが唱えた理論と考えられがちだが、そこに至るまでには経営学およびビジネス界での研究の歴史があり、そこを理解すると、よりジョブ理論の説明が理解できるであろう。

まずジョブ理論の原点ともなった考え方が、「顧客が欲しいのは４分の１インチの穴を開けられるドリルではなく、４分の１インチの穴そのものである」という考え方である。

この考え方は、1962年（邦訳は1983年）にセオドア・レビット[12]が『マーケティングの革新：未来戦略の新視点』（ダイヤモンド社）で初めて示した考え方である。

レビットは経済学およびマーケティングの専門家であり、顧客は自身の困りごとや用事を解決してくれる手段として商品を選択しているのであり、商品そのものを欲しているわけではない。自社が考える商品像や商品の販売方法ばかりに目が向いてしまうと、顧客が本来求めているものと、商品の価値が大きくずれていってしまうと述べている。そのため、顧客がそもそもどのような困りごとや課題を解決しているのか、ドリルではなく穴のほうを見るべきだと考えた。

このレビットの指摘は、マーケティングの世界では常識になるほど広がったが、ことイノベーションの世界においては、マーケティング的な発想がなかなか浸透しなかった。今でも根強い「良い機能があれば売れる」という考え方である。

顧客の解決すべき課題（クリステンセンが言うところの片付けるべき課題）というジョブ理論のもともとの考え方を1991年から研究していたのが、コンサルティング会社ストラテジンの創業者アンソニー・アルウィック[13]である。

実は、アルウィックがもともと"Jobs to be done"という考え方を1999年に考案し、Outcome-Driven-Innovation（ODI）というモデルで、クリステンセンに紹介したのである。この際の対談はアルウィックのユーチューブでも確認できる。

12　セオドア・レビット　元ハーバード・ビジネス・スクール教授。企業のマーケティング戦略について革新的な論稿を多数発表し、『Harvard Business Review』の年間最優秀論文賞であるマッキンゼー賞を4回獲得した。

13　アンソニー・アルウィック　コンサルティング会社ストラテジン創業者。IBMのエンジニア、プロダクトマーケターを経て、同社を創業。フロリダ工科大学にてMBAを取得。

そこで、まずはアルウィックが考えたOutcome-Driven-Innovationという考え方について、2017年に発売された書籍である『Jobs-to-be-done』(Idea Bite Press)から解説しよう。

Outcome-Driven-Innovationのステップ

アルウィックが考えたOutcome-Driven-Innovationには6つのステップがある(図19参照)。最初に行うのは、**市場と顧客の片付ける課題を特定すること**である。

アルウィックは製品やサービスの持つ技術によって市場を定義することは誤りであるが、何十年にもわたり企業はこの過ちを繰り返していると指摘した。技術は数年で進化し陳腐化するため、それを軸とした市場の定義は誤りであり、何十年も変わらない市場の定義こそが求められる。それが「人々のグループと彼らが片付けようとしている課題」による市場の定義である。

たとえば、「子どもたちに人生の教訓を教えたい(片付けようとしている課題)」と考えている「親(人々のグループ)」という定義は、教育市場が短期的に変化しようとも一生変わらないため、市場の定義として有効であることになる。また、患者の歯を健康に維持したい(片付けようとしている課題)と考えている「歯科医師」という定義も同じように、それが簡単に変化することがないため有効である。

図19 Outcome-Driven-Innovationの6ステップ

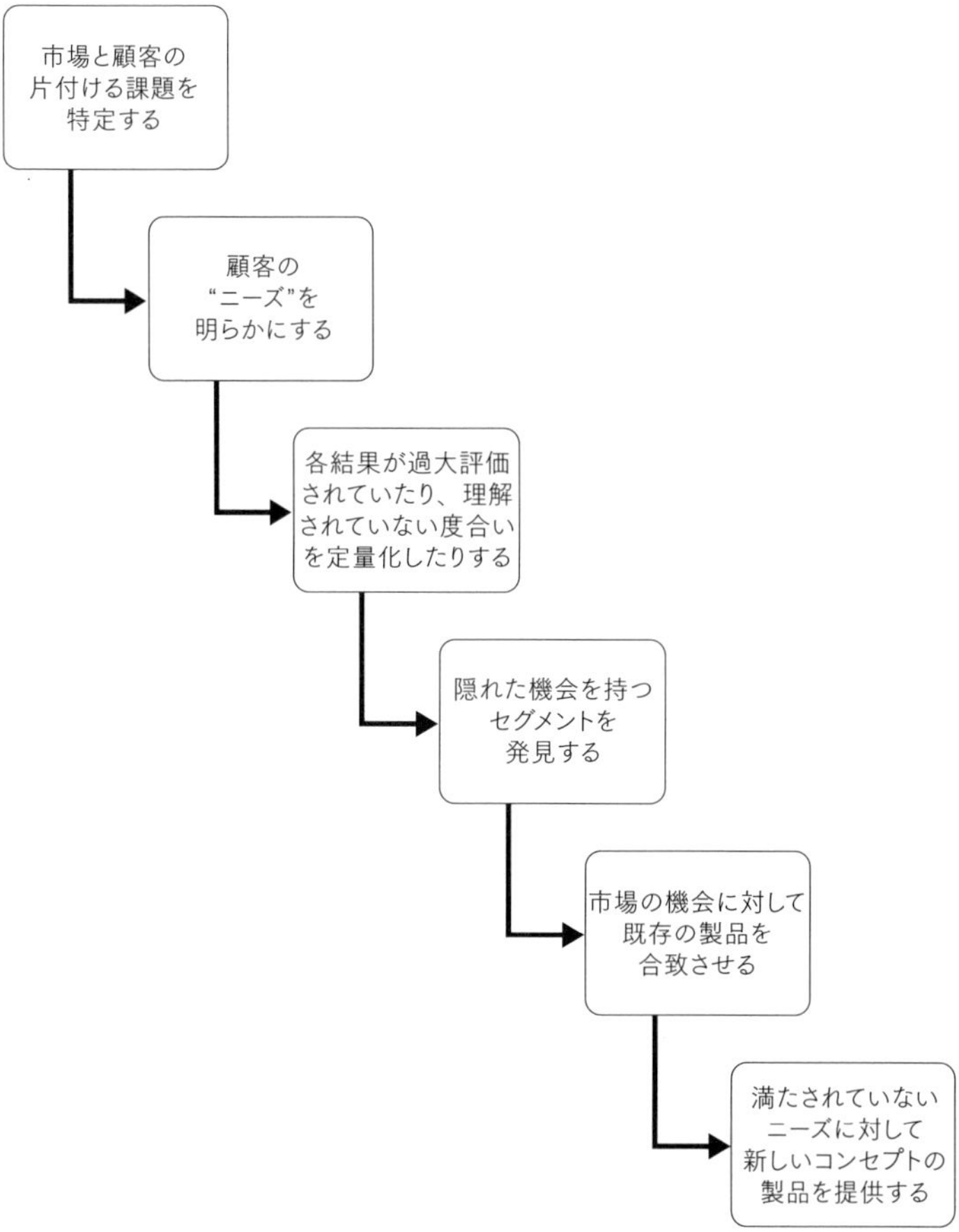

出典：ストラテジン社HPより筆者翻訳

図20　ユニバーサル・ジョブ・マップ

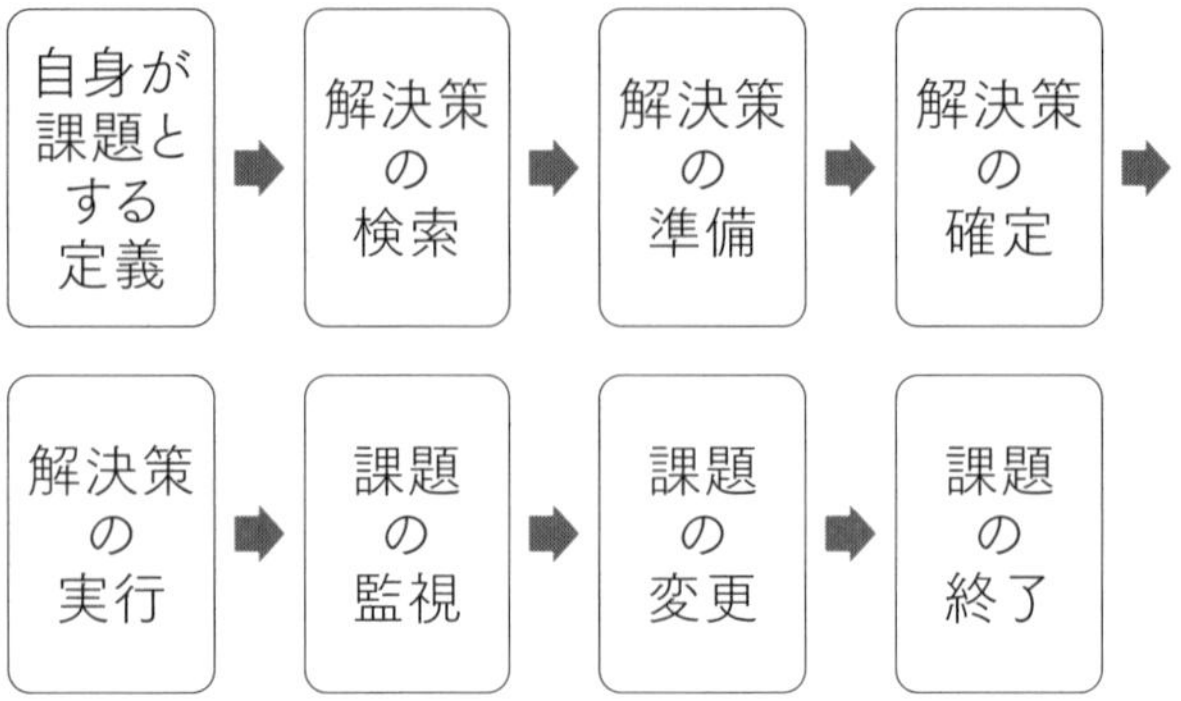

出典：ストラテジン社HPより筆者翻訳

アルウィックはこのような定義を行うことで、①市場の定義というこれまで芸術のように考えられていたものを科学に行うことができる、②顧客のニーズを明確化できる、③競争相手を正しく理解し、正確に競争市場を定義できる、④変化の早い市場においても市場が見つからないといった混乱が生じない、⑤グローバル市場も同様に定義ができる、という5つのメリットがあると指摘する。

他方、このような定義を行うことは簡単ではないため、アルウィックは顧客が行う片付けようとしている課題を定義するための**ユニバーサル・ジョブ・マップ**を提示した（図20参照）。

アルウィックはすべての顧客の課題は、①自身が課題とする内容の定義、②解決策の検索・検討、③解決策の準備、④解決策の確定、⑤解決策の実行、⑥課題の監視、⑦課題の変更、⑧

図21　顧客の欲求段階

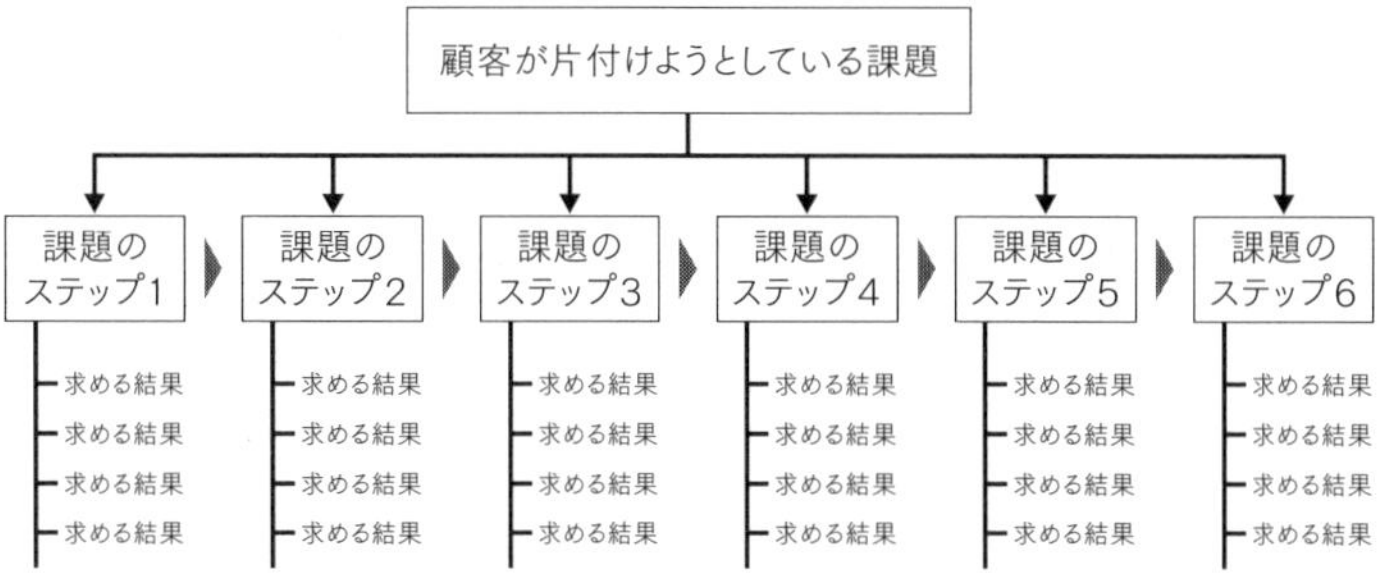

出典：ストラテジン社HPより筆者翻訳

課題の終了という8つのプロセスによって定義することが可能だとする。

　市場と顧客の片付けようとしている課題を定義したら、次は**顧客のニーズ**を明らかにする。

　アルウィックは、よく企業は「顧客は自身が何を望んでいるのかを自分自身がわかっていない」と言うが、実際には、顧客は自分のニーズを知らないのではなく、「必要性」が何かについて頭の中で整理できていないだけだと指摘する。

　そこを言語化することで、たとえば音楽を聴こうとするときに重要なのは、「曲を聴くときに希望の順番で聴くための作業時間を最小化したい」「音源ごとにボリュームが変化し、それによって音割れをしたり、耳を痛めたりする問題を減らしたい」という本質的なニーズが明らかになる。

　そのためにアルウィックは図21のように先に定義した顧客が片付けようとしている課題を1つずつ順

番に並べ、それによって顧客がどのような結果を求めているのか紐解くことで、顧客のニーズを見える化していくことが重要であるとした。

顧客の課題を定量化し、隠れた機会を発見する

顧客のニーズを定義したら、顧客の求める結果が過大評価されていたり、理解されていなかったりする度合いを定量化する。

これについては、１８０〜３０００人程度のデータをサンプルとして収集して、先の顧客の欲求段階と照らし合わせることで、自社が理解しているものと、顧客が求めているものとの差分を定量的に理解・把握することになる。

このような定量化をすることで、自社が理解していない隠れた機会を持つセグメントが特定される。

具体的には図22を見ていただきたい。データをもとに顧客満足度が不足しているか、過剰かを縦軸に、顧客の重要性が高いか低いかを横軸にプロットすることで、どの顧客がどこにいるのかを明確化し、隠された機会を把握することが可能となる。

ここまでくると顧客のニーズと満たされていないセグメントが特定されるので、既存製品を市場の機会に合わせる市場戦略を策定する。具体的には特定されたセグメントに対し

図22　オポチュニティ・ランドスケープ

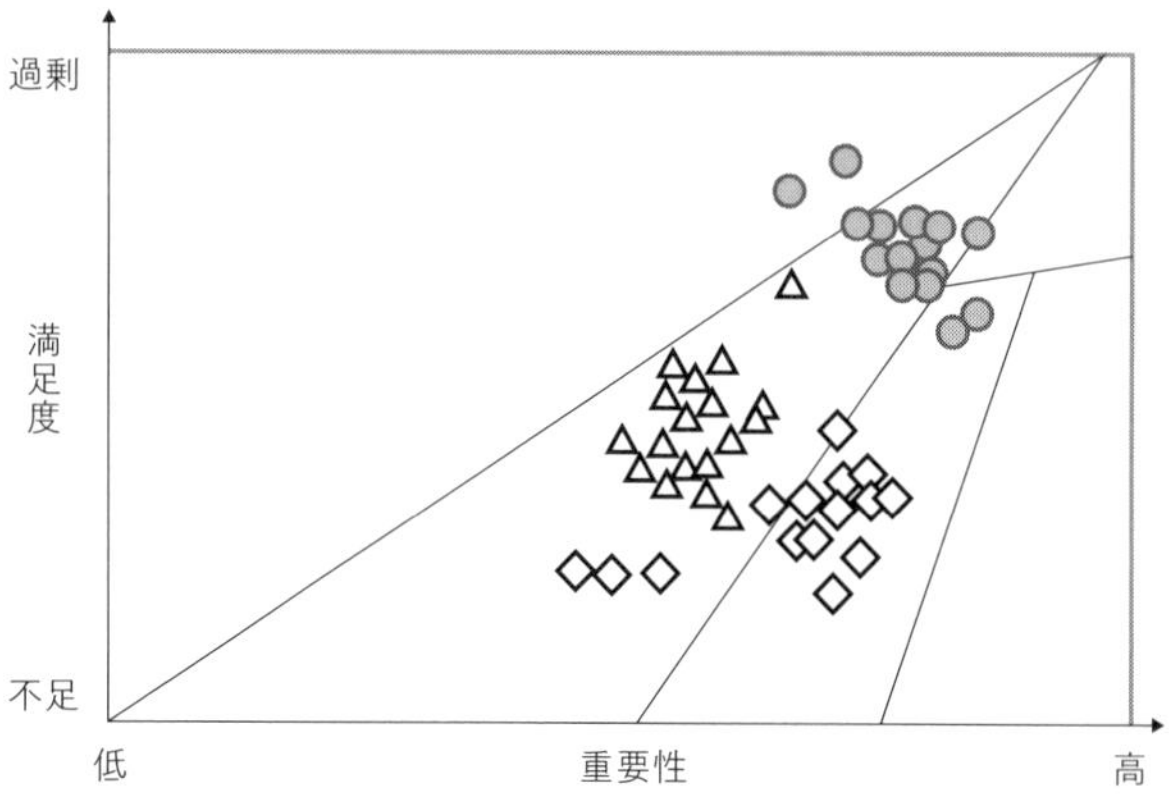

注：データはサンプル値
出典：ストラテジン社HPより筆者翻訳

て、自社製品の強みを営業や広告によって明確に伝えること、ホームページの製品文章に入れること、SEOや広告タイトルの文章に入れることなどで満たされていないセグメントの顧客に対してアピールを行う。

最後に、満たされていない顧客セグメントに対して、より良い製品を投入するために、新しいコンセプトの製品開発を行う。その際には、自社で機能を改善するだけでなく、他社製品と提携したり、ライセンス契約をしたりするなど、組み合わせによって機能を補完することで、R&Dを加速することが可能となる。

以上のようにアルウィックのように「顧客の片付けようとしている課題」を定義することで、ニューノーマル時代においても、変わらない顧客のニーズを明らかにすることができよう。日本ではアルウィックの理論はほとんど浸透していないが、有用なフレームワークであるといえる。

ミルクシェイクと2つの片付けるべき課題

クリステンセンは、アルウィックの理論を受けて、『イノベーションへの解』（翔泳社）において、ミルクシェイクの事例でジョブ理論の端緒を説明した。この事例は『ジョブ理論』でも踏襲されている。

内容を簡単にまとめると、あるファーストフードチェーンが自社のミルクシェイクの売上改善を行うために、どのようなミルクシェイクが飲みたいかをアンケート調査した。ドロっとしたものか、サラっとしたものか、味は何味が良いのかということである。しかしながら、顧客の要望を聞いて開発したシェイクはまったく売れなかった。

そこで、「顧客はなぜミルクシェイクを飲むのか」を理解するために、顧客を直接観察して調査したところ、ミルクシェイクの販売は一人で来店した顧客による朝9時までのものがほとんどで、その大半がテイクアウトだったことがわかった。そこで、「なぜミルクシェイクを買ったか」と質問したところ、ほとんどの人が自動車通勤の途中におなかを満たしながらも長時間楽しめる食べ物兼飲み物として最適だから購入したと回答した。

一方で、夕方ミルクシェイクを購入する男性客は、自分のためではなく子どもにねだられて購入している人が大半だった。この2つのニーズはまったく同じミルクシェイクを買うという行為なのに、まったく別物である、とクリステンセンは指摘する。

このミルクシェイクの事例は、特定の製品を購入する際の「片付けるべき課題」であるが、購買プロセス全体においても、この「片付けるべき課題」という概念は当てはまるとクリステンセンは言う。このことは次の事例から明らかになる。

ある夫婦がマットレスの買い替えを1年前から検討しており、インターネットで調べて形状記憶のマットレスを買おうとしたが、インターネットだと万が一体に合わなかったときに返品が面倒なことから購入を躊躇《ちゅうちょ》していた。そんな中、家族でコストコに出掛けた際に、たまたまレジの近くでマットレスを発見した。試してみたところ、意外に体にフィットすることがわかった。しかも、コストコならば後で返品したいと思ったときにもすぐに返しに行けることもあり、その場で妻の了承を得て、その商品を購入した。

夫は1年間入念に購入すべき商品を調査したが、結局重要だったのは、体に合う、妻の了承を得られる、返品が簡単という3点であり、形状記憶マットレスのスプリング式やフォーム式といった複雑な製品機能は二の次だった。

表9　顧客の「片付けるべき課題」を網羅的に把握する

機能的なジョブ 顧客が成し遂げたい機能面の課題は？		ジョブの履行状況 どのようにジョブを行うのか？	顧客は誰か？
台頭するジョブ 今後新たに発生しそうな課題は？	関連するジョブ 課題の前後に顧客が行うことは？	感情面のジョブ 課題によって得たい感情面の価値	社会的ジョブ 課題によって第三者に思われたいこと

顧客の片付けるべき課題を網羅的に把握する

この話をもとにクリステンセンは、「顧客の片付けるべき課題」を網羅的に定義するためのフレームワークを提示した（表9参照）。

まず顧客が成し遂げたい機能面の課題である。先の事例では、おなかを満たしたい、夜快適に寝たいが当てはまる。

次に、台頭するジョブである。これは、法規制やテクノロジーの進展、トレンドなどによって新しく発生しそうなジョブである。

3つ目に関連するジョブである。これは、顧客が自身の片付けるべき課題の前後に何を行うのかを特定することで、より課題を正確に理解することにつながる。

4つ目にジョブの履行状況である。これは、顧客はどのように課題を解決するのか、自身で行う、誰かにサポートをしてもらう、などの解決方法を指す。

5つ目に顧客は誰かという点である。文字通りであるが、誰が顧客かを定義する。

6つ目に感情面のジョブである。課題を解決することによって、どのような感情面での価値を手に入れたいかである。たとえば、うれしい、楽しいなどの感情を指す。

最後に社会的ジョブである。これは課題を解決することで、周りから認められたい、褒められたい、ダサいと思われたくないなどの価値を指す。

クリステンセンのフレームワークは、アルウィックのフレームワークをよりわかりやすくした定義であり、あわせて利用することで、顧客の課題定義が容易となる。

ニューノーマル時代において、変化が早い中でも、普遍のニーズを捉えることは、製品やサービスの開発において他社との差別化要素となる。

改めて、アルウィックとクリステンセンのジョブ理論を体系的に理解した上で、自身のプロジェクト、事業を見返していただきたい。きっと大きなヒントを得ることができるであろう。

POINT

最先端の経営理論による示唆

- 変化の早い時代にこそ、顧客の普遍的な「片付けるべき課題」を定義することが重要となる
- ジョブをユニバーサル・ジョブ・マップと顧客の欲求段階、クリステンセンのフレームワークを活用し、網羅的かつ多面的に定義する
- 顧客を定義したら、隠された機会を発見するために、セグメントを定量的に定義する。その際に、満足度と重要度の2つの軸でセグメントを分類する

Chapter 4

ニューノーマル時代のグローバル戦略

1

世界市場の参入戦略：CAGEフレームワークとAAA戦略

世界はフラットではなくセミグローバリゼーションという考え方

前章ではイノベーションをテーマに、産業全体のイノベーションを見極める方法から、具体的なイノベーション戦略の方向づけ、そしてユーザーイノベーションを活用して改良・改善型のイノベーションを推進する方法、近年注目される「顧客の片付けるべき課題」に関するジョブ理論までを広範に扱った。

本章ではニューノーマル時代により重要性を増すであろう**グローバル戦略**について、マクロ的な視点と具体的な戦略まで、最新の経営学の理論を見ていくことにする。

まず本節ではグローバル戦略において権威とされているパンカジ・ゲマワット[1]の理論をもとに、セミグローバリゼーションという状態と、セミグローバリゼーションを前提としたCAGEフレームワーク、AAA戦略というグローバル戦略について解説を行うことにする。

まずセミグローバリゼーションという考えは、2003年に『Journal of International Business Studies（34：138-152）』の中で、"Semiglobalization and international business strategy（セミグローバリゼーションと国際ビジネス戦略）"としてゲマワットが提示した考え方である。

ゲマワットは、一般的なグローバル戦略は主流（本国）とまったく同じレベルの国（統合）かそれ以外の国か（分離）という表面的な分類をして戦略を立案するべきだとしているが、そのような二分論で国の発展を語ることはできず、実際には資本や労働状況、知識分布（たとえば言語取得）などが国によってバラバラであるため、国ごとに一部はグローバル市場と同レベルまで統合する必要があるのに対し、一部についてはグローバル市場のレベルとは大きな隔たりがあるという中間の状態、すなわち**セミグローバリゼーションを前提とした戦略策定が求められる**と主張する。

1 **パンカジ・ゲマワット**　IESEビジネス・スクール・アンセルモ・ルリラビタ記念講座教授。マイケル・ポーターの34歳の記録を抜き、31歳の史上最年少でハーバード・ビジネス・スクールの正教授となった。

表10 過去100年間のGDP対比の資本フロー推移

	アルゼンチン	オーストラリア	カナダ	デンマーク	フランス	ドイツ	イタリア	日本	ノルウェー	スウェーデン	イギリス	アメリカ	全体
1870～1889	18.7	8.2	7.0	1.9	1.9	1.7	1.2	0.6	1.6	3.2	4.6	0.7	3.7
1890～1913	6.2	4.1	7.0	2.9	2.9	1.5	1.8	2.4	4.2	2.3	4.6	1.0	3.3
1914～1918	2.7	3.4	3.6	5.1	–	–	11.6	6.8	3.8	6.5	3.1	4.1	5.1
1919～1926	4.9	4.2	2.5	1.2	2.8	2.4	4.2	2.1	4.9	2.0	2.7	1.7	3.1
1927～1931	3.7	5.9	2.7	0.7	1,4	2.0	1.5	0.6	2.0	1.8	1.9	0.7	2.1
1932～1939	1.6	1.7	2.6	0.8	1	0.6	0.7	1.0	1.1	1.5	1.1	0.4	1.2
1940～1946	4.8	3.5	3.3	2.3	–	–	3.4	1.0	4.9	2.0	7.2	1.1	3.2
1947～1959	2.3	3.4	2.3	1.4	1.5	2.0	1.4	1.3	3.1	1.1	1.2	0.6	1.8
1960～1973	1.0	2.3	1.2	1.9	0.6	1.0	2.1	1.0	2.4	0.7	0.8	0.4	1.3
1974～1989	1.9	3.6	1.7	3.2	0.8	2.1	1.3	1.8	5.2	1.5	1.5	1.4	2.2
1990～1996	2.0	4.5	4.0	1.8	0.7	2.7	1.6	2.1	2.9	2.0	2.6	1.2	2.3

出典：パンカジ・ゲマワット "Semiglobalization and international business strategy（セミグローバリゼーションと国際ビジネス戦略）"表4を筆者翻訳

ゲマワットは実際に、各国のＧＤＰに占めるＦＤＩ（直接投資）やＧＤＰ対比のネット・キャピタル・フロー（純資本フロー：海外との資産取引の純額）を調査し、セミグローバリゼーションの状態を説明した。

たとえば、表10を見ていただきたい。これを見ると、全体として現在もグローバルな投資は進んでいるものの、１００年以上前に比べてそれほど海外への資本フローが高い状態にあるわけではないことが見てとれる。

他にも、国ごとにＧＤＰ対比でどの程度海外との資産取引である資本フローがあるのかについては大きな差があり、同水準でグローバル化が進んでいると考える「完全なグローバル化」の段階にはほど遠いといえる。日本も輸出国ではあるが、国内への投資も多く、ＧＤＰ対比の資本フローは他国と比べて大きくない。

本論文の最後にゲマワットは、セミグローバリゼーションを前提とした海外戦略について、企業ごとに次の４つの戦略から選択すべきだと指摘する（図23参照）。

まず、単一国で事業を行うような、①主要な事業戦略および②主要な企業戦略については、これまで紹介してきた一般的な経営戦略を指す。一方で複数国での事業を展開する企業については、③国際事業戦略および④国際企業戦略が必要となる。

図23　セミグローバリゼーション下での戦略策定

		事業の特殊性に対する注目度の増加→ 単一の事業	複数の事業
場所の特殊性に対する注目度の増加↓	単一の国・場所	①主要な事業戦略	②主要な企業戦略
	複数の国・場所	③国際事業戦略	④国際企業戦略

出典：パンカジ・ゲマワット "Semiglobalization and international business strategy（セミグローバリゼーションと国際ビジネス戦略）"表5を筆者翻訳

CAGEフレームワークによる国ごとの違いの理解と戦略策定

ゲマワットは、国際事業戦略においては単一事業ではあるものの、複数国で展開する企業が採る戦略であり、ビジネスにおける経営資源やオペレーション、知識の移転について本国と海外との間にギャップが存在することを前提に、それぞれの国の特徴を分析して事業戦略を展開するべきであると指摘する。

国際企業戦略は、複数国で複数事業を展開する企業が採る戦略であり、事業ごとの特徴の違いと国ごとの違いを踏まえた上で、何の事業をどこの国で展開するべきかを検討することで成功難易度が高くなる。

しかしながら、本論文ではゲマワットが指摘する国ごとの違いについて、どのような点に注目すべきかについては解説がない。この点については、年代が前後するが、

表11 CAGEフレームワークとポイント

	文化的な隔たり	政治的な隔たり	地理的な隔たり	経済的な隔たり
二国間の距離が増加する要因	・言語の違い ・民族の違い ・宗教の違い ・価値観の違い ・倫理的／社会的ネットワークの欠如	・旧植民地のつながりがない ・共有する地域貿易圏がない ・共通通貨がない ・政治的に対立している	・物理的距離 ・国境がない ・時差 ・気候や疾病環境の違い	・貧富の差 ・天然資源、財源、人的資源、インフラ、情報、知識のコストないし質の差
産業・業界に最も影響する距離	・高い言語的な関連性（テレビ業界） ・国民性（食品業界） ・国独自の品質基準（ワイン）	・政府が主食とみなすもの（電気） ・国民からの評判（航空） ・セキュリティ意識（通信）	・重量比率に対する価値（セメント） ・腐食や壊れやすさ（ガラス、フルーツ） ・口頭でのコミュニケーション度合い（金融業界）	・収入ごとの需要の違い（自動車） ・労働力やその他コストの差（衣服）

出典：パンカジ・ゲマワット "The idea in Practice" 表1を筆者翻訳

２００１年に『Harvard Business Review』において〝Distance still matters（距離はいまだに問題である）〟という論稿でゲマワットが提示した**ＣＡＧＥフレームワーク**が、国ごとの違い＝距離に注目するためのフレームワークとして参考になる。

ＣＡＧＥフレームワークは、文化的（Cultural）、政治的（Administrative）、地理的（Geographical）、経済的（Economic）な隔たりの頭文字をとったフレームワークである。

ゲマワットは、セミグローバリゼーションを前提として、国ごとに文化的、政治的、地理的、経済的に隔たりがあり、それぞれの違いに着目してグローバル戦略を策定すべきであるとする。具体的には表11を見ていただきたい。

まず、文化的な隔たりについてはイメー

ジがつきやすいかもしれないが、言語の違いや民族の違い、宗教の違い、価値観の違いなどが当てはまる。そしてテレビ業界では言語の違いが大きければ大きいほどコンテンツ制作が難しくなり、文化的な距離が事業に影響する。他にもワインなどの飲料や薬などは国ごとに審査基準や品質基準が異なるため、自国と進出国との差が大きければ大きいほど、マネジメントが複雑になる。

次に政治的な隔たりについては、日本にはあまり関係がないが植民地時代のつながりが本国とあるか否かといったものから、FTAなどの自由貿易協定があるか、共通通貨があるかないか、政治的な対立があるかないかが二国間の距離の中でも特に重要となる。

アメリカと中国、中国とインドなど政治的な衝突から経済的な対立が起きるケースが近年増加してきており、今後のグローバル戦略においても政治的な隔たりを分析することは重要となる。

この政治的な隔たりについては、電気業界であれば米やパンなど国の主食と家電の発達が関連するため重要となるし、航空業界では国民からの評判、通信業界ではセキュリティ意識の違いが特に重要となる。

3つ目に地理的な隔たりについては、物理的な距離から国境を隔てているか、時差、気候環境まで実際の生活に関する隔たりが大きければ大きいほど、マネジメントが複雑になる。地球の裏側にある国とのビジネスが複雑になりがちなのがその最たる例であろう。

距離が遠ければ多いほど、セメントのように重量単価が重要になる事業では輸送費が重くのしかかるし、フルーツなどは防腐剤などを使わなければ腐食の可能性が上がる。金融機関のように口頭のコミュニケーションが多い業界は、地理的に離れていたり、その国が広い、もしくは島が多いなどの特徴があると店舗が多数必要になるといった違いが生じる。

最後に経済的な隔たりである。先進国と新興国のように貧富の差や、天然資源や財源、人的資源、知識や情報の質と入手コストの違いによって、国の経済力と国民の消費力に差が生じる。

すると自動車のように収入に応じて製品ラインナップをしている業界や、労働力のコストが製品開発に重要なアパレル業界などでは、その差を分析することが重要となる。

以上のようにCAGEフレームワークは、業界ごとに特に重要になると思われる二国間の違いを多面的に分析できるフレームワークである。

AAA戦略による国ごとの違いの戦略活用

では、CAGEフレームワークによって違いを分析したら、その後はどうしたら良いのか。その答えのひとつがゲマワットが2007年に『Harvard Business Review』に"Managing differences : The central challenge of global strategy（違いを管理する：グローバル戦略における中心課題）」という論稿で提示した**ＡＡＡ戦略**である。

ＡＡＡ戦略とは、分析した違いを調整していく適応（Adaption）、差異を克服することで規模の経済や範囲の経済を達成する集約（Aggregation）、差を利用して逆に儲けるアービトラージ（Arbitrage）の戦略のことである。

ＡＡＡ戦略について、具体的に見ていこう。

まず適応についてである。それぞれの違いを調整していく適応において行うことは、製品やサービスを多様化することである。ソニーの盛田昭夫が「Think Global Act Local」と言ったように、それぞれの国の違いを理解した上で、その差を埋める製品やサービスを展開することになる。

一方で、無尽蔵の多様化はコスト増にもつながりやすくなるとゲマワットは指摘する。では、どうすれば良いか。

その解は、**戦略的提携**（アライアンス）やフランチャイズを活用して製品の製造やカスタマイズを外部に委託すること、製品の設計をモジュール化することで、設計段階で多様性を確保できる製品とすること、生産拠点の移転や現地化、**ＩＴ**を活用した製造のデュアル化など工程のイノベーションで多様性に関するコストを下げることが、挙げられる。

完全に同一という国が存在しない以上、二国間で適応が必要となる要素が多く、その際に多様性を高めながら、一方でコストを上げない仕掛けが必要となる。

次に集約である。集約では、適応とは異なり国ごとの類似点に目をつけ、その類似点を活用することで規模の経済性や範囲の経済性を得ようとする。

一番わかりやすい例としては、国ごとの特性が低いような汎用的な製品についてコストの安い国で生産し、それを世界中に販売する一方で、カスタマイズが必要な製品については、主要部品は一括で低コスト国で試算し、カスタマイズ部分については現地生産する形で生産のスケールメリットを得つつ、カスタマイズもする方法である。

一方でゲマワットはこのような有形資産の活用ではなく、無形資産の活用のほうが集約の効果が出るという。たとえばブランド、特異な生産ノウハウ、サービスネットワーク、SNSなどのITプラットフォームなどである。

最後にアービトラージ（裁定取引、サヤ取り）である。アービトラージの例としてゲマワットが挙げるのが、大航海時代のイギリスとインドである。インドでは香辛料が安く手に入る一方で、イギリスでは非常に高価に売買された。だからこそ、商人たちはこぞってインドに行って香辛料を仕入れ、現地の仕入れ値と本国での売値とのアービトラージをした。

たとえばコールセンターや経理業務などのBPOサービスは、英語圏であればフィリピンやインド、日本語圏であれば中国やベトナムなどに集約されてきているが、その理由としては同じサービスを提供する場合にかかるコストに大きな差があるからである。

さらに、文化の価値もアービトラージとなる。フランスに対する諸外国のイメージが高いからこそ、フランスのオートクチュールや香水、ワインが高く売れるのであり、日本文化に対するイメージの良さから日本製品は品質が高くて安全なため海外で高値で売れる。逆に中国産と聞くと価格が安い分、品質はいまいちというイメージを持つ人も多いだろう。

このような国家間での品質やコスト、またはブランドイメージの差を活用することも、戦略で考慮すべき要素となる。

ゲマワットは、以上のように国家間の違いに目をつけ、それを前提に戦略を立てる際の国家間の隔たりの分析方法をＣＡＧＥフレームワークとし、それを活用した戦略策定の仕方をＡＡＡ戦略として提示した。

ゲマワットは、非常にシンプルでわかりやすい戦略フレームワークを提示したことで、海外だけでなく経営者からも高い評価を受けている。

次節では、ゲマワットとは異なる観点から、多国籍企業のマネジメントに関する経営理論を見ていくことにしよう。

POINT

最先端の経営理論による示唆

- 世界はフラット化しているわけではない。国家間はそれぞれ違いを持ったセミグローバリゼーションの状態にある
- 国ごとの隔たりを分析する際には、CAGEフレームワークを活用し、文化的、政治的、地理的、経済的な隔たりを多角的に分析する
- CAGEフレームワークを活用した後に、AAA戦略として、適応・集約・アービトラージを活用して、戦略を策定していく

2 新興市場進出の成功法則：メタナショナル理論

経営戦略とグローバル化をつなげたトランスナショナル理論

前節ではゲマワットのCAGEフレームワークとAAA戦略というややミクロ視点でグローバル戦略を立案する経営理論を解説した。

本節ではよりマクロな視点からグローバル戦略を見ていこう。

グローバル戦略論として著名なのは、**クリストファー・A・バートレット**[2]と**スマントラ・ゴシャール**[3]が1989年に『地球市場時代の企業戦略』（ダイヤモンド社）で提示した**トランスナショナル理論**と、**イブ・ドーズ**[4]が提唱する**メタナショナル理論**である。

まず、トランスナショナル理論について見ていこう。

提唱者のバートレットとゴシャールは、多国籍企業のグローバル戦略について、ユニリーバ、花王、P&G、フィリップス、松下電器産業（現パナソニック）、GE、ITT、NEC、エリクソンを調査して、グローバル統合（Integration）とローカル適応（Responsiveness）の度合いに応じて、企業を4つのパターンに分類した。

2 **クリストファー・A・バートレット**　ハーバード・ビジネス・スクール名誉教授。同校にてMBA、博士号を取得。アルコア、マッキンゼー、バクスターインターナショナルを経て研究者となった。

3 **スマントラ・ゴシャール**　元ロンドン・ビジネス・スクール教授、元インド・ビジネス・スクール学長。MITにて理学修士および経営学博士号、ハーバード・ビジネス・スクールでも経営学博士号を取得。グローバル戦略の大家。2004年に死去。

4 **イブ・ドーズ**　INSEAD教授。ハーバード・ビジネス・スクールにて経営学博士号を取得。ハーバード・ビジネス・スクールを経てINSEAD教授。日本の青山学院大学でも客員教授を務めた。

図24 グローバル企業の経営方法

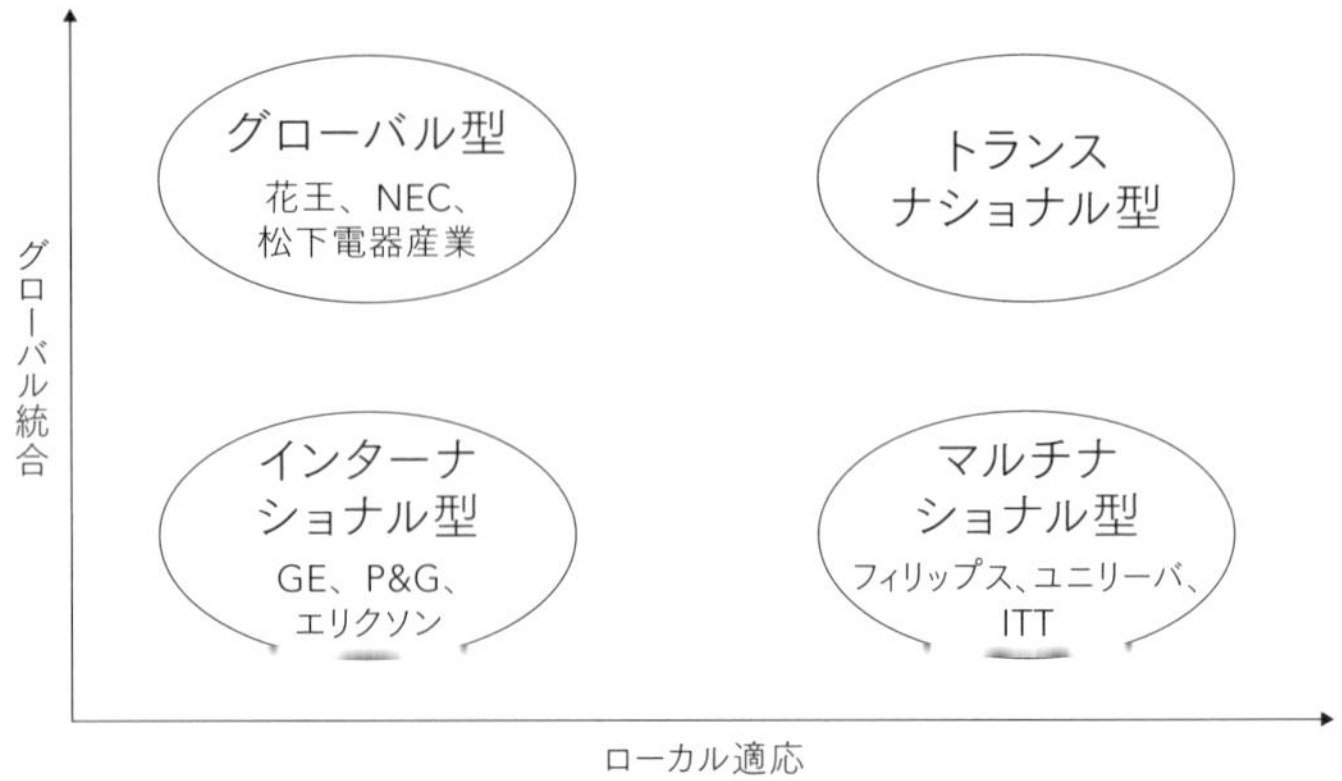

出典：クリストファー・A・バートレット、スマントラ・ゴシャール『地球市場時代の企業戦略』（1989）P102を筆者翻訳

グローバル統合とは、グローバル規模でオペレーションを統合化・標準化することで、規模の経済を獲得するという効率性を重視したマネジメント手法である。

一方、ローカル適応とは、ゲマワットが説くように、現地でのニーズや規則などになるべく対応するという効果を重視したマネジメント手法であり、プラハラードとドーズの『The multinational mission（複数国家企業のミッション）』という1987年の書籍で初めて登場した。

そしてグローバル統合とローカル適応の度合いで企業を分類すると、図24のようになる。

グローバル化の4つの戦略類型

まずグローバル統合もローカル適応も低いのが、インターナショナル型の企業である。

インターナショナル型の企業の場合は、アメリカの大手企業が該当することが多い。海外事業の立ち位置としては、本社の事業や経営資源をそのままうまく活用しながら展開していく。ＧＥやＰ＆Ｇ、エリクソンなどの企業がこれに該当する。

そのため、コアとなる経営資源（コア・コンピタンス）については本社で集中的に管理、投資をさせ、コア・コンピタンス以外の能力については、幅広く現地の企業にも管理、投資させる戦略が必要となる。

次にグローバル統合は高いが、ローカル適応の度合いは低いというグローバル型である。

グローバル型は、日本企業が導入するケースが多く、海外事業の立ち位置は本社の戦略を忠実に実行し売上を上げることであり、海外法人のコントロール範囲は非常に少ない。ＮＥＣや花王、松下電器産業（現パナソニック）がこれに該当する。

グローバル型では、中央集権的に本社が開発した製品、サービスをグローバルに拡販することが重要であり、同種の製品を多数生産することで、規模の経済性を最大限活用することが重要となる。本社と現地でニーズが変わらないようなブランド製品やＳＮＳなどＩＴ

サービスなどがグローバル型に当たる。

3つ目にグローバル統合は低いが、ローカル適応が高いマルチナショナル型である。マルチナショナル型はヨーロッパの企業が導入するケースが多く、それぞれの国が並列して存在する状態であり、海外子会社ごとにそれぞれの役割を持たせて経営を行うことが求められる。フィリップス、ユニリーバ、ITTがこれに該当する。

それぞれの国で得られた知識はそれぞれの国で活用する一方で、グローバルで無理やり統合することはせず、分散・自律させることで、市場のニーズに柔軟に対応する戦略である。

ネスレやユニリーバなど顧客のニーズが国ごとに変化しやすい小売りや飲料、菓子、トイレタリーなどのB2Cの事業においては、マルチナショナル型の戦略を採る企業が多い。

最後にグローバル統合もローカル適応も高いトランスナショナル型である。トランスナショナル型では、海外事業は組織単位、事業単位でくくられており、親会社と子会社という扱いはない。グローバルで経営方針やコア・コンピタンスを強化する一方で、現地でも経営資源と知識を蓄え、それを本社に還元し、それをもとにさらに本社はコア・コンピタンスを磨く。そしてトランスナショナル型は、経営資源の分散・専門化と相互依存を両方から実現する。

ただし、バートレットとゴシャールが提示したトランスナショナル型に該当する企業は当時存在しておらず、あくまで理想形とされた。

ＩＴが発展した現在でもトランスナショナル型としてイメージされる企業はないが、強いていえばＧＡＦＡＭやセールスフォースなどの巨大ＩＴ企業が、全社でのプラットフォーム開発と現地ごとのローカライズをうまく行っており、このトランスナショナル型に近いだろう。

しかし、ゲマワットが主張するように、ニューノーマル時代においてもセミグローバリゼーションが前提となって経営を行う必要がある以上、本社と海外子会社という縦割りの組織ではなく、本社と海外子会社が競争と共創をしながら経営を行う必要がある。その点で、トランスナショナル型という経営方法は参考となる。

バートレットとゴシャールはトランスナショナル型の戦略を実現する上では、**まずそれぞれの海外事業部門を合理化することでパフォーマンスを向上させ、そこから部門間で協同するような横串の組織や事業部を立ち上げ、最終的にトランスナショナル型を実現する**という3段階のステップを提示している。

図25 メタナショナル経営を行う上で必要な組織能力

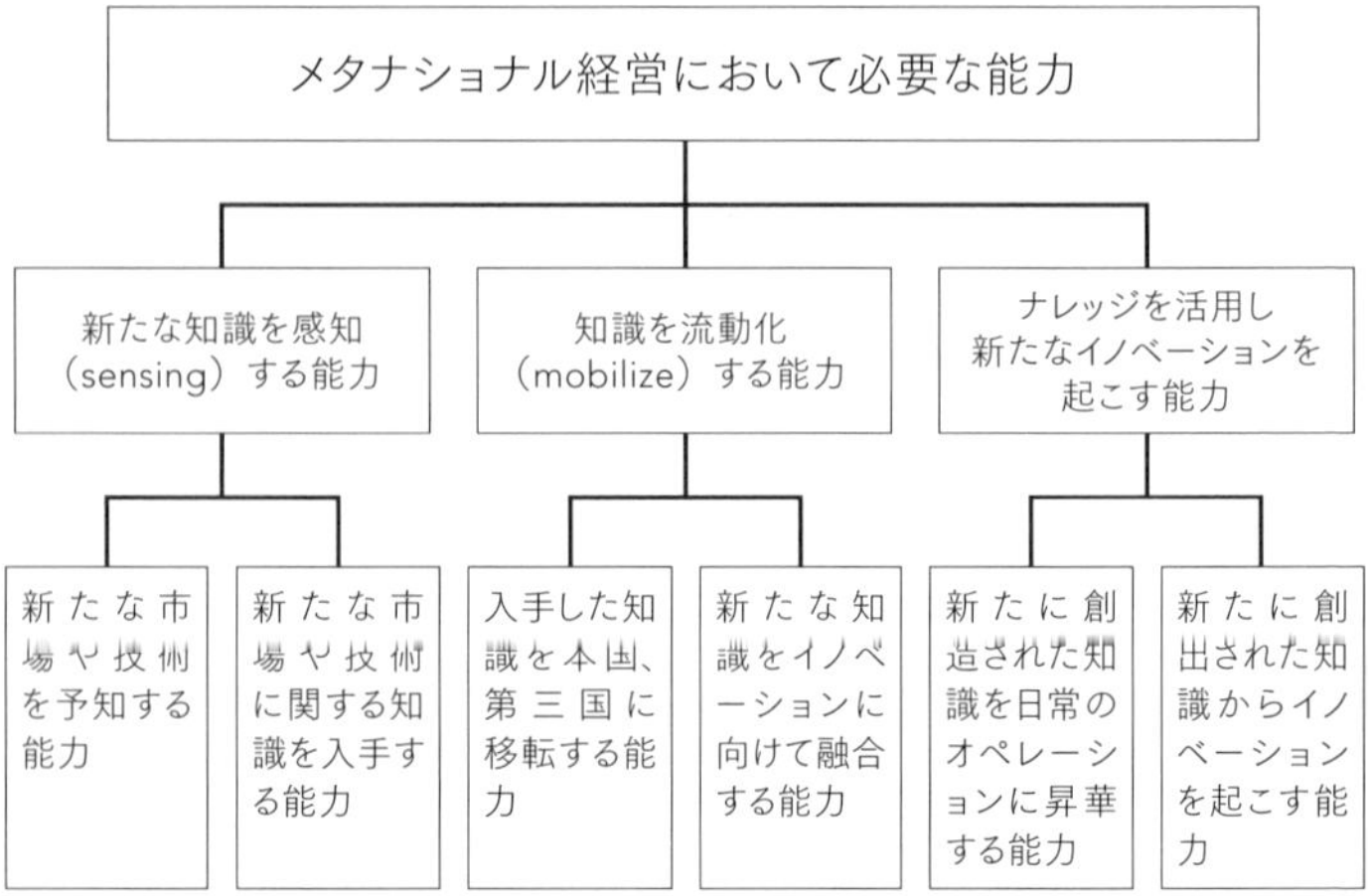

出典：イブ・ドーズ『From Global to Metanational（グローバルからメタナショナルへ）』をもとに筆者作成

外部連携を活用したグローバル化であるメタナショナル型

トランスナショナル型に類似するものとして、あくまで本国と海外事業というくくりを超えて（メタ）、グローバル規模での経営を目指す方法としてドーズが唱えたのが**メタナショナル理論**である。

ドーズは、『From Global to Metanational（グローバルからメタナショナルへ）』という書籍において、自国至上主義、現地大市場のある本国や先進国主義、現地の管理は現地という3つの既成概念から脱却することを説く。

ドーズの唱えるメタナショナルを実

現するためには、大きく分けて3つの能力を企業が身につけなければならない（図25参照）。

1つ目に、新たな知識を感知（sensing）する能力である。具体的には、新たな市場や技術を全世界のどこからでも予知し、それに関する知識を入手し、吸い上げ、共有する能力が必要となる。この段階では、誰が、何を、どこで感知し、それを共有するかが重要であり、そのためには幅広い現地での情報ネットワークと、現地への権限委譲、インセンティブ設計が必要となる。

2つ目に、獲得した知識を流動化する能力である。具体的には、入手した知識を本国や第三国へ共有、移転する能力と、得た知識と既存知識をイノベーションを起こすために活用することである。

この段階では、現地のネットワークや知識の蓄積があるだけでなく、それを社内の誰と共有し、それを広げるかが重要となる。そのために、知識を共有し、全社的にコミュニケーションがとれる専門家（ナレッジ・ブローカー）が必要となる。

最後に、ナレッジを活用して、実際にイノベーションを起こす能力である。具体的には、知識を活用してオペレーションを改善する能力と、新しい価値を生み出すイノベーションを実現する能力の両者が必要となる。

そのためには、組み合わせた知識を全社に理解させるだけでは足りず、「うちの部署のサービスではない」「うちの子会社の製品ではない」といった反発を抑え、どこの国か、どこの部署かにかかわらず、優れた製品やサービス、改善提案を許容し、広めるカルチャーが必要となる。

ドーズは、バートレットとゴシャールのトランスナショナル経営をより実践的で、より現実的な提案として理論を提示した。

また、ドーズの理論を読み解いていくと、トランスナショナル理論とメタナショナル理論との違いについても明らかになる。

トランスナショナル理論はクローズド型のネットワークで、自社内で情報や知識を共有し、自社相互学習を強調するのに対し、メタナショナル理論では、オープン型のネットワークを強調する。

具体的には、トランスナショナル理論では、自社内の子会社とM&Aで子会社化した社内組織間での相互学習を重視するのに対し、メタナショナル理論は外部とのアライアンスやオープン・イノベーションを活用した学習を重視する違いがある。

以上のようにトランスナショナル型とメタナショナル型では学習プロセスについて、オープンかクローズドかという違いはあるものの、全体として、いかにして統合と適応をバランスさせるかという点で、グローバル経営における本質を議論している。

そして、これらのオープン型のネットワークの考え方を応用したのが「**リバース・イノベーション」の理論**である。リバース・イノベーションとは、ビジャイ・ゴビンダラジャンが唱えたもので、画期的なイノベーションの源泉はもはや先進国ではなくリソースの限られた新興国で起こること、そして新興国で新しい顧客の課題を解決した商品が先進国に逆輸入され、先進国でもイノベーションを起こすという理論である。

ゲマワットの理論を含め、ニューノーマル時代のグローバル戦略として、今後、メタナショナル経営の考え方は、「リバース・イノベーション」の理論と同様に実務で見直されるべき時代になったと考えられる。

POINT

最先端の経営理論による示唆

- 多くの日本企業はいまだグローバルの統合とローカル適応が中途半端な状態である。まずはマルチナショナル型かグローバル型のどちらかを目指し、最終的にはグローバルの統合とローカル適応の両方をバランスさせた、トランスナショナル型の経営方法へ移行しなければならない
- メタナショナル型になるためには、知識や技術をグローバルで予知・獲得し、それを全世界で共有し、活用する能力が必要となる
- トランスナショナル型では社内の知識ネットワークが重要になり、メタナショナル型では、外部組織とのネットワークが重要となる

3 急成長グローバル企業のマネジメント：ボーングローバル理論

ボーングローバル理論の嚆矢《こうし》

前節では主にすでにグローバル化が進んでいる企業を対象としていたが、本章の最後では、成長企業がこれからグローバル展開するための方法論として、近年注目される**ボーングローバル理論**について見ていこう。

ボーングローバル理論はもともと、1993年にマッキンゼー・オーストラリア・ニュージーランドオフィスのコンサルタントである**マイケル・レニー**[5]が『マッキンゼー・クオータリー』において"Born Global"というタイトルで提唱した理論である。

レニーおよびマッキンゼー・オーストラリア・ニュージーランドオフィスがオーストラリアの中小製造メーカーを分析したところ、自国で売上を上げて、十分成長してから海外展開を目指すのではなく、最初から世界全体を1つの市場としてグローバル化を目指す企業が全体の4分の1もあることを発見した。具体的には、グローバル化を目指す企業の大半は、創業2年以内にグローバル化を推進しており、このような企業がオーストラリアの

5 **マイケル・レニー**　マッキンゼー・オーストラリア・ニュージーランドオフィスマネージングパートナー。25年間にわたってマッキンゼーの第一線でコンサルティングを提供。オックスフォード大学にて美術学の修士号を取得。

輸出額の20%をも担っていた。

このように、ベンチャーの初期段階からグローバル戦略を展開し、大きく成長を遂げる企業を「ボーングローバル企業」と呼んだ。

コンサルティングファームの知識が経営学の世界へ

このボーングローバル理論は2000年代以降、グローバル経営学で積極的に研究がなされてきた。

まず著名な論文としては、ゲーリー・ナイト[6]とタマー・カブスグリ[7]が2004年に『Journal of International Business Studies（35：124-141）』にて発表した"Innovation, organizational capabilities, and the born-global firm（イノベーション、組織ケイパビリティ、ボーングローバル企業）"という論文である。

ナイトとカブスグリは、まず1985年以降に設立され、創業3年以内にグローバル経営を進めてきた24社の経営者と6人のボーングローバル企業の研究者、3人の輸出専門家にインタビューを行った（図26参照）。彼らのインタビューをもとにすると、ボーングローバル企業は、**経営者がグローバルな目線で起業家精神を持ち、グローバル市場を当初から目指してマーケティングをすることを組織のカルチャーとしている。**戦略としては、①グロ

6 **ゲーリー・ナイト**　ウィラメット大学アトキンソン・ビジネス・スクール教授。ワシントン大学にてMBAを取得後、ミシガン大学にて博士号を取得。

7 **タマー・カブスグリ**　ジョージア州立大学J・マックロビンソン・ビジネス・スクール教授。ウィスコンシン大学にてMBAと博士号を取得。

図26　ボーングローバル企業の成功要因

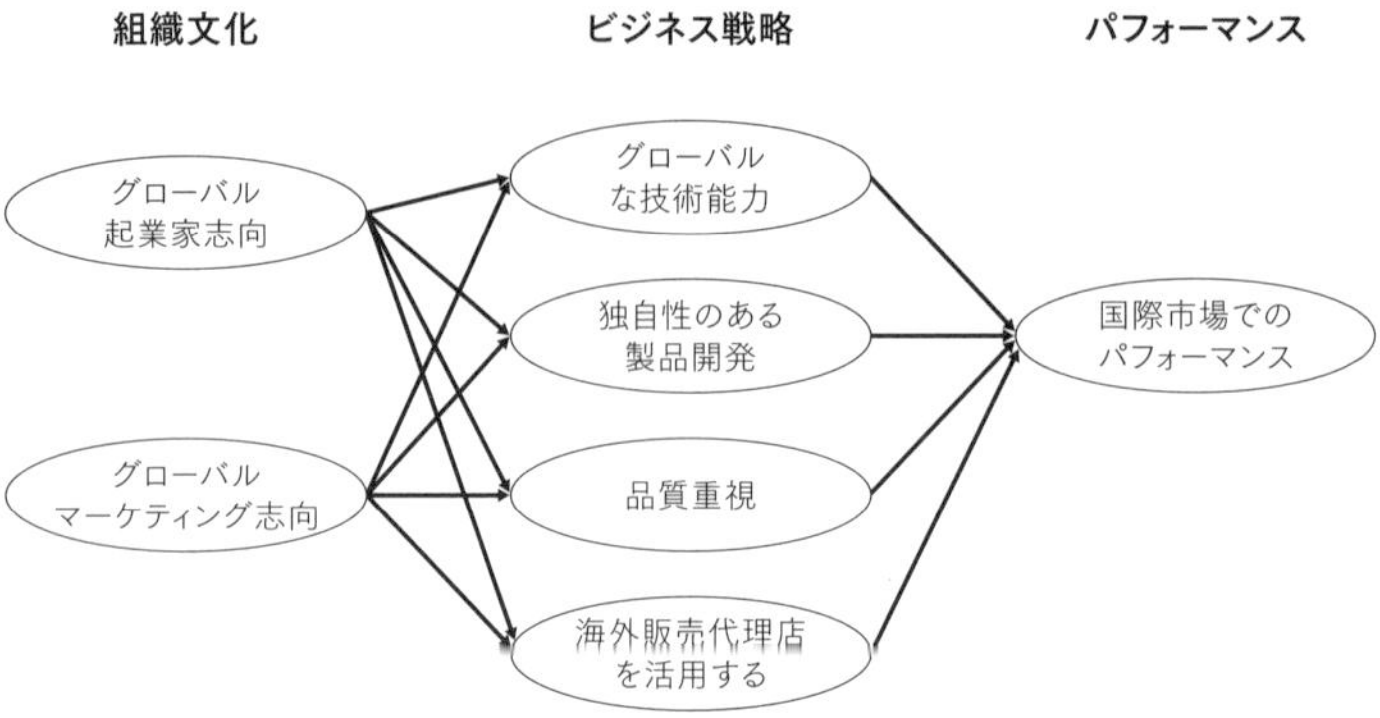

出典：ゲーリー・ナイト、タマー・カブスグリ“Innovation, organizational capabilities, and the born-global firm（イノベーション、組織ケイパビリティ、ボーングローバル企業）”図1を筆者翻訳

ーバルで優れた技術能力、②独自性のある製品開発、③品質重視、④海外の販売代理店を活用する戦略を採用している。その結果、平均して52億円の売上があり、その半数を海外市場で稼ぎ、296名の社員がいることが明らかになった。

その後、インタビューをもとに、結果を2次調査するために、1980年以降に設立された、平均売上が32億円で売上の41%が海外売上で、平均社員数が190名、創業2年以内に海外展開を行っているアメリカのボーングローバル企業203社に対してアンケート調査を行った。

その結果、**グローバルな技術能力がグローバル起業家志向の重要な機能のひとつであり、独自性のある製品開発と品質重視の戦略は、グローバル起業家志向、グローバ**

ルマーケティング志向によって導かれることが明らかになり、図26の通りボーングローバル企業になるために必要な要素が定量的にも明らかとなった。

彼らの研究は、マッキンゼーが提示したボーングローバル企業というコンセプトを定量的に調査することで、ボーングローバル企業という理論に昇華し、オーストラリア以外の国でも成立することを示した点で価値がある。

なぜ、経営者はボーングローバルを目指すのか？

次に、2007年にナイトが**ジェイ・ウィーラワデナ**[8]と**ギリアン・モート**[9]、**ピーター・リーシュ**[10]とともに『Journal of World Business（42：294-306）』で発表したのが、“Conceptualizing accelerated internationalization in the born global firm：A dynamic capabilities perspective（ボーングローバル企業の理論を理論化する：ダイナミック・ケイパビリティの観点から）”という論文である。

彼らは、なぜ経営者は創業間もない頃からグローバル化を目指すのか、そしてそれがなぜ成功するのか、という点を理論化した（図27参照）。

まず彼らが着目したのは、**経営者のプロフィール**である。経営者はいきなりグローバル化を目指そうとするのではなく、海外での学問経験、前職の勤務経験や自身の生まれなど

8 **ジェイ・ウィーラワデナ**　クイーンズ大学UQ・ビジネス・スクール准教授。スリランカのビジネス・スクールでMBAを取得後、クイーンズ大学にて博士号を取得。

9 **ギリアン・モート**　元グリフィス大学グリフィス・ビジネス・スクール教授。クイーンズ大学にてMBAおよび博士号を取得。

10 **ピーター・リーシュ**　クイーンズ大学UQ・ビジネス・スクール教授。ニューイングランド大学にて経済学の修士号を取得後、クイーンズ大学にて博士号を取得。

図27 ボーングローバル企業とダイナミック・ケイパビリティ

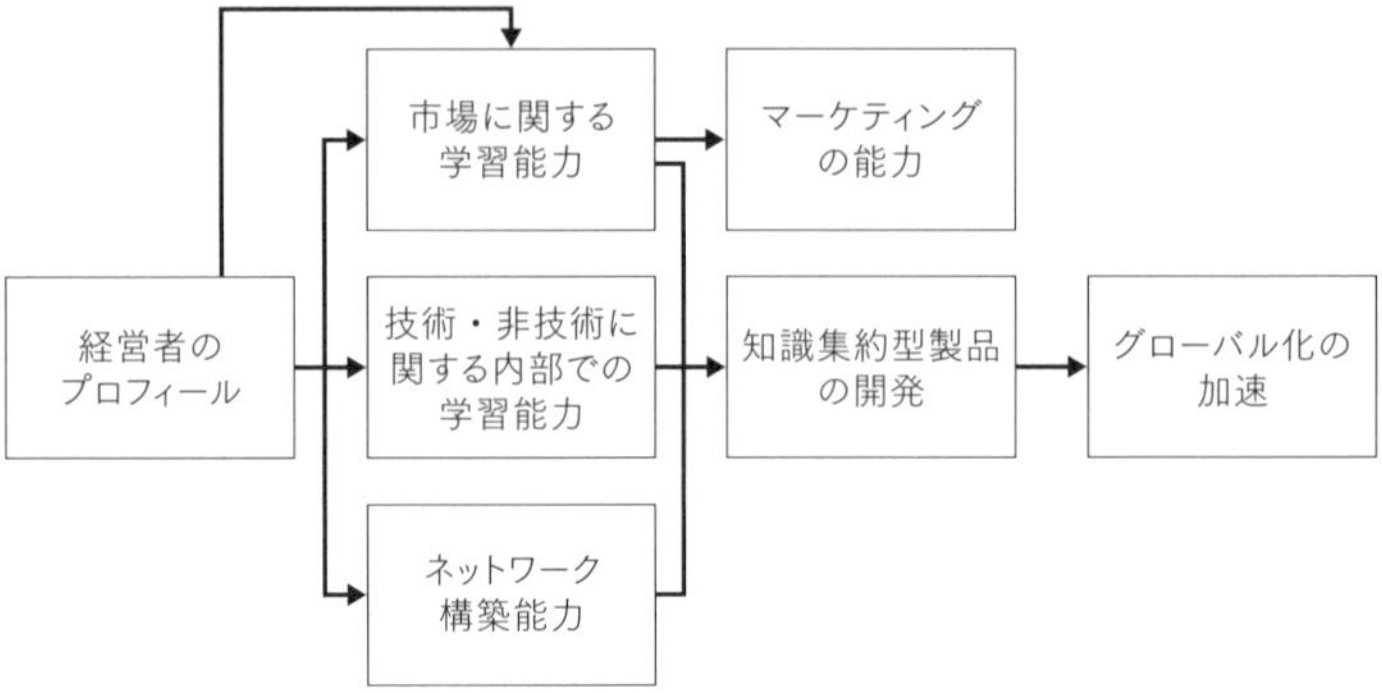

出典：ゲーリー・ナイト、ジェイ・ウィーラワデナ、ギリアン・モート、ピーター・リーシュ "Conceptualizing accelerated internationalization in the born global firm：A dynamic capabilities perspective（ボーングローバル企業の理論を理論化する：ダイナミック・ケイパビリティの観点から）" 図1を筆者翻訳

の地の利がある経営者ほど、ボーングローバル企業を設立するという点である。

次に、経営者のプロフィールから3つの経営能力が導かれるとされる。

1つ目が、**市場に関する学習能力**で、具体的には市場の情報の獲得と普及に関する能力である。この能力には、顧客からの情報をもとに必要のない知識を捨てる一方、グローバル市場で活用できるように、知識をブラッシュアップすることが重要となる。グローバル市場で成功するためには、自国以外の市場の知識が必要不可欠だからである。

2つ目が、**技術および非技術に関する能力**である。ボーングローバル企業は、ハイテク技術、ローテク技術、自社には無関係な技術のどれであっても学習を重視しており、そのような企業は新しい市場にもスムーズに適応できるという。市場ごとに技術を適応させることが容易になるからである。

3つ目が、**ネットワーク構築の能力**である。ボーングローバル企業は歴史の長い多国籍企業とは異なり、資金的にも営業ネットワーク的にも貧弱である。そして商品ラインナップも自社の強みである1商品に限定されているケースが多い。だからこそ、外部のネットワークを構築することで、リスクを下げながら、海外市場での売上を獲得するとともに、市場に関する知識の獲得や、現地でのリソース獲得を行うことが可能となる。

そしてこれら3つの基本的な能力を軸に、マーケティングと知識集約型製品での成功確率が上昇する結果、グローバル化が加速されることになる。

彼らの研究のユニークな点は、ボーングローバル企業の業績の良さではなく、**どのようにボーングローバル企業になるのかを経営者のプロフィールから順に紐解き、パフォーマンスにいたるまでの道筋を示した点**にある。

ニューノーマル時代において、日本の人口は減少傾向にあり、今後も移民などを受け入れたりしなければ、人口減少のトレンドは避けられない。すると、多くの企業はグローバル化を目指すことになる。

一方で従来グローバル化は、国内で成功し、市場のパイをとりきった企業が行うものだと考えられてきた。しかしながら、ボーングローバル企業という視点を持つことで、創業当時からグローバル化を目指し、2〜3年で海外のネットワークを構築して海外展開を早期にスタートする海外企業が多数あることがわかる。

このボーングローバルの考え方は日本のビジネス界ではこれまでほとんど議論されていない理論であるが、今後のベンチャー企業において重視される考え方となるであろう。

POINT

最先端の経営理論による示唆

- 海外には創業2〜3年目というベンチャー段階からグローバル化を行うボーングローバル企業と呼ばれる企業が存在する
- ボーングローバル企業は技術や品質を重視し、独自性のある製品をグローバルな代理店ネットワークを活用して販売していることが多い
- 経営者が海外大学出身であったり、海外経験があったりする会社で起きやすく、当初から海外を目指したいと考えている。そして、海外の市場や技術に関する情報を網羅的に集めること、外部ネットワークを活用することで、国際化を加速させていくサイクルを持つ

Chapter 5

成長戦略とファイナンス戦略

1 「キャッシュ・イズ・キング」とペッキングオーダー仮説

経営学とファイナンスをセットにして考える

前章まではニューノーマル時代における経営戦略、事業戦略を中心に解説を行ってきた。ところで、成長戦略を実現する上で、ファイナンスの要素が多分に絡んでくることは実感されるところであろう。一方で経営学の世界では、経営学は経営学、ファイナンスはファイナンスと分かれて学問が発展してしまったことで、経営において重要なファイナンスの説明が経営学において行われることがない。企業を経営し、さらに成長を持続させていくためには、資金は必要不可欠であり、経営とお金は車の両輪になる。そこで本章では**成長戦略を実現する上でのファイナンス戦略**について見ていくことにしよう。

まず本節では、多くの経営者が悩みを抱える、**企業の現金保有・内部留保**について、経営学とファイナンス理論の橋渡しも意識しながら解説する。

そもそも経営の実務の世界では、「キャッシュ・イズ・キング」、つまり現金および内部留保を持つことが重要といわれ、日本企業の多くも無借金経営を重視してきた。リーマン・ショック、東日本大震災、コロナショックと数年に一度大きな経営上の危機が起きる中で、ますますその意識を高くしている企業も多いだろう。

一方でファイナンスの世界では、完全市場[1]を前提に、現金でも借入でも資本構成の変化は企業価値に影響しないという1958年と63年に提示されたモディリアーニ[2]・ミラー[3]の定理（MM定理およびMMの修正命題）が常識とされてきた。ファイナンスの解説になってしまうので詳細は割愛するが、法人税を前提とすると、借入のほうが内部留保より有利になるのがファイナンスの世界の考え方である。

一方でファイナンスの側からは、「日本企業は負債の使い方がヘタだ」「日本企業は負債が少なく内部留保が多いからROEが低い」という注文がつけられている。

1 **完全市場**　売り手も買い手も市場参加者は常に完全な情報を同じレベルで持っている。さらに、無リスクで自由に資金の借入・貸付ができるために、市場の不均衡な状態がすぐに解消されるという市場を指す。伝統的なファイナンス論は、完全市場を前提として研究がなされている。

2 **フランコ・モディリアーニ**　コロンビア大学、バード・カレッジ、イリノイ大学での指導を経て、カーネギーメロン大学教授時代にMM定理を発表。1985年にノーベル経済学賞受賞。2003年死去。

3 **マートン・ミラー**　ハーバード大卒業後、ジョンズ・ホプキンス大学にて経済学博士号を取得。財務省、カーネギーメロン大学

そこで、企業における現金および内部留保の保有について経営学とファイナンス理論をつなぐような理論を見ていきたい。

企業が重視するのは内部留保か借入か？：ペッキングオーダー仮説

では、MMの定理のように、企業は資金調達コストが安い負債での借入を好み、資金調達手段としての内部留保を活用しないという状況は起きるのか。

この点について、実証的に示したのが、ゴードン・ドナルドソン[4]である。ドナルドソンは、1961年に『Corporate debt capacity』(Harvard Press) の中で、アメリカ企業の資金調達方法について調査をした。

この論文でドナルドソンはMMの定理とは異なり、優良企業は多額の現金を持つことを好み、節税効果を重視して借入を増やすことはしていない。その一方で、業績の芳しくない企業は、好まざる状況ではあるが、内部での現金余力が少ないために、借入を増やさざるを得ず、結果的に負債比率が高くなるという状況を発見した。これを**ペッキングオーダー仮説**という。

そしてドナルドソンはペッキングオーダー仮説が成り立つとすれば、企業の資金調達手段は、内部留保、銀行借入、社債発行という手段がどれも同じ優先順位なのではなく、ま

を経てシカゴ大学ブース・ビジネス・スクール時代にMMの定理を発表。その後、シカゴ証券取引所の理事も務めた。1990年にノーベル経済学賞受賞。2000年に死去。

4 **ゴードン・ドナルドソン**　ハーバード・ビジネス・スクール・ウィーラードプレスコットスミス記念講座教授。ハーバード・ビジネス・スクールにてMBAおよび博士号を取得。6冊の本を出版し、ハーバード・ビジネス・スクールにて長年教壇に立つ。2010年に死去。

ず内部留保が優先的に利用され、次に銀行借入、最後に社債発行という順に企業が資金調達を推進していくことを示している。

次に、なぜこのような資金調達に優先順位が生じるのか、その理由を説明したのがスチュアート・マイヤーズ[5]である。マイヤーズは資金調達に優先順位が生じる理由は、経営者と投資家および銀行との間に情報の非対称性が生じており、逆選択[6]の状況が生じるからとしている。

経営者は投資家よりも自社の情報を多数持っているのだから、企業が新株発行をする際には、経営者のほうが投資家よりも有利、つまり割高であることが想定される。そうであれば投資家が損をする可能性があるから投資をしなくなる、もしくは経営者への注文が増える。すると経営者としては制約のある新株発行よりも、いつでも自由に使える内部留保を活用し、その次に調達が早い銀行借入を利用し、その次に時間はかかるが一定額を調達できる社債を活用する。そしてどうしようもなくなった場合に初めて新株を発行するのではないか、とマイヤーズは考えた。

マイヤーズのペッキングオーダー仮説を前提とすると、ＭＭ定理の結論とは異なり、企業がなぜ内部留保を重視するのか、それが完全市場を前提とするファイナンスの理論と異なることが明らかになる。

だからこそ、企業が内部留保を高め、次なる事業投資や不確実性に対応することはごく

5 **スチュアート・マイヤーズ**　MITスローンスクールロバート・C・マートン記念講座教授。スタンフォード大学にてMBAおよび博士号を取得。リアル・オプションの概念を生み出すなど現代ファイナンスの常識を作り上げた。リチャード・ブリリーとの共著『コーポレート・ファイナンス』（日経BP社）は世界中のビジネス・スクールにてコーポレート・ファイナンスの標準な教科書となっている。

6 **逆選択**　取引の情報の非対称性によって、本当に必要な選択がなされないこと。

自然なことである。他方で、ムダに内部留保があると、豪華なオフィスを建築したり、不動産投資に手を出したりと、別のことにお金を使いたい誘惑にも駆られる。だから、マイヤーズはあまりに内部留保が多すぎると、成長とは別の課題が生じると主張した。

このような課題は実際に生じる。バブル期の日本企業は非注力分野であるにもかかわらず不動産をあちこちに抱えていたし、リクルートの創業者である江副浩正氏について大西康之氏が記した『起業の天才！』（東洋経済新報社）の中でも、リクルートが成長期を越え、江副氏が不動産投資にのめり込んでいく姿がビビッドに描かれている。

ペッキングオーダー仮説の現実性

話がそれてしまったが、では、ペッキングオーダー仮説は実際にどの程度成り立っているのであろうか。

マイヤーズは、**ラクシミ・サンダー**[7]とともに１９９９年に『Journal of Financial Economics（51（２）：219-244）』にて、“Testing static tradeoff against pecking order models of capital structure（資本構成における定性的なトレードオフに対するペッキングオーダー仮説を検証する）”という論文を発表した。本論文は３５００回以上も引用されている重要論文である。

マイヤーズとサンダーは、アメリカの上場企業のうち１５７社の１９７１年から89年ま

7　**ラクシミ・サンダー**　世界銀行ヴァイスプレジデント。インド経営大学院にてＭＢＡ、ＭＩＴにて博士号を取得後、ＭＩＴスローン経営大学院およびダートマス大学タックビジネス・スクール教授を経て２０１４年から現職。リスクマネジメントの専門家。

での簿価ベースでの資産、自己資本および負債比率および営業キャッシュ・フローや配当などのデータを用いて、ペッキングオーダー仮説を検証した。

その結果、成熟企業を中心とするデータにおいては、ペッキングオーダー仮説は成立しており、内部留保、銀行借入、社債、新株発行という順で企業の資金調達が行われていた。また、突発的な赤字となり資金が必要な場合については、内部留保を取り崩すのではなく、借入によって対応する企業が多いことも統計的に明らかになった。

このマイヤーズとサンダーの論文をより大規模にして調査したのが、**マレー・フランク**[8]と**ヴィダン・ゴヤール**[9]である。彼らは、２００３年に『Journal of Financial Economics（67（2）：217-248）』において、"Testing the pecking order theory of capital structure（資本構成におけるペッキングオーダー仮説を検証する）"という論文を発表した。

彼らはデータの数は年度によって異なるが、１９７１年から98年までにアメリカに上場していた企業（金融機関を除く）の中から、最大７０５２社の財務データを用いてペッキングオーダー仮説を検証した結果、ペッキングオーダー仮説とは異なる結論を得た。

フランクとゴヤールは、ペッキングオーダー仮説は１９７０年代の巨大資本を持つ企業においては有効に成立していたものの、80年代から90年代にかけて小規模な上場企業が増加することで、負債と株式による資金調達が同程度になってきており、負債が必ずしも有意ではないことが明らかになったという。つまり、**株式発行の純額は赤字と強く相関して**

8 **マレー・フランク**　ミネソタ大学カールソン・ビジネス・スクール教授。アルバータ大学にて経済学修士号、クイーンズ大学にて経済学博士号を取得。

9 **ヴィダン・ゴヤール**　香港科技大学主任教授。デリー大学にてＭＢＡ、ピッツバーグ大学にて博士号を取得。アストラゼネカやダイムラー・クライスラーなどにコンサルティングを行っている。

いるものの、負債額については赤字と強い相関ではなかったことになる。

この違いを経営学および経営実務の視点として、どのように捉えたら良いか。

まずフランクとゴヤールが言うように、業歴が短い企業や規模の小さい企業であれば、当然内部留保の額が少ないのだから、資金調達の手段として内部留保が常に優先されるとは限らず、また負債での調達の余力も小さい。したがって、株式発行による資金調達が増加する。

一方で業歴が長い企業や巨大資本を持つ企業であれば、資金調達を内部留保や借入でまかなえるケースが多いので、株式発行による資金調達は減少することになる。

また1980年代以降、ROE経営が重視されるようになり、レバレッジ（借入比率）をかける経営手法がアメリカで常識になりつつあったことも、この論文の結論に影響したであろう。

最先端のアメリカの経営学者も短期的な視点を再考

しかしながら、短期的な収益やレバレッジをかけた経営手法については、アメリカの経営学の世界でも見直されつつある。リーマン・ショックがこの考え方を転換させたきっかけである。

マイケル・ポーターは、2011年に『Harvard Business Review』において短期的な業績を重視する投資家を重視するのではなく、中長期的な視点で社会課題を解決することの重要性を**CSV**（Creating Shared Value）という理論で説き、日本国内でもよく知られることとなった。

ポーターは、社会課題を解決することは、企業の経済価値につながるという考え方でCSVを位置づけており、この考え方は短期的な業績や財務レバレッジ効果よりも、腰を据えて課題解決を行うことの重要性につながる。

INSEADのジャズジット・シン[10]教授もCSVとESGによって、価値が生まれることをタタグループの事例から説明した。

これについては議論が分かれるポイントであるが、上場企業であれば、投資家にリターンを返すことも重要であり、投資家のコミュニケーションとして、短期的な収益も一定程度重視しつつ、社会課題の解決など中長期的な成長や利益にも貢献することを丁寧に説明することで、ファイナンスの視点も経営の視点も両方が交わると思われる。

経営者からは「投資家が悪い」「ファンドの言うことは聞けない」という声も聞かれるが、投資家に伝わるようにきちんとしたコミュニケーションをとっていないことが課題となっていることも少なくない。ここはニューノーマル時代、世界に日本企業が羽ばたいていく上で改善が必要であろう。

---

10 ジャズジット・シン　INSEADポール・ダブレル記念講座教授。インド工科大学デリー校、ジョージア工科大学にてテクノロジーの、ハーバード大学にて経済学の修士号を取得後、ハーバード・ビジネス・スクールにて博士号を取得。持続可能な開発やESG投資、イノベーションの専門家。

一方でペッキングオーダー仮説では検証されていないが、中小企業であれば、そもそも資金調達の幅が少ないので、景気の良いときに安い金利で、なるべく長く、安定的に借り入れておくことが、金融機関との実績にもつながり、危機にも強い経営手法と考えられる。内部留保についても、社員への還元を行いながら、安定的に行えれば良いであろう。

危機を乗り越えたニューノーマル時代という先を見据え、**今から資本構成および投資家や金融機関とのコミュニケーションを行っていく**必要があろう。

POINT

最先端の経営理論による示唆

- 企業は資金調達を内部留保、借入、社債、新株発行という順で行うペッキングオーダー仮説が登場した
- ペッキングオーダー仮説は1970年代から80年代にかけて大企業では成立したものの、それ以降は重要性が減少した
- ニューノーマル時代の成長戦略とファイナンスについては、投資家や金融機関と密なコミュニケーションをとり、短期的なパフォーマンスと中長期的なパフォーマンスを両方理解されるように、情報提供が必要である

2 M&Aのリターンと成功確率：プロセスM&A論

ニューノーマル時代を見据えた成長戦略としてのM&Aのあり方

前節ではニューノーマル時代の重要なテーマとして資金調達や資本構成をテーマとしたが、本節ではもうひとつの重要テーマであるM&Aについて見ていこう。日本企業におけるM&Aはコロナ禍においても増加しており、この動きはニューノーマル時代でも続くことが予想される。一方でM&Aが本当に価値を生み出すのかについては、多角化戦略の際にポーターの論稿を解説した際にも、新規事業をM&Aで行うことの難易度について解説した。

そこで本節では、**ニューノーマル時代を見据えた成長戦略としてのM&Aのあり方**について見ていくことにしよう。

まずM&Aが本当に企業業績につながるのかについて研究した経営学でもファイナンス論でも引用される論文を見ていこう。それが、ポール・ヒーリー[11]、クリスナ・パレプ[12]、リチャード・ルーバック[13]が1992年に『Journal of Financial Economics（31（2）：135-175）』

11 **ポール・ヒーリー** ハーバード・ビジネス・スクール・ジェームズ・R・ウィルソン記念講座教授。ロチェスター大学にて博士号を取得。財務分析の専門家。

12 **クリスナ・パレプ** ハーバード・ビジネス・スクール、ロス・グラハム・ウォーカー記念講座教授。MITにて博士号を取得。財務分析と新興国市場戦略の専門家。

13 **リチャード・ルーバック** ハーバード・ビジネス・スクール、ウィラード・プレスコット・スミス教授。ロチェスター大学にて博士号を取得。企業の組織再編と企業価値評価の専門家。

表12　買収前後におけるパフォーマンス改善

買収からの期間	企業の税引前営業キャッシュ・フロー中央値	産業調整後の税引前営業キャッシュ・フロー中央値	企業数
5年前	24.5%	0.4%	48
4年前	26.2%	0.1%	49
3年前	26.8%	2.1%	49
2年前	26.4%	0.0%	49
1年前	25.4%	1.2%	46
5年前から1年前までの中央値	25.3%	0.3%	50
1年後	21.5%	3.0%	48
2年後	22.9%	5.3%	47
3年後	20.6%	3.2%	46
4年後	18.4%	3.0%	44
5年後	18.5%	2.5%	40
1年後から5年後までの中央値	20.5%	2.8%	48

出典：ポール・ヒーリー、クリスナ・パレプ、リチャード・ルーバック "Does corporate performance improve after mergers?（企業のパフォーマンスはＭ＆Ａ後に改善するのか）"表2を筆者翻訳

で発表した"Does corporate performance improve after mergers?（企業のパフォーマンスはM&A後に改善するのか）"である。

彼らは1979年から84年後半までにアメリカ企業が行った最も大規模なM&A50件に関して、買収前5年間と比較して、買収後の5年間に買収された企業の税引前営業キャッシュ・フローがどのように変化したのかを調査した（表12参照）。これには、買収前の5年間および買収後5年間の税引前営業キャッシュ・フローの中央値と産業ごとの影響を調整した中央値が示され

ている。

この表を見ると、一見買収前5年間のほうが、買収後5年間よりも良いように見えるが、産業ごとの影響を除いた税引前営業キャッシュ・フローの中央値は、0・3％から2・8％まで改善していることが示されている。

税引前営業キャッシュ・フローは規模の経済性の効果による

では、このような税引前営業キャッシュ・フローの改善はどのような要因によるものか。彼らはその要因として、**資産当たりの収益性が改善する結果、税引前営業キャッシュ・フローがM&A後に大きく改善される**と説明する。特にこの傾向は、事業が重なり合う企業同士のM&Aでは規模の経済性が追求される結果、税引前営業キャッシュ・フローが4・3％と全体よりも1・5％改善することからも、収益性拡大が顕著であることが示された。

また、M&A後において研究開発投資などの長期投資が削減されたために税引前営業キャッシュ・フローが改善したのではなく、研究開発投資などは買収前よりも増加したにもかかわらず税引前営業キャッシュ・フローが改善しており、M&Aによって収益の拡大が実現された企業が多い結果となった。

ただし、注意しなければいけないのは、買収後に平均して営業キャッシュ・フローは2・

14 グレゴール・アンドラーデ
AQRキャピタルマネージメントプリンシパル。ロンドン・ビジネス・スクールでも教壇に立つ。MITで経済学修士号、シ

8％（同業同士で規模の経済性が得られる場合で4・3％）しか向上していないことをどこまで買収金額に織り込んで正当化するかである。

M&Aによって売り手の株主は大きなリターンを得る

この問題について、M&Aの売り手と買い手のどちらが最終的にリターンを上げられるのかを調査したのが、グレゴール・アンドラーデ[14]とマーク・ミッチェル[15]、エリック・スタッフォード[16]である。彼らは、2001年に『Journal of Economic Perspectives（15（2）：103-120）』において、"New evidence and perspective on mergers（合併に関する新しい証拠と見解）"という論文において、1973年から98年までのM&Aをデータで検証し、買い手と売り手、どちらの株主がより得をしたのかを買収方法や企業のサイズを組み合わせながら、明らかにしようとした。ちなみに本論文は4千回以上も引用されている超重要論文である。

その結果が表13である。株式によってM&Aを実行した場合、買い手と売り手の投資家が得たリターンの合算値は、買収前年に対して0・6％増加しているが、実際には売り手の投資家が13％のリターンを得ており、買い手側の投資家はマイナス1・5％のリターンとなってしまっている。その差は、買収前後の期間を広くした場合に、より顕著となる。

売り手の投資家のほうが得をする結果は現金のみで買収をした場合でも、大規模なM&

カゴ大学ブース・ビジネス・スクールにて博士号を取得。ワッサースタイン・ペレラにてM&Aに携わった後、ハーバード・ビジネス・スクール准教授を経て現職。

15 **マーク・ミッチェル**　シカゴ大学ブース・ビジネス・スクール客員教授。ブース・ビジネス・スクール、ハーバード・ビジネス・スクールの後、投資運用会社のCNHパートナーズを創業。クレムソン大学にて経済学修士号、博士号を取得。

16 **エリック・スタッフォード**　ハーバード・ビジネス・スクールジョン・A・ポールソン記念講座教授。メリーランド大学にてファイナンスの修士号、シカゴ大学ブース・ビジネス・スクールにて博士号を取得。

表13　M＆Aによる売り手と買い手投資家のリターン

	全株式	全現金	大規模M&A
合算			
1年前から1年後	0.6%	3.6%	3.0%
20年前から直近	－0.6%	5.3%	6.3%
売り手			
1年前から1年後	13.0%	20.1%	13.5%
20年前から直近	20.8%	27.8%	21.6%
買い手			
1年前から1年後	－1.5%	0.4%	－1.5%
20年前から直近	－6.3%	－0.2%	3.2%
調査企業数	2,194	1,494	511

出典：グレゴール・アンドラーデ、マーク・ミッチェル、エリック・スタッフォード “New evidence and perspective on mergers（合併に関する新しい証拠と見解）”表4を筆者翻訳

Aに絞った場合でも同様であり、買い手の投資家がリターンを得ることは困難であることになる。

この論文では明らかにされていないが、ヒーリーらの論文を踏まえると、収益性の改善が小さいにもかかわらず、高値で会社の買収を行う結果、買い手の投資家がリターンを得られていないという結論が妥当であろう。

では、このようなM＆Aの不都合な真実を解決するためには、どのようにすれば良いのだろうか。これについては経営学でもファイナンスの世界でも積極的な研究が行われているが、買収の際のM＆Aプロセスに注目するプロセスM＆A論が登場してきている。

その中でも注目に値するのが、アニャ・

トリヒターボーン[17]、ドードー・ツー・クニーファウゼン・アウフセース[18]、ラース・スイス[19]が2015年に『Strategic Management Journal（37（4）：763-773）』に発表した"How to improve acquisition performance：The role of dedicated M&A function, M&A learning process, and M&A capability（どのようにM&Aパフォーマンスを改善するか：M&A専門組織、M&A学習プロセス、M&Aの能力）"である。

彼らは、2003年から06年までに発生したドイツ企業の205件のM&Aについて、社内体制については経営者やCFOへのアンケート調査、財務データについてはトムソン・ワン社のデータベースを利用して調査した。その結果、M&Aの専門組織があることで、M&Aにおけるプロセスおよび買収後の統合（PMI）に関する学習が進み、それが企業のM&A遂行能力を高めることにつながり、結果的にM&Aの成功確率が向上することがわかった（この論文では何%向上するかという結果ではなく、影響があるかを調査している）。

M&Aの専門組織とM&Aの知識の形式知化が必要

M&Aの遂行能力は、M&Aに関する知識や経験を明確化し、文章化し、部署内外で共有し、社内の価値判断基準へと落とし込んでいくことで向上されていく。つまり、M&Aの専門組織があれば、そこにノウハウがたまり、そのノウハウをきちんと整理し、文章化

17
アニャ・トリヒターボーン　ベルリン工科大学UBS記念講座教授。バンベルク大学にて政治学博士号取得。M&Aおよび戦略アライアンスの専門家。

18
ドードー・ツー・クニーファウゼン・アウフセース　ベルリン工科大学教授。同校にて戦略的リーダーシップとグローバルマネージメントの責任者。ルートヴィヒマクシミリアン大学にて博士号取得。

19
ラース・スイス　ゲーテ大学フランクフルト校UBS記念講座教授。バンベルク大学にて政治学博士号取得。M&A、アライアンス、特に製薬やバイオ業界に強みを持つ。

し、同じ轍《てつ》を踏まないように社内で共有・落とし込みをする組織能力が、M&Aの専門組織がない企業よりもスムーズに向上する。

日本企業はM&Aのスキルがないとよくいわれているが、それは外部の投資銀行やコンサルティングファームに丸投げという企業が多いからであろう。当然第三者目線は必要であるが、組織としても戦略としてのM&Aの能力を身につけることができれば、M&Aのスキルは大きく向上していくと考えられる。

多くのM&Aに関する成功・失敗は当然データとして公表されているし、企業ごとにノウハウも蓄積されていく。しかしながら、専門組織を持ち、その組織にノウハウとしてため込んでいくことまで行っている企業は多くはない。

確かに、M&Aは頻繁に起きるわけではないので、中小企業には専門組織までは必要ないかもしれない。しかしながら、ある程度の規模、ある程度の金額をM&Aに投資していくならば、専門組織を持つほうが、M&Aへの多額の投資と比べたら安上がりになるだろう。

ニューノーマル時代に、M&Aを活用して成功したいと考える企業は多いと思われる。**M&Aの成果を楽観視せず冷静に判断すること、そしてなぜその企業を買うのかを明確化し、高値づかみを避けることがファーストステップとして重要になるであろう。**

POINT

最先端の経営理論による示唆

- M&A後に買収企業の税引前営業キャッシュ・フローの成長率は2%程度となり、M&Aをしたからといって劇的に何かが変わるわけではない
- 高値で買う企業が多い結果、売り手の株主は得をしても、買い手の株主は得をしていないケースが多い
- M&Aを積極化するのであれば、M&Aの専門組織にノウハウをため、M&Aの遂行能力を磨いていくことが遠いようで近道である

3 コーポレート・ガバナンスと企業業績

ガバナンス・インデックスと業績、投資利益

ここまで、経営学とファイナンス論の架け橋となる分野として、ニューノーマル時代にも活用できる、資本構成の最適構成とM&Aのリターンについて取り扱ってきた。

直近では、2021年4月に会社法が改正され、上場企業は社外取締役の設置が義務付けられることとなり、一層コーポレート・ガバナンスに関する注目度は増加している。

そこで本章の最後に、ニューノーマル時代にも大きく注目されると考えられる、**コーポレート・ガバナンスが企業の業績にどのような影響を及ぼすか**について見ていきたい。

この分野で多く引用される先見的な研究としては、ポール・A・ゴンパース[20]、ジョイ・イシイ[21]、アンドリュー・メトリック[22]が2003年に『Quarterly Journal of Economics（118（1）: 107-156）』に発表した"Corporate Governance and Equity Prices（コーポレート・ガバナンスと株式価格）"という論文がある。本論文は9600回を超えて引用されている超重要論文といえる。

20 ポール・A・ゴンパース ハーバード・ビジネス・スクール教授。オックスフォード大学にて経済学修士、ハーバード大学にて博士号を取得。VC投資などの著作で知られる。執筆したケースは50から60にものぼる。

21 ジョイ・イシイ スタンフォード・ビジネス・スクール准教授。ハーバード大学にて経済学の修士号、博士号を取得。

22 アンドリュー・メトリック イェール大学ビジネス・スクール・ジャレット・イエレン記念講座教授。イェール大学にて経済学修士、ハーバード大学にて経済学博士号を取得。近年は複雑金融システムや金融機関の統制、リーマン・ショックの研究を行う。

彼らは、1990年代における大企業1500社の株主の権利の水準を示す「**ガバナンス・インデックス**」という指標を作成した。そして、1から24までのスコアで表されるガバナンス・インデックスのスコアが下位10％（株主権利が最も強い）の企業の株式を買い、上位10％（株主権利が最も弱い）の企業の株式を売るという戦略を採ると、年率8・5％超過運用益を得られるとしている。株主の権利が強い企業は、企業価値、利益、売上高成長率のすべてが高く、資本支出が少なく、企業買収が少ないという特徴があり、結果的に、株価が高いことが明らかになった。

また、その因果関係は明らかとなっていないものの、ガバナンス・インデックスのスコアが1上昇するごとに、短期的にはトービンのqが2・2ポイント減少し、それが10年後に11・4ポイント減少することが明らかとなっている。

コーポレート・ガバナンスのどの要素が業績に影響するか？

次に、彼らのガバナンススコアをより拡張したものとして、ローレンス・ブラウン[23]とマーカス・ケイラー[24]が2004年にオープンアクセスの研究レポジトリである『SSRN』に掲載している“Corporate governance and firm performance（コーポレート・ガバナンスと業績）”がある。

---

23 **ローレンス・ブラウン**　テンプル大学シーモア・ウォルフベイン記念講座教授。シカゴ大学ブース・ビジネス・スクールにてMBA、ロチェスター大学にて博士号を取得。会計学およびコーポレート・ガバナンスの専門家。

24 **マーカス・ケイラー**　ジョージア工科大学にて経済学修士号、ジョージア州立大学にて博士号を取得。会計学およびコーポレート・ガバナンスの専門家。

彼らは、①監査役および監査法人、②経営陣の構成、③定款記載内容、④取締役の教育、⑤取締役・執行役の報酬水準、⑥会社の支配構造、⑦役員陣の進捗状況、⑧法人形態の8つを軸に51個の調査項目をガバナンススコアと設定し、2003年時点の2327社の51個の項目データをもとに、企業の業績と時価総額および配当の状況を調査した。

その結果、コーポレート・ガバナンスが高い企業は、成長率が高いとは限らないが、ROEが業界平均と比べて9%高く、純利益率が45・9%、トービンのqが0・1ポイント、配当利回りが0・4%高いことが明らかとなった。

では、それぞれどの項目がどのガバナンス指標に影響するのであろうか。

まず、監査役および監査法人については、独立役員がいることが配当利回りにプラスに影響する一方で、監査報酬およびコンサルティング費用が高くなりがちなので、ROEや純利益率、配当利回りに大きくマイナスに影響し、監査役および監査法人のローテーションはROEに小さく影響する。

2番目に、経営陣の構成については、6人以上15人未満の経営陣の構成であることはROEや純利益率に大きくプラスに影響し、すべての経緯陣が取締役会に75%以上出席していることはROEに小さくプラスに影響し、トービンのqや配当利回りに中程度プラスに影響する。

また、前CEOが取締役に残っていないことが、ROEと売上成長率に中程度プラスに影響する。他にも50％以上の取締役が社外取締役である場合にも、ＲＯＥ、純利益率、配当利回りに大きくプラスに影響する。

3番目に、定款記載内容については、買収防衛策としてポイズン・ピル[25]がないことがトービンのｑに大きくプラスに影響し、売上高成長率に中程度プラスに影響する（その他の内容は日本の会社法に規定されていないため省略する）。

4番目に、取締役の教育については、1名以上の取締役がInstitutional Shareholder Services社が提供する取締役教育プログラムに参加する場合、ＲＯＥおよび配当利回りに大きくプラスに影響し、純利益率に中程度プラスに影響する。

5番目に、取締役・執行役の報酬水準については、直近3年以内にストックオプションの再発行がない場合、ＲＯＥ、売上高成長率に大きくプラスに影響し、純利益率に中程度プラスに影響する。

6番目に、会社の支配構造については、1年以上勤務する取締役の全員が自社株を持っている場合、配当利回りが大きくプラスに影響する。また、その保有割合が1％以上かつ30％未満であることが、ＲＯＥと配当利回りに大きくプラスに影響する。また、取締役と執行役が株式保有ガイドラインに従っていることも、ＲＯＥと配当利回りに大きくプラスに影響し、純利益率に中程度プラスに影響する。

7番目に、役員陣の進捗状況については、引退年齢、取締役のパフォーマンスレビュー

25　**ポイズン・ピル**　買収防衛策の1つで、買収の際に買収者以外が行使できる新株予約権を発行することで、買収者の持分比率を下げる施策。

が定期的にあること、ＣＥＯの引き継ぎプランがあることなどがＲＯＥと配当利回りに大きくプラスに影響し、純利益率に中程度プラスに影響する。

８番目に、法人形態については、買収禁止規定のない州での法人化がトービンのｑに中程度プラスに影響する。

以上がコーポレート・ガバナンスのそれぞれがどのパフォーマンスに影響するかである。日本企業の多くは、取締役の数が異様に多かったり、前ＣＥＯがそのまま取締役に残ったりしているが、このような状態を解消することが、ＲＯＥや純利益率、会社の成長率に大きく影響する。

また日本企業の多くは社外取締役の数が少ないが、この比率も50％まで上げていく必要があることが、この論文から明らかになる。

ニューノーマル時代のコーポレート・ガバナンスと企業業績を考える上で、注目すべき論文といえよう。

コーポレート・ガバナンスとＲＯＡおよび中長期的な投資パフォーマンスの関係

より近年の研究では、サンジャイ・バガット[26]とブライアン・ボルトン[27]が２００８年に『Journal of Corporate Finance（14（3）：257-273）』に発表した“Corporate governance and firm

---

26 サンジャイ・バガット コロラド大学リーズ・ビジネス・スクール教授。ロチェスター大学にてＭＢＡ、ワシントン大学にてファイナンスの博士号を取得。企業価値評価やＩＰＯ、金融機関の研究を行う。

27 ブライアン・ボルトン ルイジアナ大学ラフェイエット校教授。テキサス大学オースティン校にてＭＢＡ、コロラド大学リーズ・ビジネス・スクールにてファイナンスの博士号を取得。

performance（コーポレート・ガバナンスと企業業績）”がある。本論文は２００８年から18年までの『Journal of Corporate Finance』で最も影響力のあった論文と評されている。

彼らは、ゴンパースらの研究とハーバード・ロースクールのルシアン・ベブチェックらが行った研究を対象に、１９９３年から03年まで最大で累計８９６５年分の財務データを用いて、コーポレート・ガバナンスと業績の関係性を明らかにしようとした。

その結果、ゴンパースらの結果とは異なり、１年後のＲＯＡや投資リターンとコーポレート・ガバナンスとの間には因果関係がないことが明らかとなった。具体的には、ゴンパースらの指標およびベブチェックらの指標はＲＯＡおよび投資リターンには影響しないか弱い非相関があり、一方でトービンのｑには相関がある。

このことは前の２つの論文とあわせてどのように理解すれば良いだろうか。

まず、ゴンパースらの投資リターンは短期的な投資パフォーマンスを見ていたのに対し、バガットらは中長期の投資パフォーマンスを見ている、という期間の違いが存在する。またブラウンらは株価ではなく、配当利回りを見ている。投資のパフォーマンスを考える上では株価以外にも配当利回りを含めて総合的なリターンを考える必要があり、総合的なリターンではコーポレート・ガバナンスは少なからずプラスの影響があったと考えて良いだろう。

次に、ブラウンらの研究はＲＯＥを調査しているのに対し、バガットらはＲＯＡを見ているという違いがある。ＲＯＥは株主資本を純利益で割ったもの、ＲＯＡは総資産を純利益で割ったものである。そして、ＲＯＥが主に株主の投資に対してどの程度のリターンを生み出すかを示す指標であるのに対して、ＲＯＡは会社全体で資産をどの程度効率的に運用し、収益を生み出すのかを示す指標である。

ＲＯＡは主に経営者が、ＲＯＥは主に投資家が利用する数値であることから、ブラウンらの調査とバガットの調査のどちらも一定の正しさを持っているといえる。すなわち、**コーポレート・ガバナンスは企業の売上の成長率を高め、利益率を少し高めるとともに、配当還元や企業価値の向上によって、株主に還元すること**が明らかになる。

ニューノーマル時代において、海外投資家も増加し、コーポレート・ガバナンスの重要性はますます高まっていくばかりであるが、コーポレート・ガバナンスがどのように業績および株主価値につながるかについては日本国内ではほとんど議論されていない。日本企業は、今後外部の取締役や経営陣の人数を最適化し、前ＣＥＯなどが取締役や顧問でい続けないようにし、報酬を中長期的な目標と連動させていく。そうすることで、企業の収益性も上がり、企業価値も上がるという正のスパイラルを描いていけるようにするのが最先端の経営学の教えであろう。

POINT

最先端の経営理論による示唆

- コーポレート・ガバナンスによって、企業の収益性や成長率、投資パフォーマンスが改善する
- 取締役の報酬体系や人数、社外取締役の程度などがＲＯＥや純利益率、成長率、配当利回りに影響する
- 一方でコーポレート・ガバナンスとＲＯＡとの因果関係は弱く、中長期的な株式パフォーマンスについては未解明である

Part 2

世界最先端の経営組織論

Chapter 6

組織のあり方と生産性

1 フラット化組織とパフォーマンス

フラット化組織は実は不利？

ここまで、第1部ではニューノーマル時代に向けた世界最先端の経営戦略について、幅広い視点から解説を行ってきた。続く第2部では、経営戦略と対をなす**組織論**について、特にニューノーマル時代に重要となるようなテーマで、解説を行っていく。

まず本節では、近年ニューノーマル時代に向けて注目を集めている**組織の柔軟性の向上**に関する論文を取り上げていく。

近年、多くの書籍で組織のフラット化やティール組織がキーワードとして取り上げられているが、それが経営学の統計的な研究として、企業業績にどのように影響しているのか、この謎を最先端の経営学の理論から解き明かしていこう。

まず、フラット化組織のパフォーマンスについて調査した嚆矢的な論文として、1969年にロッコ・カーゾ[1]とジョン・ヤノウザ[2]が『Administrative Science Quarterly（14（2）：178-191）』で発表した“Effects of Flat and Tall Organization Structure（フラットと階層組織の構造）”という論文がある。

彼らは、15人で構成される2つのフラットな組織と2つの高階層組織の利益額および売上高利益率について調査を行ったところ、高階層組織のほうが高い利益額／売上高利益率だったと結論づけた。

その理由は、フラットな組織はスパン・オブ・コントロール（1名の上司がマネジメントしなければならない部下の数）が大きくなり、社内の調整が煩雑になるため意思決定に時間がかかる一方、高階層組織は組織の分化が進み、1名の上司が見る部下の数が限られるため、スピーディな調整と意思決定が可能になった結果、環境変化に対応する能力が向上し、利益が上がりやすくなるからである。

この論文に対して異議を唱えたのが、ノーマン・ハモン[3]が1970年に『Administrative Science Quarterly（15（2）：230-234）』で発表した“Criticism of Effects of Flat and Tall Organi-

1 **ロッコ・カーゾ**　元ペンシルベニア州立大学教授。組織をシステム論とコミュニケーションルートの視点から捉えた研究で著名。1993年に死去。

2 **ジョン・ヤノウザ**　コネチカット大学教授。当初は組織のハード面である、組織構造などを研究していたが、1990年以降は組織のソフト面であるカルチャーや協働組織についての研究を行っている。

3 **ノーマン・ハモン**　ピッツバーグ大学社会学部教授。組織におけるネットワークやコミュニケーションと生産性を研究しており、現在は社会ネットワークなどを中心に研究している。

zation Structure（フラットおよび高階層組織構造への批判）”である。

ハモンはカーゾとヤノウザの行った統計解析が独立変数を誤っており、正しく統計解析を行うと、フラット組織のほうが高階層組織よりも社内調整に時間がかかるため、パフォーマンスが悪いという結果はなかったとしている。

会社全体の業績から組織の生産性へ

ハモンの批判はあったものの、カーゾとヤノウザの論文は多く引用されており、１９７０年代に組織構造を階層化したほうが良いのか、フラットにしたほうが良いのかを問う多くの論文が登場する。

しかしながら、これらの論文は、組織の効率性を中心に研究されており、主に製造工程でのアウトプット量や意思決定の効率性、組織モラルなどがパフォーマンス指標となっており、業績という意味でのパフォーマンスが検討されることは少なかった。

組織の効率性を中心に組織のパフォーマンスについて議論した論文として、たとえば１９７６年にアンドリュー・ヴァン・デ・ヴァン[4]が『Academy of Management Review（１（１）：64-78）』で発表した“A framework for organization assessment（組織評価のフレームワーク）”がある。

4 **アンドリュー・ヴァン・デ・ヴァン**　ミネソタ大学カールソン・ビジネス・スクール名誉教授。ウィスコンシン大学マディソン校にて修士号および博士号を取得。組織構造や組織変革に関する世界的な研究者。

図28　組織のアウトプットを評価するための評価フレームワーク

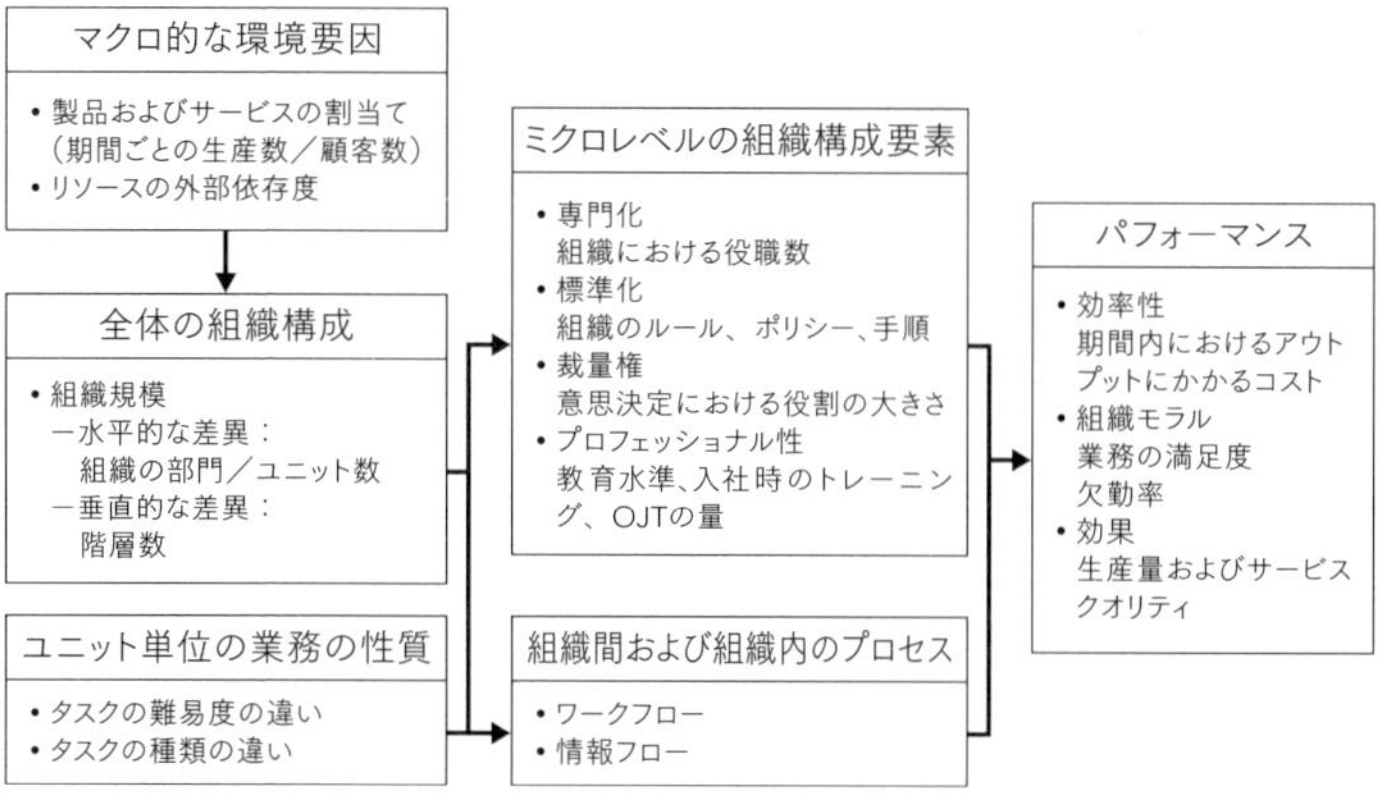

出典：アンドリュー・ヴァン・デ・ヴァン “A framework for organization assessment（組織評価のフレームワーク）” 図1を筆者翻訳

図28を見ていただきたい。ヴァン・デ・ヴァンは組織アウトプット、すなわちある期間内におけるアウトプットの効率性(コスト÷生産量)、従業員の業務の満足度や欠勤率で測られるモラル、生産量およびサービスクオリティで測られる効果を評価するために必要な要素を体系的に整理した。

まずマクロ的な環境要因として、製品およびサービスの割当てとリソースの外部依存度という点が挙げられる。製品およびサービスの割当てとは、期間内の顧客数と生産数によって割当てが必要な資源の量が決定されることである。リソースの外部依存度とは期間内の製品・サービス提供を行うために、どの程度外部からリソースを確保する必要がある製品・

サービスかという点である。

このマクロ的な環境要因から、全体の組織構成が決まる。具体的には組織規模、すなわちどれだけの組織の部門数・ユニット数が必要なのかと組織に何階層必要なのかの2つである。外部から多様なリソースを確保する必要があれば、購買部や入出荷部などが必要となるが、社内でリソースを確保することができれば、製造部など1つの部署で済む。

これと同様に、組織が行わなければならないタスク（業務）の難易度、タスク（業務）の種類が業界、企業ごとに異なり、これらもどのような部門やユニットをどの規模で持つかなどを決定する。

これらの要素が決定されると、ミクロレベルの組織構成として、どの程度専門特化した組織が必要か（専門化）、どの程度組織のルールやポリシー、業務手順を標準化できるか（標準化）、裁量権を1名の上司がどこまで持てるか（裁量権）、入社時およびOJTでどの程度業務を教えられるか（プロフェッショナル性）が自動的に決定される。

同様に組織間・組織内でどのように業務が流れるのかというワークフロー、およびどのように情報が共有されていくのかという情報フローがどの程度複雑なのかもアウトプットに影響する。

そして、ミクロレベルの組織構成要素とワークフローおよび情報フローが最終的なパフォーマンスである効率性、組織モラル、組織の生産量やサービスクオリティに影響するのが、組織のアウトプットを評価するためのフレームワークである。

ヴァン・デ・ヴァンの組織評価フレームワークは、主に粗利益に関するアウトプットを左右するものではあるが、一般的な会社の業績評価で使えるかどうかはやや疑問が残る。

IT化とともに2000年代から再度組織のフラット化が注目へ

ヴァン・デ・ヴァンやその他の1970年代の研究以降、イタリアのベルガモ大学の経済学者アナリサ・ディ・クリスティーニ[5]が言うには、その後は組織構造に関する研究者はリーダーシップやモチベーションのような人的資源管理（Human Resource Management：HRM）分野との融合分野でフラット化に関する重要性を説明してきたが、フラット化組織が本当に業績につながるのか、という根本的な問いを立てる論文分野は下火になっていった。

その後、2000年代に入って、03年にサンドラ・ブラック[6]とリサ・リンチ[7]が全米経済研究所のワーキングペーパーに"What's driving new economy：The benefits of workplace innovation（新しい経済をもたらすのは何か：職場におけるイノベーションの効果）"を発表した。このワーキングペーパーは組織のフラット化と業績について調査した研究の中でも高い引用数を誇る。

彼らがこのような論文を書くきっかけになったのが、1990年代後半から急速に普及

5 **アナリサ・ディ・クリスティーニ**　ベルガモ大学経済学部教授。オックスフォード大学にて経済学の修士号、博士号を取得。

6 **サンドラ・ブラック**　コロンビア大学経済学部教授。カリフォルニア大学バークレー校にて経済学修士号、ハーバード大学にて経済学博士号を取得。FRB、UCLA、テキサス大学オースティン校を経て現職。

7 **リサ・リンチ**　ブランダイス大学モーリス・ヘクスター記念講座教授。ロンドン・スクール・オブ・エコノミクスにて経済学修士、経済学博士号を取得。雇用に関する経済政策および組織イノベーション論を研究。

したＩＴと**ビジネスプロセス・リエンジニアリング**である。

ビジネスプロセス・リエンジニアリングとは、高度に専門化されプロセスが分断された組織を、ビジネスプロセスの視点で再設計する考え方である。

彼らはＩＴとビジネスプロセス・リエンジニアリングの影響で、組織がよりフラット化されるとともに、ムダな作業が減り、新しい報酬体系やコミュニケーションが必要になっていくと考えた。

そのことを裏付けるために、１９９３年から96年までの期間に従業員数20名以上のアメリカの製造業７６６社について、報酬体系や組織構造、組織内のコミュニケーション、業務のＩＴ化について、何がどの程度組織の生産性に影響するかについて、国の統計をもとにするとともに、直接電話によるヒアリングを行った。その結果、年間の生産性向上率４・7％のうち、１・６％、すなわち約30％は組織がフラット化されることでもたらされるものと結論づけた。

企業は収益の改善につながる生産性の向上をＩＴ投資や賃金アップによる社員のモチベーションアップ、コミュニケーションなどさまざまな分野に投資しているが、組織のフラット化が30％も生産性に影響するのであれば、多くの企業は組織のフラット化にもっと力を入れるべきことになろう。

組織のフラット化は競争が激しい産業でより重要に

より最近の有力な組織のフラット化と業績に関する研究として、2012年にマッシモ・コロンボ[8]とマルコ・デルマストロ[9]、ラリッサ・ラビッソーニ[10]がオックスフォード大学の経営経済学の教科書において発表した論文である、〝Organizational design and firm performance（組織デザインと企業業績）〟がある。

本論文は教科書に掲載されているものであり、過去の論文をさまざまな角度から分析している。論文では、アメリカやカナダの製造業、イタリアのハイテク企業などを例に、**競争の程度が激しくなり、競合が手ごわければ手ごわいほど、組織の意思決定のスピードを上げるために、権限委譲と組織のフラット化が推進される傾向がある**と述べている。その結果、社員の知識レベルが向上するとともに、現場で得た情報がスムーズに戦略に反映されるため、高い報酬体系になっても、企業の業績（高い売上と低いコスト）に貢献する。

以上、組織のフラット化が進むことで組織の生産性が向上し、それによって高い企業業績（収益性）が導かれることが、多様な業界の統計をもとに、確立されてきたといえる。

特にコロンボらの論文が示すように、**競争が激しい産業であればあるほど、現場での対応力が必要となり、権限委譲と組織のフラット化が必要になる**点は、競争が激化すること

8 **マッシモ・コロンボ** ミラノ工科大学教授。ミラノ工科大学にて電子機械の博士号を取得。イノベーション、起業論の専門家。

9 **マルコ・デルマストロ** イタリアの通信・メディア規制当局であるAgcomの経済／統計部門ディレクター。カルロ・アルバート大学にて経済学修士号、ワーウィック大学にて経済学の博士号を取得。

10 **ラリッサ・ラビッソーニ** コペンハーゲン・ビジネス・スクール教授。ミラノ工科大学にて博士号を取得。多国籍企業の戦略や買収後統合（PMI）などを研究。

が予測される多くの産業で、ニューノーマル時代の指針となるであろう。
日本企業の多くがまだ多階層組織となっているが、この状態を解消することが、業績、ひいては組織の生存率向上に影響するといえよう。

POINT

最先端の経営理論による示唆

- フラット化組織は社内調整に時間がかかり、意思決定のスピードが落ちる可能性があり、業績にマイナスという論文もあるが、それは比較的競争が緩やかな業界の場合に該当する
- 年間の生産性の向上のうち、フラット化組織が30％寄与する
- 競争の激しい業界のほうが、よりフラット化組織が有効となる

2 「働き方改革」とパフォーマンス

ワーク・ライフ・バランスは企業業績の上昇につながるか？

前節では、ニューノーマル時代に重要となる、フラット化組織と生産性について解説を行った。

本節と次節ではフラット化組織と同様に重要な経営課題となっている、**「働き方改革」と組織の生産性および企業業績**について解説を行うことにしよう。

ただし、「働き方改革」というキーワードには幅広い概念が含まれているため、本節では主にワーク・ライフ・バランスや柔軟性のある働き方（flexible work）に関する論文を取り上げ、次節でテレワークに関する論文を取り上げることにする。

まず「働き方改革」の一丁目一番地であるワーク・ライフ・バランスについて見ていこう。

統計的にワーク・ライフ・バランスと企業におけるパフォーマンスに関して示したものとして、まず、1998年にエレン・ガリンスキー[11]とジェームズ・ボンド[12]による"The 1998

11 **エレン・ガリンスキー**　ファミリー・ワーク・インスティチュート共同創業者。バンクストリートカレッジにて教育学修士号を取得。ワーク・ライフ・バランスの専門家である。

12 **ジェームズ・ボンド**　ファミリー・ワーク・インスティチュート副社長。ノースカロライナ大学チャペルヒル校にて博士号を取得。HRMや柔軟な働き方に関する論文を多数執筆。

Business work-life study : A sourcebook（１９９８年の事業におけるワーク・ライフに関する研究：資料集）”という調査研究が有名である。

彼らは従業員数１００名以上のアメリカの企業１０５７社をサンプルとして経営者に柔軟な勤務形態や介護休暇を促進する施策が企業業績に効果があったかをアンケート調査した。その結果、柔軟な勤務形態によってコストは上がったと答えた企業は18％にとどまり、コストが増加しなかったと答えた企業は36％、業績が向上したと回答した企業は46％にものぼった。同様に、社員の介護休暇を促進することも42％の企業がコスト中立、42％の企業が業績が向上したと回答しており、ワーク・ライフ・バランスによってコストは上がる可能性は低いどころか、業績にプラスの効果をもたらすことが大規模サンプルで明らかとなった。

ワーク・ライフ・バランス施策は株価にも影響

このことをよりデータで示した論文として、ミシェル・アーサー[13]が２００３年に『Academy of Management Journal（46（４）：497-505）』で発表した“Share Price Reactions to Work-Family Initiatives : An Institutional Perspective（ワーク・ファミリー施策と株価の反応：制度論の視点）”がある。

13 **ミシェル・アーサー**　ニュー・メキシコ大学アンダーソン・ビジネス・スクール教授。コロラド大学ボールダー校にて経済学修士号、イリノイ大学アラバマ・シャンペーン校にて博士号を取得。ＭＢＡにて人的資源管理や労使交渉、交渉理論を教授する。

アーサーは、「フォーチュン500」にランキングされている大企業のうち、『ウォール・ストリート・ジャーナル』に掲載された130のワーク・ライフ・バランスに関する制度の発表前後の株価を分析した。

ここでいうワーク・ライフ・バランスに関する福利厚生制度とは、仕事と家庭の両立（work-family initiatives）に関する制度であり、扶養家族を支援する制度、家族のストレス改善に関する制度、柔軟な働き方に関する制度が該当する。

彼女は制度論の視点から、一度制度として「正当化」されることで、企業は制度を維持しようとする意思が働くと仮定した。そしてワーク・ライフ・バランスのような社会的に意義のある制度が導入され、維持されることで、優秀な人材が入社しやすくなったり、助成金、融資、投資を引き出しやすくなったりすると考えた。すると、企業の業績が上がりやすくなると投資家が考えるようになり、結果的に発表後早期に株価が向上するのではないか、という仮説を提示した。

その結果を見ると、『ウォール・ストリート・ジャーナル』に掲載された130の企業のワーク・ライフ・バランスに関する制度の公表が実際に株価に影響したことが明らかとなった。130の企業にはコカ・コーラなどの大企業が多いこともあり、発表によって投資家の価値が平均して60億円向上することが判明した。

このようなワーク・ライフ・バランスと株価の関係は、ハイテク産業や女性の雇用率が高い業界ではより顕著であることも示された。

以上のように、ワーク・ライフ・バランスはただの福利厚生制度ではなく、**株価にも影響する重要な施策でもあること**が明らかになった。

一方で、アーサーとは異なる結論を導いた論文として、ニコラス・ブルーム[14]とジョン・ヴァンリーネン[15]が『Oxford Review of Economic Policy（22（4）：457-482）』に2006年に発表した"Management Practices Work-Life balance, and productivity：A review of some recent evidence（経営慣行とワーク・ライフ・バランスと生産性：いくつかの証拠）"がある。

彼らは、アメリカおよびドイツ、フランス、イギリスの732の中堅メーカーを調査し、経営慣行とワーク・ライフ・バランス、企業のパフォーマンスについて調査を行った。

その結果、ワーク・ライフ・バランスが直接企業の生産性、パフォーマンスに影響するのではなく、ワーク・ライフ・バランスを率先的に行うような経営慣行を持つ企業、すなわち質の高い経営を行う企業は生産性が高く、結果的にパフォーマンスが高いのが事実であり、ワーク・ライフ・バランスが直接的にパフォーマンスに影響を及ぼすことはないのではないかと結論づけた。

彼らは同様に、従来定説のように考えられていた、競争が激しくコストに厳しい業界ではワーク・ライフ・バランスが推進されにくいという考えは誤りであることも示した。競争は経営の質に影響することはあっても、従業員の労働環境には影響しないのである。

14 **ニコラス・ブルーム**　スタンフォード大学ウィリアム・エバール記念講座教授。ロンドン大学にて経済学の博士号を取得。公的機関、マッキンゼーでの勤務経験を持つ。スタンフォード大学ビジネス・スクールでも教壇に立つ。

15 **ジョン・ヴァンリーネン**　ロンドン・スクール・オブ・エコノミクスロナルド・コース記念講座教授兼MITゴードン・ビラード記念講座教授。ロンドン・スクール・オブ・エコノミクスにて経済学の修士号、ロンドン大学にて博士号を取得。

ワーク・ライフ・バランスは複雑に企業業績に影響する

その後、ワーク・ライフ・バランスと組織の業績・パフォーマンスについて発表された論文を体系的に整理し直した論文として、アレクサンドラ・ボーレガート[16]とヘンリー・レスリー[17]が2009年に『Human Resource Management Review（19：9-22）』に発表した“Making the link between work-life balance and organizational performance（ワーク・ライフ・バランスと組織のパフォーマンスに関する架け橋）”がある。

ボーレガートとレスリーは個人レベルのワーク・ライフ・バランスと組織パフォーマンスという段階と、組織レベルでのワーク・ライフ・バランスと組織パフォーマンスという2つの段階に分けて整理を行っている。

彼らは2009年までに発表されたワーク・ライフ・バランスと組織パフォーマンスについての論文を整理し、何が要因となるかを体系化した（図29参照）。

まず一番左にワーク・ライフ・バランスの実施があるが、これが直接組織の業績・パフォーマンスにつながっているわけではないことは、ここまでに紹介した論文を含め、理解できるであろう。

企業としてワーク・ライフ・バランス施策を計画したら、それを実行しなければならな

16 **アレクサンドラ・ボーレガート**　ロンドン大学バークベック校教授。ロンドン・スクール・オブ・エコノミクス（LSE）にて政治経済学の修士号、博士号を取得。ワーク・ライフ・バランスやフレキシブルワークの専門家。

17 **ヘンリー・レスリー**　法律家のマッチングサービス会社Axiomの副社長。ロンドン・スクール・オブ・エコノミクス（LSE）にて政治経済学の修士号、ウェスタンオンタリオ大学にて法学博士号を取得。

図29 ワーク・ライフ・バランスの組織パフォーマンス

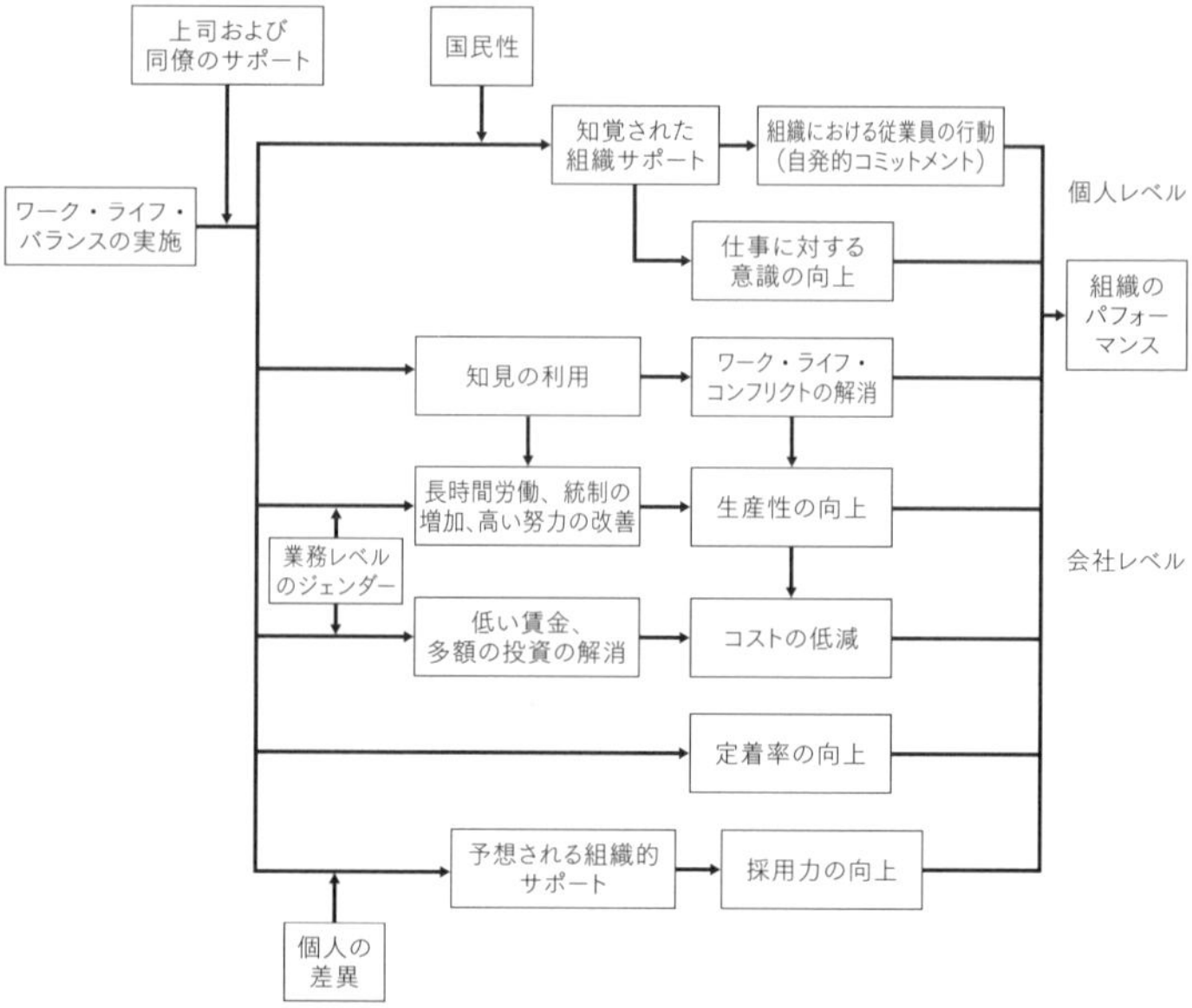

出典：アレクサンドラ・ボーレガート、ヘンリー・レスリー “Making the link between work-life balance and organizational performance（ワーク・ライフ・バランスと組織のパフォーマンスに関する架け橋）” 図1を筆者翻訳

い。しかしながら、実行して、組織に施策を根付かせるためには社長や人事が頑張るだけでは不十分であり、現場で上司や同僚のサポートが必要になると彼らは考えた。これが、左上の図である。

この現場におけるサポートに加えて、国民性にもよるが、知覚された(明確な)組織からのサポートがあると、ワーク・ライフ・バランスはより実現しやすくなり、結果的に従業員が自発的に優れた行動をしようとコミットメントを持つようになったり、もしくは仕事に対する意識が向上することで、個人レベルの生産性が向上し、組織のパフォーマンスが改善したりする一連の流れがある。

次にワーク・ライフ・バランスの施策に関する知見を利用することで、ワーク・ライフ・コンフリクト、つまり仕事と家庭の間の衝突が改善する結果、生産性の向上やコスト低減が起き、組織のパフォーマンスが改善するという、会社レベルでのパフォーマンス改善の流れがある。

次に、ワーク・ライフ・バランスの知見を活用することで、長時間労働や厳しい統制・管理が改善され、気合と根性でタスクをこなすような「高い努力」、つまりムダな努力が減っていくように考えられるようになる。

それに伴って生産性が向上したり、低いスキルで低賃金の人材と多額の採用投資が必要だったところが解消され、コストの低減が進んだりすることで、全社的な業績が向上する。

ただし、この生産性の向上やコスト削減の程度は、女性職場参画率の大小によって異なる。つまり、女性が多い職場のほうが、ワーク・ライフ・バランスの推進により、退職率が減ることにつながりやすくなる。

他にも、ワーク・ライフ・バランス施策により、社員の定着率が向上することで、スキルアップが見込まれるため、業績・パフォーマンスが向上することや、組織的なサポート体制が確立することで採用力が高まり、優秀な人材が入社することでも業績・パフォーマンスが向上する流れも、ワーク・ライフ・バランス施策によって実現される。

ワーク・ライフ・バランスは社員を惹きつけ、社員の生産性や定着率を向上させる

これまで、ニューノーマル時代の「働き方改革」の流れの中で、ワーク・ライフ・バランスや柔軟な働き方が重要であることがさまざまな書籍などで説かれてきたが、実際にどのような理由で、どのような効果があるかについては語られてこなかった。

本節で紹介した論文によれば、**ワーク・ライフ・バランスや柔軟な働き方が直接的に成果につながるのではなく、ワーク・ライフ・バランス施策などが推進されることで投融資を引き出したり、助成金を得やすくなることで、業績が拡大したり、優秀な人材を採用することができたり、社員の生産性が向上したり、定着率が上がることでスキル向上**

と採用コスト削減につながり、業績アップに至るのが、「働き方改革」の効果である。

経営者、経営陣の中には業務の調整や余分な人材の採用にコストがかかると聞くと、「働き方改革」に対して批判的な意見を持つ人がいるかもしれないが、実際には今から20年以上前ですら、半数近くの企業でワーク・ライフ・バランス施策の推進が業績アップにつながったと答えていることが明らかとなっていることから、現在ではより高い数字で業績効果があるであろう。ニューノーマル時代における「働き方改革」は離職防止などの守りの施策ではなく、業績拡大のための攻めの施策といえよう。

POINT

最先端の経営理論による示唆

- ワーク・ライフ・バランスによって投資や融資を引き出しやすくなったり、優秀な人材を採用しやすくなったりすることで、企業の業績が向上しやすくなる
- ワーク・ライフ・バランスを導入した企業の50％は業績につながったと20年以上前に回答していることから、ワーク・ライフ・バランスは攻めの施策としても有効である
- ワーク・ライフ・バランスの導入によって、社員の意欲向上や自発的な行動も促され、教育投資効果も期待できる

3 テレワークとパフォーマンス

テレワークによって目標達成率も向上する

ここまで、フラット化組織、「働き方改革」とニューノーマル時代の組織における重要な経営テーマを扱ってきた。本章の最後に、特に多くの経営者が悩みを持つ**テレワークと企業のパフォーマンス**について見ていくことにしよう。

まず、エンジェル・サンチェス[18]、マニュエラ・ペレス[19]、ピラール・カルニサー[20]、マリア・ヒメレス[21]が2007年に『Personnel Review（36（1）：42-64）』に発表した“Teleworking and workplace flexibility : A study of impact on firm performance（テレワークと職場の柔軟性：企業のパフォーマンスへの影響）”という論文がこの課題に的確な回答を示した。

彼らは、2003年にスペインの479社の中小企業の財務データとCEOへのアンケート結果をもとに、テレワークの導入と組織の柔軟性によって企業の業績が変化するかどうかを、テレワーク導入企業と非導入企業に分けて統計的に解析した。

その結果、テレワークを導入すると、フレックスタイムを導入する比率が20%増え、組

18 **エンジェル・サンチェス**　サラゴサ大学経済学部教授。組織の俊敏性の向上、イノベーション組織の構築法についての研究が多数ある。

19 **マニュエラ・ペレス**　サラゴサ大学経済学部教授。組織における技術論や協力体制、組織の俊敏性の研究を行う。サンチェスとの共同研究が多い。

20 **ピラール・カルニサー**　サラゴサ大学経済学部教授。業務における知識レベルとテレワーク、テレワークと新商品開発などテレワークに関する嚆矢的な研究を多数発表している。

21 **マリア・ヒメレス**　サラゴサ大学経済学部教授。組織の俊敏性の向上、イノベーション組織の構築法についての研究が多数ある。

織の柔軟性が向上するだけでなく、業務設計や業務計画を効率的に、かつ自発的に行おうとする従業員が増え、目標管理を徹底するようになることがわかった。

皆さんにも経験があると思うが、自身で立てた目標と、人から与えられた目標とではどちらが達成する意欲が湧くかというと前者である人が多いだろう。社員は上から与えられた計画・目標より多くの成果を達成しようと考えるようになる。すると、企業は目標達成率が向上して売上が上がりやすくなる。これに加えて、効率的な業務が行われることで勤務時間が20%減少するため人件費が減少し、利益率が向上する。さらには、従業員は賞与を得やすくなるため、従業員満足度も向上するというのが、彼らの発見である。

また、特にテレワーク導入企業は非導入企業よりも専門分野の領域や管理部門で短時間勤務や業務委託社員を積極的に活用し、業務全体の効率性と組織の柔軟性を向上させていることも明らかとなっている。

ただし、テレワークの導入後すぐに成果が出るわけではなく、その適応のための学習コストが必要となるため、短期的には生産性が落ちコストが上昇するが、中長期的には先のような業績効果が期待できると彼らは指摘した。

続けて、彼らは２００８年に『Journal of Organizational Change Management（21（1）：7-31）』において、"Telework adoption, change management and firm performance（テレワークの導入による企業変革と業績）"という論文を発表した。

図30 テレワーク導入と企業業績の関連性

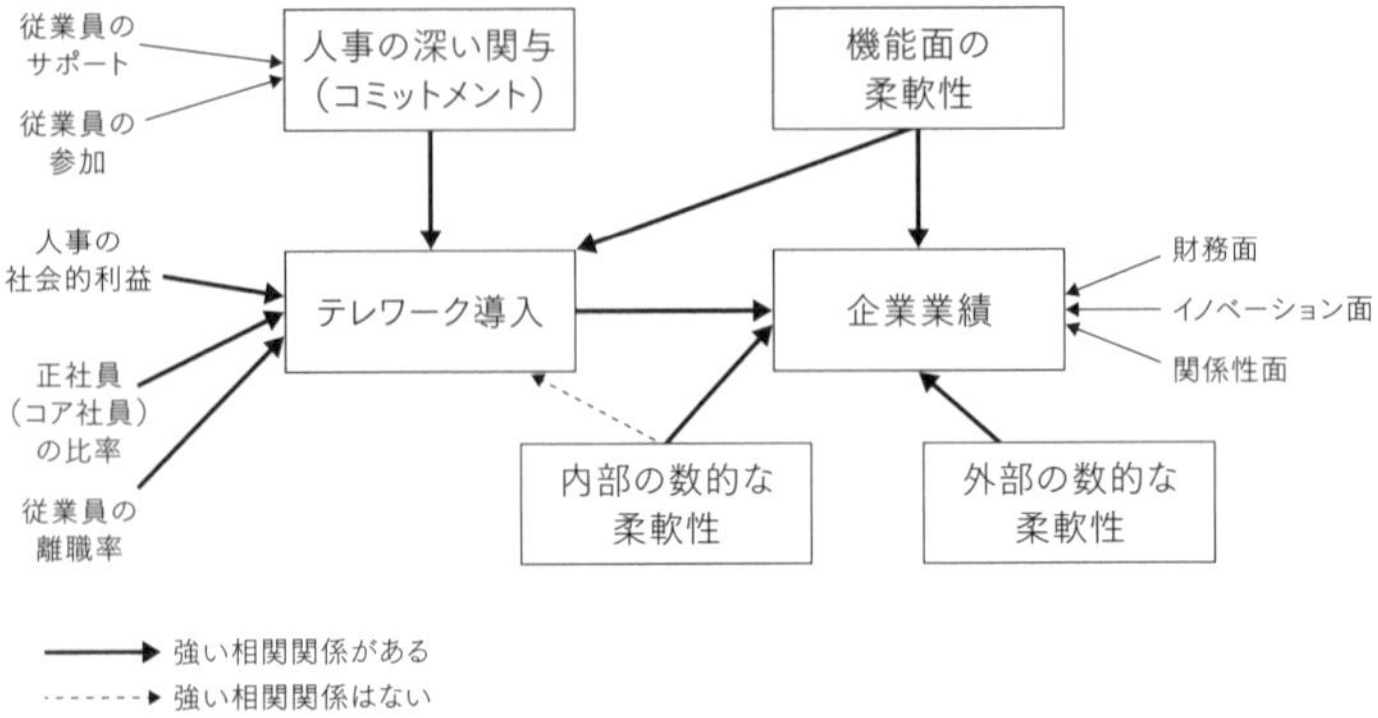

出典：エンジェル・サンチェス、マニュエラ・ペレス、ピラール・カルニサー、マリア・ヒメレス "Telework adoption, change management and firm performance（テレワークの導入による企業変革と業績）" 図2を筆者翻訳

彼らはまず、テレワークの導入によって企業変革が起き、企業のパフォーマンスが向上するのかについて体系的に調査を行い、テレワークの導入が企業パフォーマンスへとつながる流れを体系化した。

彼らは従業員が２００４年時点で２５０名以上いる１５６のスペインの企業について、財務データの分析とＣＥＯおよび人事マネージャーに対してアンケート調査を行った。その際、企業のパフォーマンスについては、ＲＯＡ、売上高利益率、利益額、製品イノベーションの度合い、プロセス・イノベーションの度合い、従業員・顧客・サプライヤーとの関係性という８つを設定した。

そしてそれぞれが、業界の中で高いか低いかを１点から７点までの７段階のスコアで評価した。その結果が図30である。

テレワーク導入のためには社員構成だけでなく社員の意識と参画が必要

まずテレワークの導入を成功させるためには、経営者の関与だけでなく、制度や設備を整えたりするために人事の深い関与（コミットメント）が必要となる。では、人事がコミットメントをして旗振りをすればそれで済むかというとそうではない。人事が深いコミットメントをするためには、従業員が導入のサポートを行うことと、積極的に参加することが必要である。

制度として何かを導入するといっても、より良くしていこうとする従業員のサポート・参加がなく人事に丸投げでは形骸化してしまう。だから、テレワークを導入しようと考え、それを良くしていこうとする従業員がいることが必要である。

さらにテレワークの導入を成功させるためには、人事の社会的利益、正社員の比率、従業員の離職率が強く影響する。人事の社会的利益とは、従業員が企業に帰属したくなるように、福利厚生制度やワーク・ライフ・バランスを充実させることである。他にも職場での上司や同僚、部下との人間的な関係性や働き方も影響する。

次に正社員比率（コア社員比率）である。サンチェスらは正社員比率が高い企業は、低い企業に比べてテレワークを導入する意義があるという。なぜなら正社員比率が高い企業は、フルタイムで働く必要がある社員が多いことを意味するため、家族と一緒の時間を過ごしたい社員にとって、自宅で仕事ができることは望ましいからである（当時は当然コロナ禍ではない）。最後に離職率である。離職率が高い企業は、採用・教育コストが多額にかかっているケースが多い。そのため、テレワークを導入することで、離職率を下げることができれば、間接費のコスト削減にもつながることになる。だから、テレワークを導入する可能性が高い。

テレワークの成功には他領域への投資が不可欠

次に、機能面の柔軟性とは、従業員の業務の設計・計画である。具体的には、教育投資や業務の明確化、ＩＴインフラ投資、職場環境作りが該当する。テレワークを行うためには、柔軟な働き方を導入する必要があるが、従業員が業務を遠隔地で、かつ、好きな時間に働くためには、そのための業務の明確化、教育、ＩＴインフラ整備、そしてリモートワークではなく社内で業務を行う人の職場環境作りが必須となる。社内でもテレワークでも同様に働ける職場環境作りができれば、すべての社員がハイブリッドな働き方ができる。この機能面の柔軟性はテレワークの導入だけでなく、従業員の生産性を向上させ、企業の業績に貢献する。

次に内部の数的な柔軟性とは、業務時間のことを指す。業務時間を減らすには、ワーク・シェアリングやフレックスタイムの採用、営業企画や事務社員の導入や残業を削減することで達成可能である。しかしながら、業務時間を削減したいという理由でテレワークを導入する可能性は低いと考えられる。テレワークを導入することで直接的に業務時間が減ることはないためである。したがって、内部の数的な柔軟性は、コスト削減を通じて、直接企業の業績には貢献するが、テレワーク導入と導入による業績貢献にはつながらないことになる。

最後に、外部の数的な柔軟性とは、パート・アルバイト・業務委託・派遣社員など正社員以外で働く従業員の数である。この外部の数的な柔軟性を上げるためには、正社員以外の社員でもジョブ・ローテーションやスキルの多様化、品質や問題解決力の向上が必要となる。一方で、正社員以外の社員が多いことがテレワーク導入にはつながらないため、直接企業の業績にコスト削減で貢献するにすぎない。

以上のように、ニューノーマル時代に企業が重視すると考えるテレワークについて、何が、どのように企業の業績に貢献するのか、およびその際の注意点が最先端の経営学から明らかになったといえよう。

ニューノーマル時代において、テレワーク比率を高めるか、従来のようにオフィス出社を前提とするかは議論が分かれるところである。しかしながら、**テレワークを成功させる**

ための前提である社員の業務を明確化したり、教育、スキル投資を行ったりすることはどの企業においても重要である。

これらがこれまで進んでいなかった企業においては、テレワークをきっかけに業務の明確化や社員教育へ投資することに舵を切ることを検討されるべきである。

従業員を巻き込んでプロジェクトを推進し、社員の帰属意識を高め、離職率を下げるというテレワークの効果は、中長期的に労働人口が減っていき、グローバル化が求められる日本企業において、ますます重要になるであろう。

POINT

最先端の経営理論による示唆

- テレワークを導入するためには、フレックスタイムなどを導入する企業が20％程度増加するだけでなく、業務の明確化や業務の計画性を高める効果がある
- テレワークを成功させるためには、経営者および人事だけでなく、一人一人の従業員が主体的に参加し、課題意識を持ち、改善を行うことが必要
- テレワークは財務的な効果およびイノベーションの推進にプラスの影響があり、また、従業員・顧客・取引先との関係性も改善する

Chapter 7

ダイバーシティと企業業績の関連性

1 経営陣のダイバーシティと業績

ダイバーシティに関する賞は株価に影響するか？

前章ではニューノーマル時代にキーワードとなるような組織論のテーマであるフラット組織やテレワークなどを取り上げて解説を行ってきた。

本章ではニューノーマル時代にとりわけ多くの企業が行わなければならないと考えられ

る、ダイバーシティについて、**ダイバーシティがどのように企業の業績・株価に影響するか**を見ていくことにする。

本節では経営陣のダイバーシティが企業の業績・株価にどのような影響を与えるのかにフォーカスを当てて、解説を行っていく。

まず、アファーマティブ・アクション[1]などのダイバーシティプログラムと企業価値について研究した論文として、ピーター・ライト[2]、ステファン・フェリス[3]、ジャニン・ヒラー[4]、マーク・クロール[5]らが1995年に『Academy of Management Journal（38（1）：272-287）』で発表した"Competitiveness through management of diversity : Effects on stock price valuation（ダイバーシティの管理を通じた競争力：株価バリュエーションへの影響）"がある。

ライトらは、まず1986年から93年までに行われたアメリカ労働省が毎年発表する「模範的・自発的な活動賞」にてアファーマティブ・アクションの活動を評価された34の企業について、そのような賞をとることで、株価が上がり企業価値が高くなるのかどうかを調査した。

加えて、『ウォール・ストリート・ジャーナル』および『ダウ・ジョーンズ・ニュース』に掲載された差別的な活動を行った企業が大規模な和解案を締結したニュースについて、和解案の公表によって株価が下がり、企業価値にマイナスになったかどうかについても調査を行った。

1 **アファーマティブ・アクション** 積極的格差是正措置を指す。アメリカでは性別、人種などで優遇措置を行うケースがあり、大学入試において人種などを考慮したアファーマティブ・アクションは2003年に合憲であるとされている。一方で現在では逆差別を助長するのではないかとの憲法上の議論が行われている。

2 **ピーター・ライト** メンフィス大学経営学部教授。戦略経営の専門家であり、リーダーシップの研究の中から、経営者のダイバーシティの研究に着目。大学の授業も評判。

3 **ステファン・フェリス** ボール州立大学ミラー・ビジネス・スクール教授。ピッツバーグ大学

表14 ダイバーシティの成否と株価

発表	模範的・自発的活動賞		差別的活動の和解発表	
	日時株主超過利益率	累積株主超過利益率	日時株主超過利益率	累積株主超過利益率
10日前	0.012%	0.012%	0.024%	0.024%
9日前	0.025%	0.037%	0.008%	0.032%
8日前	0.033%	0.07%	−0.012%	0.02%
7日前	−0.012%	0.058%	−0.017%	0.003%
6日前	0.016%	0.074%	0.037%	0.040%
5日前	0.003%	0.077%	0.019%	0.059%
4日前	0.010%	0.087%	0.038%	0.097%
3日前	0.025%	0.112%	0.053%	0.15%
2日前	0.073%	0.185%	−0.002%	0.148%
1日前	0.014%	0.199%	0.001%	0.149%
発表当日	0.467%	0.666%	−0.372%	−0.223%
1日後	0.502%	1.168%	−0.098%	−0.321%
2日後	0.022%	1.19%	0.010%	−0.311%
3日後	−0.054%	1.136%	0.024%	−0.287%
4日後	0.013%	1.149%	−0.017%	−0.304%
5日後	−0.020%	1.129%	0.063%	−0.241%
6日後	0.031%	1.16%	0.047%	−0.194%
7日後	−0.012%	1.148%	0.033%	−0.161%
8日後	0.045%	1.193%	0.029%	−0.132%
9日後	−0.024%	1.169%	−0.076%	−0.208%
10日後	0.013%	1.182%	0.034%	−0.174%

出典：ピーター・ライト、ステファン・フェリス、ジャニン・ヒラー、マーク・クロール "Competitiveness through management of diversity：Effects on stock price valuation（ダイバーシティの管理を通じた競争力：株価バリュエーションへの影響）"表4を筆者翻訳

にてMBAおよび博士号を取得。以前はミズーリ大学にて勤務。

4 **ジャニン・ヒラー**　ヴァージニア州立工科大学パンプリン・ビジネス・スクール教授。リッチモンド大学にて法学博士号を取得。近年では医療データの保存とプライバシーの研究を行う。

5 **マーク・クロール**　テキサス大学ブラウンズビル校教授。サム・ヒューストン州立大学にてMBA、ミシシッピ州立大学にて博士号を取得。

その結論としては、両者とも前後10日間の株価を見てみると、その当日におよび翌日に統計的に強い有意があり、さらに発表後10日間経ってもその影響は継続していた。

表14を見てほしい。まず、「模範的・自発的活動賞」の発表前日までの累積株主超過利益率は0・199％であったのに対して、それが発表10日後は1・182％になっており1％程度向上している。つまり、発表10日間経っても、株価がプラスに推移していた。特に、発表当日と翌日については大きく株価が上昇しており、統計的に強く有意であった。

一方で、和解発表については、和解案の発表前日の累積株主超過利益率は0・149％だったのに対して、発表10日後の累積株主超過利益率はマイナス0・174％となっている。こちらも差異は小さく統計的に有意な差ではなかった。ただし、発表当日および翌日については、統計的に有意であった。

女性経営陣が増えると業績が拡大する

次に、取締役会における女性の割合と企業の業績について調査したものとして、チャールズ・シュレイダー[6]、ヴァージニア・ブラックバーン[7]、ポール・アイレス[8]が『Journal of managerial issues（9（3）：355-372）』に発表した“Woman in management and firm performance：An exploratory study（女性経営陣と企業パフォーマンス：探索的研究）”がある。

6 **チャールズ・シュレイダー**　アイオワ州立大学教授。インディアナ大学にてMBA、博士号を取得。経営戦略とCSR、企業業績との関連性についての専門家。

7 **ヴァージニア・ブラックバーン**　元アイオワ州立大学教授。20年以上も勤めたビジネス・スクールでの授業については学生からの評価が高い。

8 **ポール・アイレス**　グラスゴー・カレドニアン大学ビジネス・スクール教授。リーダーシップとHRMの専門家。組織変革や海外の人材マネジメントに関する書籍も執筆。

彼らはアメリカの売上上位500社をランキングした「フォーチュン500」の企業のうち男女雇用機会均等委員会（EEOC）に準拠する時価総額上位200社を抽出し、女性経営陣の比率とROS（売上高利益率）、ROA、ROE、ROI（投資利益率）との関係性について調査を行った。

ちなみに女性経営陣の比率については、1992年に『ウォール・ストリート・ジャーナル』が公表したデータを用いており、92年時点での平均は8・04%となっており、部長陣以上とすると23・68%であった。なお、最も低い企業は2・6%、最も高い企業で66・1%となっており、大きな開きがある中での平均値であることは留意してほしい。

その結果、ROS、ROA、ROI、ROEのすべてにおいて0・3〜0・5%、女性経営陣が多いほうが業績が良く、統計的に有意な差が生じた。これは企業規模が小さくなればなるほど、より顕著であったことも示された。

一方で彼らはマネージャー陣における女性比率のほうが経営陣の女性比率よりも業績に影響すると指摘する。

経営陣になれるかどうかは成果によるが、（当時は）女性のマネージャーすら少なかったため、成果を同じ程度とすると、どうしても割合として多い男性の中から経営陣を選ばざるを得ない。したがって、優秀な女性マネージャーを多数雇用し、彼女たちに成果に見合った報酬を払い、その中から優秀な経営陣を探し出すことのほうが、女性経営陣を今増やすことよりも重要である（今から20年前のデータであることは理解してほしいが、アメリカは日本よりも10年早いとすると、今より10年程度前の日本の感覚と思えば良いだろう）。

女性経営陣が増えると企業価値も増加する

次に同じく「フォーチュン」のデータを使って、ダイバーシティとコーポレート・ガバナンスを企業価値に結びつけて研究したものとしてデビット・カーター[9]、ベティ・シムキンス[10]、ゲイリー・シンプソン[11]が２００３年に『The Financial Review（38（1）：33-53）』において発表した"Corporate governance, board diversity, firm value（コーポレート・ガバナンス、経営陣の多様性、企業価値）"がある。この論文は３３００回以上引用される、非常に影響度の高い論文である。

カーターらは多様性について、取締役会における女性およびアフリカ系アメリカ人、アジア人、ヒスパニック系アメリカ人などのマイノリティがどの程度選出されているのかを調査するために、「フォーチュン１０００」の企業のうち７９７社（すべてのデータを入手できたのは６３８社）における取締役会の多様性と企業価値（トービンのq）に関連するかを実証的に調査した。

調査対象の企業は、平均１兆３千億円の資産を持ち、平均年７・４回の取締役会を開催

9 **デビット・カーター**　オクラホマ州立大学スピアーズ・ビジネス・スクール教授。ユタ州立大学にてMBA、ジョージア大学にて博士号を取得。ファイナンスと経営戦略の両面で多数の論文を執筆。

10 **ベティ・シムキンス**　オクラホマ州立大学スピアーズ・ビジネス・スクール教授。ファイナンス部門のトップ。オクラホマ州立大学にてMBA、ケース・ウェスタン・リザーブ大学にて博士号を取得。ファイナンス論の専門家。

11 **ゲイリー・シンプソン**　元オクラホマ州立大学スピアーズ・ビジネス・スクール教授。経営者のインセンティブや中小企業への貸し出しに関する論文も執筆。

表15 取締役の女性比率と企業価値

変数	業界非一致			業界一致		
	低い女性比率企業	高い女性比率企業	t検定	低い女性比率企業	高い女性比率企業	t検定
	n=178	n=207		n=65	n=65	
総資産（百万ドル）	5,002.1	26,523.0	1%有意	9382.0	9606.6	
経営陣の平均年齢	58.6	59.2		59.7	59.0	
経営陣の数	8.89	12.71	1%有意	9.30	12.26	1%有意
年間取締役会の数	7.20	8.21	1%有意	7.73	8.23	
社内取締役の比率	0.31	0.21	1%有意	0.30	0.23	1%有意
マイノリティ取締役の比率	0.02	0.08	1%有意	0.04	0.07	5%有意
CEOと取締役会長の重複率	0.72	0.78		0.73	0.83	
トービンのq	1.02	1.58	1%有意	0.95	1.31	5%有意

出典：デビット・カーター、ベティ・シムキンス、ゲイリー・シンプソン "Corporate governance, board diversity, firm value（コーポレート・ガバナンス、経営陣の多様性、企業価値）" 表3 Panel Aを筆者翻訳

していた。また、経営陣の平均年齢は59歳であった。取締役は平均11名で、2・8名が社内取締役、1・1名が女性、0・7名がマイノリティ人種であった。ちなみに女性経営陣が多い業界は金融と食品・アパレル製造、輸送・通信であり、マイノリティの比率が高いのは金融と輸送・通信であった。

まずは、取締役の女性比率と企業価値の関連性について示した表15を見ていただきたい。

データ全体として、女性比率が高い企業のほうが総資産が高く、経営陣の数が多く、年間取締役会の数が多い。その中でも、社内の取締役の比率が低く、マイノリティ取締役の比率が高く、企業価値も高いことが統計的に明らかとなった。

表16 取締役のマイノリティ比率と企業価値

変数	業界非一致			業界一致		
	低いマイノリティ比率企業	高いマイノリティ比率企業	t検定	低い女性比率企業	高い女性比率企業	t検定
	n=178	n=207		n=44	n=44	
総資産（百万ドル）	5398.9	30596.0	1%有意	9417.7	9844.2	
経営陣の平均年齢	58.89	59.71	5%有意	59.77	59.01	
経営陣の数	9.84	12.98	1%有意	9.30	12.26	1%有意
年間取締役会の開催数	7.03	8.18	1%有意	7.73	8.23	
社内取締役の比率	0.29	0.21	1%有意	0.30	0.23	1%有意
女性取締役の比率	0.72	0.13	1%有意	0.04	0.07	5%有意
CEOと取締役会長の重複率	0.72	0.84	1%有意	0.73	0.83	10%有意
トービンのq	1.27	1.57	10%有意	0.95	1.31	

出典：デビット・カーター、ベティ・シムキンス、ゲイリー・シンプソン “Corporate governance, board diversity, firm value（コーポレート・ガバナンス、経営陣の多様性、企業価値）”表3 Panel Bを筆者翻訳

これを同業他社同士で比較すると、女性比率が高い企業のほうが経営陣の数が多く、社内の取締役の比率が低く、マイノリティの取締役比率が低く、トービンのq、つまり企業価値も高いことが統計的に明らかとなった（後者の2つについては5%有意）。

次に取締役のマイノリティ比率と企業価値について表16を見ていただきたい。

まず、業界非一致については、マイノリティの取締役比率が高い企業のほうが総資産が高く、経営陣の数、年間の取締役会の開催数、社内取締役の比率、女性取締役比率、CEOと取締役会長の重複率が1%水準で統計的に有意だった。一方で、取締役の平均年齢については5%水準で有意であり、企業価値についてては

10％水準で有意と、女性経営陣の場合よりも影響度は数値的に低いものとなった。

これを同業一致同士で比較すると、マイノリティ取締役と企業価値との統計的な関連性はなく、社内取締役について１％水準、女性取締役の比率について５％水準、ＣＥＯと取締役会長の重複率が10％水準となっているにとどまった。

以上の結果から見ると、**取締役における女性比率と企業価値は強い関連性がある一方で、マイノリティ比率と企業価値は、女性比率よりは低い関連性であった。**

ニューノーマル時代に向けて、フラット化組織やテレワークなどが普及することで、女性がこれまで以上に活躍する時代がくると考えられる。最先端の経営学の知見から、確かに女性の取締役比率と企業価値には強い関連性がある。しかしながら、優秀な女性マネージャーを多数登用することで下駄を履かせるのではなく、**結果的に成果で評価されて取締役に就任する女性経営陣の数を増やすこと**が重要である。

女性に関する思い込みを捨てる

実は、男女の平均的な志向や考え方、スキルは似通っていることをロビン・イーリー[12]が２０１８年に『Harvard Business Review（May-June）』において、“What most people get wrong about men and women（男性と女性について多くの人が誤解していること）”という論稿で示し

12 **ロビン・イーリー**　ハーバード・ビジネス・スクール・ダイアン・ダージ・ウィルソン記念講座教授。イェール大学にて修士号(MPhil)、組織行動論の博士号を取得。ジェンダーに関する論文およびプレゼンテーション、諮問機関での活動多数。

ている。イーリーは男女均等に向けた4つの解決策として、①女性は競争心が弱い、野心がないと思わないこと、②男性のように自信や成功をもたらす経験を積むこと、③男性と同様に評価やフィードバックを求め、それを踏まえて改善すること、④女性に対する思い込みを疑い、状況を積極的に利用し、女性に成長や成功、学習のチャンスを与えることだと指摘する。

国の方針だから、投資家が要求するから女性の取締役を増やすだけでなく、本節で示した論文の通り、統計的にも女性の経営陣を増やすことで、ニューノーマル時代に企業価値を高められる企業が増加することを願いたい。

POINT

最先端の経営理論による示唆

- 経営陣の女性比率の高さは、業績にも企業価値にもプラスに影響する
- 経営陣の女性比率以上に、女性のマネージャー比率が企業価値に影響する度合いが高い
- マイノリティの取締役比率よりも女性の取締役比率のほうが、より企業価値にプラスの影響がある

2 従業員のダイバーシティと業績

男女比率がグループの成果にどれほど影響するか？

前節では取締役の多様性を確保することが、企業業績および企業価値にどのような影響を与えるのかについて解説を行った。特に、女性の取締役比率が業績および企業価値にプラスの影響があることがすべての論文で共通していた。

本節ではその反対に、**従業員のダイバーシティが業績にどのような影響を与えるのか**について解説する。

まず、男女比率がグループの成果にどれほど影響するかについて、ウェンディ・ウッド[13]が1987年に『Psychological Bulletin（102（1）：53-71）』で発表した〝Meta-analytic review of sex differences in group performance（組織パフォーマンスにおける性別差のメタ分析）〟という論文がある。

ウッドは、それまでに発表された性別と組織パフォーマンスに関する52本の論文をメタ分析し、男性ばかりのグループ、女性ばかりのグループ、男女混合のグループのパフォー

13　**ウェンディ・ウッド**　サウスカルフォリニア大学教授兼INSEAD客員教授。イリノイ大学にて修士号、マサチューセッツ大学にて博士号を取得。

マンスを調査した。結果として、男性ばかりのグループのほうが、女性ばかりのグループよりも高いパフォーマンスにあった。

しかしながらこれは、これまでの研究が調査してきた対象が、パフォーマンス指標として完成までの時間や精度ばかりを重視しており、男性の得意とする黙々とした業務のみを調査していたためではないかと説明している。実際に、相手との社会的な関係性を重視するような業務の場合には、女性ばかりのグループのほうが、男性ばかりのグループよりもパフォーマンスが高かったという結果になっている。

加えて、20%水準と統計的に大きな差ではなかったものの、男女混合のグループのほうが、どちらか一方の性別だけで構成されるグループよりもわずかではあるがパフォーマンスが高かったという結果も得られた。

グローバル競争の激化により従業員の多様性が必要に

１９９０年以降グローバル競争の激化とともに、従業員の多様性よりも取締役の多様性のほうに多くの研究者が注目したが、２００７年にウッドの研究と同様、スジン・フォロイッツ[14]とアーウィン・ホロウィッツ[15]がチームの多様性とパフォーマンスに関するメタ分析を『Journal of Management（33（6）: 987-1015）』に発表した"The effect of team diversity on

14 **スジン・フォロイッツ** セント・トーマス大学教授。ミネソタ大学にて修士号・博士号を取得。組織行動論を専門に研究。近年はグローバルチームのマネジメントで論文を複数執筆。

15 **アーウィン・ホロウィッツ** テキサス大学公共医療大学院准教授。ミネソタ大学カールソン・ビジネス・スクールにて博士号を取得。

team outcome : A meta-analytic review of team demography（チームのパフォーマンスに対するチームの多様性の影響：チームの人口動態に関するメタ分析）”で行った。

フォロイッツは、1985年から2006年までに発表されたチームの多様性に関する35の論文を分析し、業務特性が製品の品質や生み出す製品数量というアウトプットにつながるのかという点を調査した。その結果として、チームの多様性がチームの品質および数量とは関連性がなかったという当初の仮説とは反対の結果を得た。

この研究では、職場でも研究機関でも同様であり、チームの種類もプロジェクト単位のチームと業務単位のチームで分けても結果に変わりはなかった。

しかしながら、この調査においては、3つの変数だけで調査を行っており、これまでの研究が特定の領域に限定されており、深い分析が実施できなかったためではないかと彼らは指摘する。

これらのメタ分析がチームの多様性とパフォーマンスの結果を示さなかったのに対して、ビジネスユニット単位のジェンダーの多様性と財務パフォーマンスとの関係を示した論文として、サンゲタ・ダバル[16]とジェームズ・ハーター[17]が2014年に『Journal of Leadership and Organizational Studies（21（4）：354-365）』に発表した“Gender diversity, business-unit-engagement and performance（ジェンダーの多様性、ビジネスユニットでの従事、パフォーマンス）”がある。

16 **サンゲタ・ダバル**　センシオ・アナリティクス代表。以前は調査会社のギャラップに21年データ分析専門家として勤めた。パンジャブ大学にて地理学の修士(MPhil)を取得後、ネブラスカ大学リンカーン校にて地理学の博士号を取得。

17 **ジェームズ・ハーター**　ギャラップ社のチーフサイエンティスト。『まず、ルールを破れ』(日本経済新聞社)の著者として知られる。

彼女らは、2011年時点で職場における女性比率が46・6%に高まったアメリカにおいて、職場のダイバーシティがパフォーマンスにどのような影響があるかを改めて調査する必要があると考えた。

そこで、アメリカの小売業とサービス業2社の800のビジネスユニットを調査した。まったく異なるビジネスモデルや男女比率、業務オペレーションを持つ企業のほうがより説得力のあるデータがとれると考えたからである。

たとえば男女比率は小売業が3対1であるのに対して、サービス業は1・13対1である。また、重要経営指標が小売業は年間売上高であるのに対して、サービス業は四半期ごとの純利益を重視するという違いがある。

小売企業は家電量販店を532店経営し、64から220名の正社員もしくはパート社員、4から5名の副店長、1名の店長がいる。業績としては、店舗レベルの業績と個々人の業績を利用している。

サービス業は、レストランを284店舗経営し、26から106名の店員がおり、平均50名以上の店員がいる。業績としては家電量販店と同様に、店舗ごと、個人別の業績を利用している。

結果について、まず家電量販店業から見ていこう。

家電量販店ではジェンダーの多様性と従業員のエンゲージメントがそれぞれ売上に有意

な差をもたらすことが明らかとなった（ジェンダーの多様性と従業員のエンゲージメント間には統計的な有意差はない）。ジェンダーの多様性が高い店舗は売上に1％水準で5・2％の有意な差を示し、ジェンダーの多様性と業績に強い関係性を示した。一方で、従業員のエンゲージメントが高い店舗売上に5％水準で5・5％も売上の差を示した。そして、両社が高い店舗は5・76％売上が高い結果となった。

次に、レストランチェーンについて見ていこう。レストランチェーンでも、ジェンダーの多様性、従業員のエンゲージメントが店舗ごとの純利益に有意な差をもたらした。ジェンダーの多様性が高い店舗は1％水準で純利益が3％高く、ジェンダーの多様性と業績について強い関係性を示した。従業員のエンゲージメントも1％水準で高い店舗は純利益に4％の差を示した。

ちなみに、ジェンダーの多様性が高い店舗の四半期の利益は162万円、従業員のエンゲージメントが高い店舗の四半期の利益は173万円、そして両方が高い店舗の四半期の利益は182万円となり、**女性比率が高いと売上・利益に統計的な有意差が出ること**が明らかにされた。

４２２万社のデータが明らかにする男性単一組織の弱点

最後に、経営学の論文ではないが、大規模な調査で部長職以上社員のジェンダーの多様性と企業業績について調査した研究として、ローン・クリスチャンセン[18]、ヒュイダン・リン[19]、ジョアンナ・ペレイラ[20]、ペティア・トパロヴァ[21]、リマ・ターク[22]が２０１６年にＩＭＦのワーキングペーパー（WP/16/50）に発表した"Gender diversity in seinor positions and firm performance : evidence from Europe（シニアポジションのジェンダーダイバーシティと企業業績：ヨーロッパにおける実証）"がある。

彼らは、２０１５年時点のヨーロッパ34カ国、２名以上部長職以上の社員がいる４２２万社の財務データをもとに、ジェンダーの多様性とパフォーマンスについて調査を行った。財務データについてはＲＯＡを用いており、分子の利益額については、純利益、税引前利益、税引前営業利益の３パターンを用いて調査を行っている（表17参照）。

結果を先にまとめると、部長職以上の社員の女性比率が上昇することで、ＲＯＡが改善することが明らかとなった。男性と女性を1名入れ替えるだけで、３〜８％ＲＯＡが改善するという、経営の世界においても非常にインパクトのある結果が得られた。

この傾向は、労働力に占める女性の比率が高い産業と、高い技能や批判的な思考が求め

18 **ローン・クリスチャンセン**　ＩＭＦ多国間監査部門次席。カリフォルニア大学サンディエゴ校にて博士号を取得。以前はＩＭＦの戦略・政策策定部門に勤務。

19 **ヒュイダン・リン**　ＩＦＭシニアエコノミスト。北京大学にて経済学修士号、コロンビア大学にて経済学博士号を取得。ＣＦＡ協会認定アナリスト。

20 **ジョアンナ・ペレイラ**　ＩＦＭエコノミスト。ノバ大学にて修士号、欧州大学大学院にて博士号を取得。前職はエラスムス大学教授。

表17　ジェンダーダイバーシティとROA

	少なくとも2名			少なくとも3名			少なくとも4名		
ROAの基準	純利益	税引前純利益	税引前営業利益	純利益	税引前純利益	税引前営業利益	純利益	税引前純利益	税引前営業利益
女性比率（t検定）	0.041	0.044	0.028	0.082	0.089	0.061	0.018	0.013	0.01
企業数	2,003,279	2,000,422	1,992,658	928,133	927,227	925,399	494,870	494,794	493,866
ROA増加率	7.9	5.0	2.6	11.3	7.2	4.1	12.2	7.9	5.3

出典：ローン・クリスチャンセン、ヒュイダン・リン、ジョアンナ・ペレイラ、ペティア・トパロヴァ、リマ・ターク“Gender diversity in seinor positions and firm performance：evidence from Europe（シニアポジションのジェンダーダイバーシティと企業業績：ヨーロッパにおける実証）”表2を筆者翻訳

られるハイテク業界や知識産業において、より顕著な傾向であった。

また企業の業績ではないが、アメリカのビジネス・スクールにおけるクラスワークの成果については、女性の比率を高めたほうが良い成果を上げるとする研究が複数ある。

以上の論文を見てみると、近年の研究でようやく、女性の比率を高めることで企業およびチームのパフォーマンスが改善される結果が示されるようになってきた。

このような違いはなぜ生まれたのか。

その答えとして、過去の研究のように単純な業務だけでなく、現在はより顧客のニーズが複雑になり、企業の競争が激化する中で、問題解決力や批判的思考（クリティカル・シンキング）、クリエイティビティが要求されるようになってきたからであるとダバルらは前述の論文の中で主張している。

21　**ペティア・トパロヴァ**　IBF ヨーロッパの新興国調査部門の次席。ブランダイス大学にて修士号、MITにて博士号を取得。

22　**リマ・ターク**　IMFシニアエコノミスト。ベイルート・アメリカン大学にてファイナンス修士号、ウェールズ大学クラディフ・ビジネス・スクールにて博士号を取得。金融業界の競争戦略を中心に研究。

ニューノーマル時代においては、ますます顧客のニーズは多様化し、競争は激化する。さらには国内だけの狭い競争から、グローバルの競争に変わっていく。そのような中で従業員の多様性を確保することは、短期的なPRの観点だけでなく、中長期的な企業の競争優位性を左右するであろう。

今後、**従業員の多様性を推進することが、企業の必須条件になる**といえよう。

POINT

最先端の経営理論による示唆

- 従業員の多様性は単純なタスクが多かった時代には、パフォーマンスに関係しなかった
- 一方で最新の研究においては、従業員の多様性が企業の売上、利益水準に統計的に有意な差を与える。IMFにおけるヨーロッパの大規模調査においても、従業員の多様性は業績指標に明示的に影響する
- 顧客ニーズが多様化し、競争が激化する中で、従業員の多様性は必須条件となる

3 ジェンダーと起業の成功確率

ジェンダーの違いが企業の成長に影響するか？

本章では、ここまで取締役および従業員の多様性が企業のパフォーマンスにどのような影響を与えるのかについて解説を行ってきた。しかしながら、これらの企業はあくまで既存企業におけるパフォーマンスにどのような影響があるかという議論であった。

一方で、近年、アメリカだけでなく日本においても女性起業家が上場や大型資金調達を行うケースが増えてきた。

そこで、ニューノーマル時代を見据え、本節では既存のパフォーマンスではなく、起業家の視点で、ジェンダーと起業の成功確率に差はあるのかを見ていきたい。

まず、性別や教育経験がどのように企業の成功確率に影響するかについて調査した初期的な研究として、アーノルド・クーパー[23]、ハビエル・ギメノ・ガスコン[24]、キャロライン・ウー[25]が１９９４年に『Journal of Business Venturing（９（５）：371-395）』で発表した"Initial human and financial capital predictors of new venture performance（ベンチャー企業のパフォーマ

23 **アーノルド・クーパー**　元パデュー大学教授。同校にてＭＢＡ、ハーバード・ビジネス・スクールにて博士号を取得。２０１２年に死去。

24 **ハビエル・ギメノ・ガスコン**　ＩＮＳＥＡＤ教授。サラゴサ大学にて経済学の修士号、パデュー大学にて博士号を取得。競争戦略、起業家精神の専門家。

25 **キャロライン・ウー**　カトリック救済サービスＣＥＯ。元ノートルダム大学メンドーサ・ビジネス・スクール教授。パデュー大学にてＭＢＡ、博士号を取得。

ンスを予測するための初期的な人的資本および財務資本）[3]がある。この論文は３３００回以上の引用回数がある、この分野の代表的な研究である。

クーパーらは１９８５年時点に存在した１０５３社のアメリカのベンチャー企業について３年間の追跡調査を行った。３年間の調査の中で１０５３社のうち、３８５社は倒産し、６６８社は生存していた。

そして、彼らはジェンダーの違いが生存か倒産、成長に影響しているのかどうかを調査した。

その結果、女性起業家の企業は男性起業家の企業よりも成長確度は低いものの、生存率が高いことが統計的に有意な差として現れた。

果たしてこの違いはどこからやってくるのだろうか。

彼らは、まず高い成長率を確保するためには市場の選択および資金力が必要となるが、当時女性起業家に対して金融機関が融資を行う基準が厳しく、男性起業家よりも資金調達が難しい点が、成長率に差をもたらしたのではないかと指摘する。

一方で女性起業家は男性のように成長志向だけでなく、会社の維持や会社への愛着などの他の項目も総合的に重視する傾向があり、そのような結果が成長率に差をもたらしたのではないかとも指摘した。

男性起業家と女性起業家で企業の売上に差が生じるか？

同様に、ジェンダーの違いが起業における売上や利益、雇用に影響するのかとして、1997年にラドハ・チャンギー[26]とサロージ・パラスラマン[27]が『Entrepreneurship Theory and Practice（21（2）：73-75）』に発表した"A study of the impacts of gender on business performance and management patterns in small businesses（小規模企業における事業パフォーマンスおよびマネジメントパターンに対するジェンダーの影響）"がある。

彼女らはアメリカ北西部における194の男性起業家の企業と178の女性起業家の企業の売上、3年間の雇用成長率、3年間の平均ROAについて調査を行った。これらの企業の創業年数はほぼ同じ水準であるが、男性起業家の企業は小売業が多く、女性起業家の企業はサービス業が多いことを前提にする必要がある。

結果として、3年間の平均ROAは男性起業家の場合には16・36%、女性起業家の場合には14・02%であったが、業種や経営者の経験を変数に加えると、統計的な有意差はなかった。

同様に、3年間の雇用成長率については、男性起業家が66・06%増、女性起業家が93・82%増という結果となったが、統計的な有意差はなかった。

26　**ラドハ・チャンギー**　リダー大学教授。中小企業成長センターの研究員としての経験もある。

27　**サロージ・パラスラマン**　ドレクセル大学教授。ジェンダー論やワーク・ライフ・バランスを中心に研究。オーストラリアの学会で最優秀論文賞を複数回受賞。

しかしながら、売上については、男性起業家の企業が年商約1億5千万円だったのに対して、女性起業家の企業が約8600万円となっており、1%水準で統計的な有意差があることが明らかとなった。これは男性起業家、女性起業家がそもそもどのような事業を行っているかによって企業規模がある程度決定されることが影響している。

他にも、業界の違いはあるが、女性起業家のほうが男性起業家よりも製品品質を重視した戦略を採るが、カスタマイズの頻度については男性起業家と同様であること、コスト効率性については男性起業家も女性起業家も同水準であることが明らかとなった。

ビジネス環境が複雑になるにつれ、男女の起業家に差はなくなったのか？

しかしながら、近年の研究では男女の差はないと指摘する研究も登場している。

それが、性別によって起業の成功確率が変わるのかについて非常に大規模な調査を行った研究である、2012年にアリシア・ロブ[28]とジョン・ワトソン[29]が『Journal of Business Venturing（27（5）：544-588）』に発表した"Gender differences in firm performance：Evidence form new ventures in the United States（企業業績におけるジェンダーの違い：アメリカのベンチャー企業の証拠）"という論文がある。

彼女らは、2004年にアメリカで生まれた4016社のベンチャー企業を対象として、

28 **アリシア・ロブ** ユーイング・マリオン・カウフマン財団シニアフェロー。ノース・カロライナ大学チャペルヒル校にて経済学修士および博士号を取得。カリフォルニア州立大学バークレー校、コロラド大学ボールダー校にて客員研究員を務める。女性起業家に関する研究で著名。

29 **ジョン・ワトソン** 元西オーストラリア大学教授。西オーストラリア大学にてファイナンスの修士号、起業家論の博士号を取得。中小企業論の専門家。

創業から5年間の業績を取得し、起業家が男女であることによって、閉店率、ＲＯＡ、リスク比率という企業のパフォーマンスが異なるのかを調査した。調査のもととなったのはカウフマン企業サーベイ（ＫＦＳ）の２００４年から08年のデータで、男性起業家の企業が２９７５社、女性起業家の企業が１０４１社ピックアップされた。

４千社以上のデータから導き出されたのは、４年間の閉店率、ＲＯＡ、リスク比率（シャープ・レシオ）について、男性起業家、女性起業家の間に統計的に有意な差はなかったということである。

この結果は、業種や経営者の前職の経験、労働時間といった人口統計学的な違いをコントロールした上で分析しても同じ結果だったため、男女の差が起業の成功確率に影響することはない、というのが彼女らの論文の結論である。

実はロブが２００２年に『Journal of Developmental Entrepreneurship（７（４）：383-397）』で発表した〝Entrepreneurial performance by women and minorities：The case of new firms（女性およびマイノリティの起業家におけるパフォーマンス：新設企業の事例）〟という論文では、１９９２年から96年までに誕生した4万５千社について企業の生存率が男性起業家の企業、女性起業家の企業で異なるかを調査していた。この論文では、黒人が起業家である場合を除き、男性起業家のほうが女性起業家よりも生存率が高いと結論づけていたが、その際には企業の規模や業種などの変数をコントロールせずに行っていた。

図31　企業の社齢別に見た常用雇用の純増：2001～2006

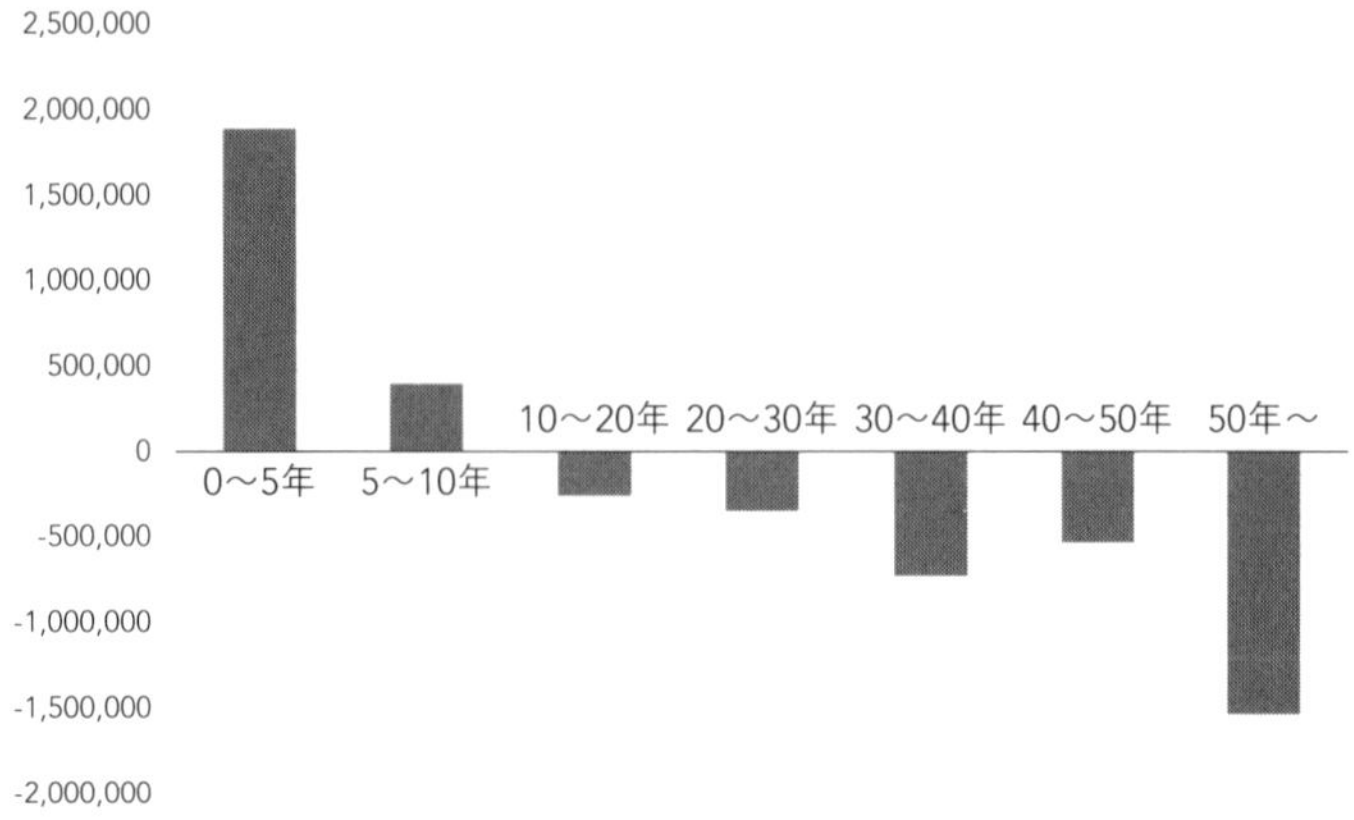

出典：深尾京司、権赫旭「日本経済再生の原動力を求めて」図27

前回の研究で用いられた1996年のデータから本論文が発表された2002年まで6年間しかないことを考えると、ビジネス環境の変化というよりもむしろ統計上の処理の問題であると考えられる。

ここまで見てきた通り、男女の起業家において起業の成功確率の差は小さくなっており、どちらか一方が増加すれば良いわけではない。ニューノーマル時代において日本企業、そして日本の発展を担う上で、ベンチャー企業が多数出てくることが必要である。

なぜなら、深尾京司[30]と権赫旭《クォン・ヒョックウック》[31]が2010年に発表した論文「日本経済再生の原動力を求めて」で指摘したように、ベンチャー企業が生み出す雇用は重要であるからだ。

30 **深尾京司**　アジア経済研究所所長、アジア経済研究所開発スクール学長、一橋大学名誉教授。東京大学社会科学研究所教授。東京大学経済学研究科博士課程単位取得退学後、成蹊大学経済学部講師、一橋大学経済研究所講師、イェール大学経済学部客員研究員、一橋大学経済研究所助教授等を経て現職。

31 **権赫旭**　日本大学経済学部教授。経済産業研究所ファカルティフェロー。一橋大学経済研究科経済学博士取得。一橋大学経済研究所専任講師、日本大学経済学部専任講師、准教授を経て現職。

図31を見ていただきたい。２００１年から06年までの5年間において、企業の社歴ごとにどれだけの雇用を創出するのかを調査したものである。

その結果、設立5年未満の企業が生み出す常用雇用の純増数が約１９０万人と大きい一方で、設立50年以上の企業は常用雇用が純減１５０万人となっている。つまり、社歴が古い企業から新しい企業へと人が移動している。これがアメリカでは積極的に行われている結果、雇用が生まれ、優秀な人材を惹きつけている。

このような傾向を踏まえると、**ベンチャー企業を多数生み出すことが、少子高齢化によって雇用が減少していく日本において、必要不可欠である。**その際に、ベンチャー企業全体、そして特に女性起業家に対してもこれまで以上に資金面および制度面でのサポートが求められよう。

ニューノーマル時代において、男女問わず自身の能力を発揮して、それぞれの得意分野で活躍ができる環境の整備が必要になるであろう。

POINT

最先端の経営理論による示唆

- 女性起業家のほうが男性起業家よりも品質や会社への愛着など、売上以外のさまざまな要素を重視する傾向があるという研究がある
- かつては男性起業家のほうが女性起業家よりも資金調達が容易であったため、企業の成長に差が生じていた
- 最新の研究では、売上や雇用成長、倒産率のどの要素においても男女の差は生じていないという大規模な研究があり、男女問わずに起業家が活躍できる環境が求められる

Chapter 8

不確実下におけるリーダーシップ

1 変革型リーダーシップ論の最先端：フルレンジ・リーダーシップ論

変革の時代を生き抜く上でのリーダーシップ論

第6章および第7章では、ニューノーマル時代の組織論について幅広いテーマで解説した。そして、第1章から第7章までは、ニューノーマル時代を勝ち抜く上での必要条件について解説を行ってきたといえる。

そこで本書の締めとなる本章では、経営戦略論および経営組織論の実効性を高め、企業を正しい方向に導いていくための十分条件である**リーダーシップ論**について解説する。

ただし、リーダーシップ論は中国の古典である「四書五経」やニコロ・マキャベリの『君主論』が書かれた古代から、経営学と独立して綿々と積み上げられてきた分野であり、理論的にも非常に深淵である。したがって、リーダーシップ論の変遷については他書に譲ることとしたい。

また、近年注目される優れたリーダーシップ論の分野として、サーバーント・リーダーシップやオーセンティック・リーダーシップといった、モラルや信頼を重視するリーダーシップ論がある。しかしながら、これらの分野は優れた日本語の解説書も存在するし、本書のテーマであるニューノーマル時代を生き抜くための経営学と合致しない。

そこで本書では、より戦略的に、**変革の時代を生き抜く上でのリーダーシップ論**に限定して、解説を行っていくことにしよう。

まず本節では、変革型リーダーシップ論の最先端である、**フルレンジ・リーダーシップ論**について取り上げ、解説する。

交換型リーダーシップと変革型リーダーシップ

変革型リーダーシップ論の嚆矢的な研究を行ったのが、政治学者のジェームズ・バーンズ[1]である。バーンズは1978年に書籍『Leadership（リーダーシップ）』（Harper&Raw）にて、ガンジーやルーズベルト大統領など世界的に著名な政治的な指導者（リーダー）について調査・分析を行った。その中で、世界的なリーダーが持つリーダーシップを、**交換型リーダーシップ**と**変革型リーダーシップ**の2つに分類した。

交換型リーダーシップとは、自身の影響力を駆使し、メンバー（投票者）が仕事（投票）から何を得たいのかを正しく認識させ、メンバーとリーダーは仕事と仕事に対する報酬を交換する契約を結ぶ。そして、リーダーは報酬を支払うことに対して社会的な保証を行い、それによって目の前の目的を達成できるようにする。企業において上司が部下のマネジメントを行うためのリーダーシップが交換型リーダーシップであると考えられる。

一方で変革型リーダーシップとは、影響力だけでなく高いモラルを持ち、メンバーに目指すべき目標・成果とは何であるか、その重要性はどのようなものであるかを理解させ、そこに到達するための方法についてメンバーの気づきや意識を高める。それによってメンバーの個人的な利益だけでなく、社会全体の課題へと変革させる。国家においても、企業に

1 **ジェームズ・バーンズ**　元ウィリアムズ・カレッジ教授。ウィリアムズ・カレッジにて修士号、ハーバード大学にて博士号を取得。ケネディ大統領をサポートし、ルーズベルト大統領に関する自伝でピューリッツァー賞を受賞した。

おいてもその戦略を転換し、組織変革を行う場合に必要なリーダーシップが変革型リーダーシップといえよう。

そして彼は、**交換型リーダーシップと変革型リーダーシップはどちらか一方の能力を高めると、もう一方の能力は減少していく関係性にあること**を指摘した。人をマネジメントする能力と、人に働きかけて変革を促す能力は偉大なリーダーにおいても別の問題だと考えたのである。

バーンズの分析が優れていたのは、「偉大なリーダーにはカリスマ性がある」という言葉で片付けず、具体的にどのような要素がリーダーシップを形作っているのかを丁寧に分析していった点にある。

フルレンジ・リーダーシップの誕生

その後、バーンズの研究を受けて、バーナード・バス[2]は1985年に著名な著作である『Leadership and Performance Eeyond Expectations（期待を超えるリーダーシップとパフォーマンス）』を出版した。

彼は、バーンズの交換型リーダーシップと変革型リーダーシップという理論について、70名のビジネスリーダーへのヒアリングと176名のアメリカ軍将校への質問状をもとに、交

2 **バーナード・バス** ニューヨーク州立大学ビンガムトン校名誉教授。オハイオ州立大学にて博士号を取得。1945年からの60年間で400本以上の論文、21冊の著作を執筆。アメリカを代表するリーダーシップ論の大家。2007年に死去。

図32　フルレンジ・リーダーシップ論の要素

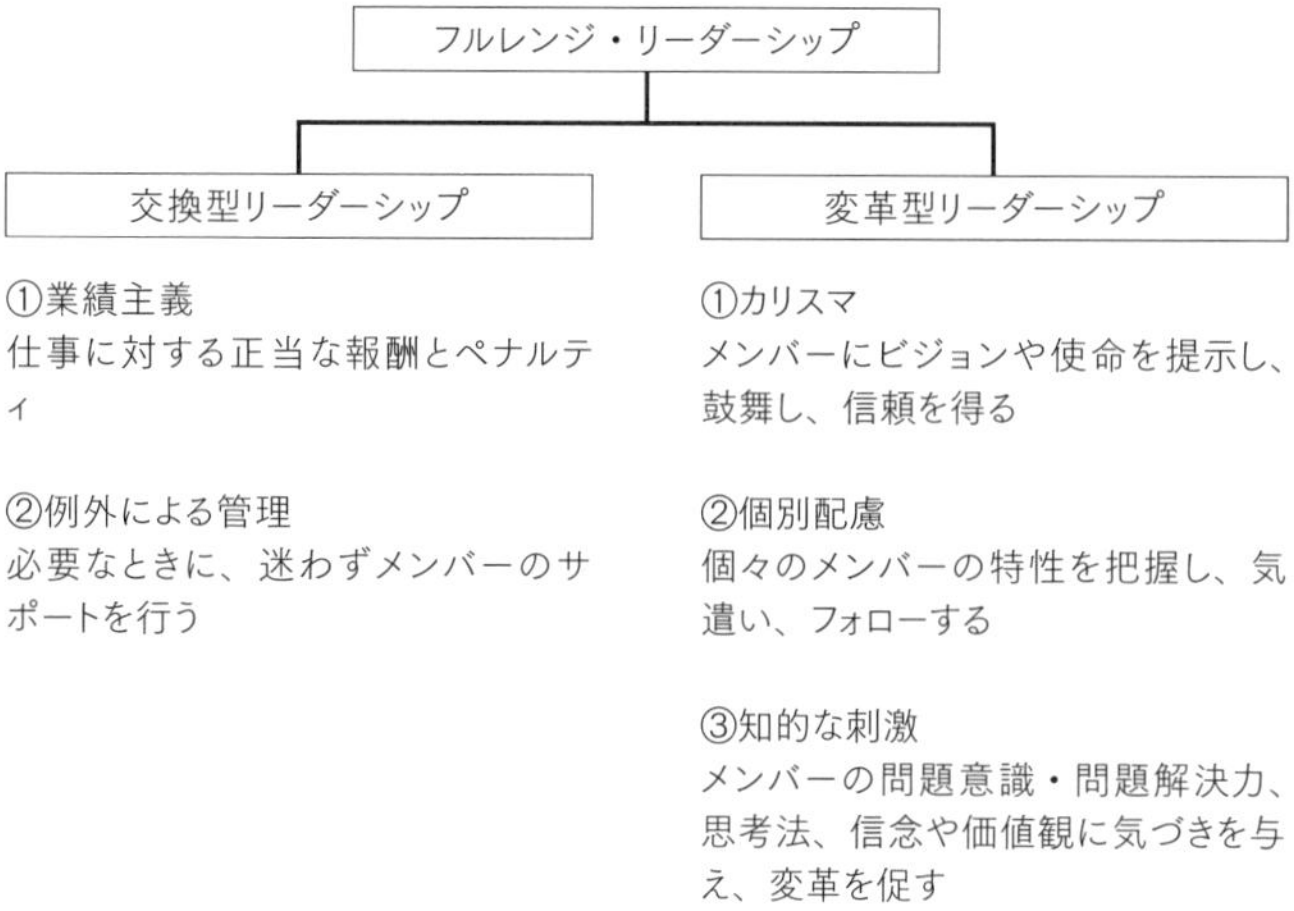
フルレンジ・リーダーシップ
交換型リーダーシップ
①業績主義
仕事に対する正当な報酬とペナルティ
②例外による管理
必要なときに、迷わずメンバーのサポートを行う
変革型リーダーシップ
①カリスマ
メンバーにビジョンや使命を提示し、鼓舞し、信頼を得る
②個別配慮
個々のメンバーの特性を把握し、気遣い、フォローする
③知的な刺激
メンバーの問題意識・問題解決力、思考法、信念や価値観に気づきを与え、変革を促す

換型リーダーシップの要素を明らかにし、加えてその両方を備えるべきであるというフルレンジ・リーダーシップ論を提唱した（図32参照）。

交換型リーダーシップの要素としては、**①業績主義、②例外による管理**という2つの要素を身につけることが重要であることが明らかになった。

まず①業績主義とは、仕事の遂行に対する適切な報酬の提供、あるいは不十分な仕事に対するペナルティといった成果と報酬の交換を行うことを指す。

次に、②例外による管理とは、普段は積極的な管理を行わないが、必要な場合には迷わずメンバーの仕事をサポートすることである。

この2つの要素は管理職経験のある方

であれば、組織のマネジメント手法として普段から行っているかもしれない。

一方で、変革型リーダーシップの要素としては、**①カリスマ、②個別配慮、③知的な刺激**という3つの要素を身につける必要がある。

ここでいう①カリスマとは、ビジョンおよび使命を提示し、リーダーがメンバーから信頼と尊敬を得るための行為である。このカリスマ的リーダーシップによって、メンバーがリーダーによって鼓舞され、励まされることで、パフォーマンスが良くなる効果がある。

次に、②個別配慮とは、個々のメンバーの特性に応じて、リーダーがフォローし、気遣い、支援する行動である。個々のメンバーはそれぞれ強みが異なるためである。

最後に、③知的な刺激とは、メンバーの問題意識や問題解決力、思考法、信念や価値観に気づきと変化を与える行為である。

したがって、変革型リーダーは、個々のメンバーが自発的に変革を遂げるために、それぞれのメンバーがどんな問題意識を抱えているのかを把握する知的な刺激を得意とする必要があり、そのために個別配慮をするべきである。

以上の3つの能力を身につけることで、最終的に組織が変革できるようになるのが変革型リーダーシップである。

そして彼はこれらの5つの要素と、パフォーマンス指標であるメンバーの満足度および有効性との相関関係を調査した。その結果、カリスマと個別配慮については高い相関があり、知的な刺激および業績主義が中程度の相関、そして例外による管理は低いレベルで相関があったことが明らかになった。

バスの提示したフルレンジ・リーダーシップは他のリーダーシップ研究とは異なり、十分な実証が行われていることもあり、アメリカの経営学会において大きな影響があった。

フルレンジ・リーダーシップはパフォーマンスに影響するか？

その後、フルレンジ・リーダーシップとパフォーマンスについてのメタ分析を行ったものとして、1996年にケビン・ロウ[3]、ガレン・クロエック[4]、ナガラジ・シヴァスブラマニアム[5]が『The Leadership Quarterly（7：385-425）』で発表した“Effectiveness correlates of transformational & transactional leadership：A Meta-analytic review of the MLQ literature（変革型リーダーシップと交換型リーダーシップの有効性：MLQ文献のメタ分析）”がある。本論文は4800回以上も引用されており、フルレンジ・リーダーシップ論の中でも注目度が高い論文である。

彼らは14個のフルレンジ・リーダーシップ論の論文をメタ分析し、バスの交換型リーダーシップおよび変革型リーダーシップの5つの要素とリーダーシップの有効性について、発表済みの論文と未発表の論文とを分けて、調査を行った。その結果が図33である。

3 **ケビン・ロウ**　ノース・カロライナ大学グローンズボロ校ブライアン・ビジネス・スクール教授。ルイビル大学にて経済学修士、ステッソン大学にてMBA、フロリダ国際大学にて博士号を取得。HRM、リーダーシップ論の著名な研究者。

4 **ガレン・クロエック**　フロリダ国際大学教授。MBAコースの最優秀の教授賞を複数受賞。

5 **ナガラジ・シヴァスブラマニアム**　ニューヨーク州立大学ビンガムトン校教授。フロリダインターナショナル大学にて博士号を取得。リーダーシップに関する論文を15本以上寄稿。

図33 フルレンジ・リーダーシップの各要素の有効性

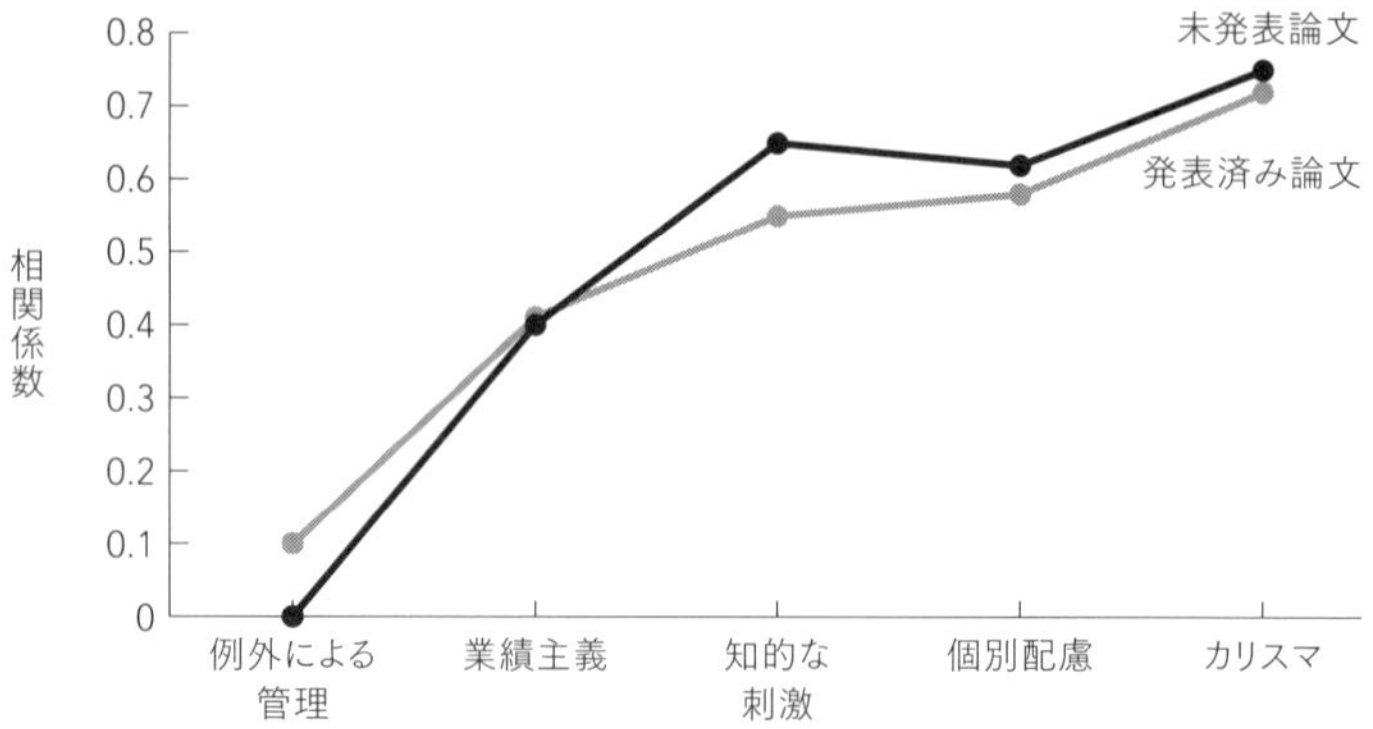

出典：ケビン・ロウ、ガレン・クロエック、ナガラジ・シヴァスブラマニアム "Effectiveness correlates of transformational & transactional leadership : A Meta-analytic review of the MLQ literature（変革型リーダーシップと交換型リーダーシップの有効性：MLQ文献のメタ分析）" 図1を筆者翻訳

未発表の論文も発表済みの論文も、例外による管理、業績主義という交換型リーダーシップの要素が、有効性との相関関係（1が相関が強く、0が相関が弱い）が低く、知的な刺激、個別配慮、カリスマという変革型リーダーシップの要素が有効性との相関関係が高いことが明らかになった。

ロウらの研究をさらに拡張し、リーダーシップの要素が具体的にどのようにパフォーマンスに影響するのかについてメタ分析を行った論文としてティモシー・ジュード[6]とロナルド・ピッコロ[7]が『Journal of Applied Psychology（89：755-768）』に発表した"Transformational and transactional leadership：A meta-analytic test of their relative validity（変革型リーダーシッ

6 **ティモシー・ジュード** ノートルダム大学メンドーサ・ビジネス・スクール・フランクリン・D・シュルツ記念講座教授。イリノイ大学アラバマシャンペーン校にて産業経済学の修士号、博士号を取得。

7 **ロナルド・ピッコロ** 中央フロリダ大学経営学部長。ステッソン大学にてMBAと数学修士号、フロリダ大学にて博士号を取得。ビジネス・スクールにてリーダーシップ論と組織戦略論を担当する。

プと交換型リーダーシップ：メタ分析による妥当性の検証）〟がある。彼らは87のフルレンジ・リーダーシップの論文をメタ分析し、６２６個のデータで相関関係を分析した。

ちなみに、本論文では、バスが交換型リーダーシップ、変革型リーダーシップに加えて、自由放任型リーダーシップという新しいリーダーシップの概念を後に提示したことから、３つのリーダーシップについてパフォーマンスを検討した。その結果、変革型リーダーシップは、メンバーの職務満足度、メンバーのリーダーに対する満足度、メンバーのモチベーション、組織パフォーマンス、リーダーの有効性について、プラスの相関があった。特に、変革型リーダーシップはメンバーの心理的な要素であるメンバーの職務満足度、リーダーに対する満足度、メンバー自身のモチベーションに強く影響することが明らかとなった。

一方で私たちのイメージとは異なり、交換型リーダーシップについても、業務主義はメンバーの職務満足度、リーダーに対する満足度、メンバーのモチベーション、組織のパフォーマンスについてプラスの相関があった。

しかしながら、例外による管理のみ、メンバーのモチベーションおよびリーダーの有効性とマイナスの相関があったと結論づけられた。

加えて、自由放任型のリーダーシップはメンバーの職務満足度、リーダーに対する満足度、リーダーの有効性とマイナスの相関があり、リーダーシップとして有効でないことが明らかになった。

自由放任型リーダーシップは効果がない

近年コンプライアンスやハラスメントに気をつけるあまり、自由放任型のリーダーシップを行う管理職を目にすることかあるが、**自由放任型のリーダーシップはメンバー自体からも満足を得られない。**

ニューノーマル時代において、顧客の変化や競争の激化、ITの爆発的な発展などにより、これまで以上にリーダーシップは企業の戦略と組織の有効性を決定づける要素となっていくことが想定される。その際に必要なリーダーシップとは、日々のマネジメントである交換型リーダーシップとともにメンバーにビジョンを示すことに加え、組織を変革するようにリードするだけでなく、個々のメンバーを理解し、組織が自発的に変化するように働きかける変革型リーダーシップの両方であるだろう。

その観点から、バスが指摘したフルレンジ・リーダーシップ論は今日においても、示唆に富んでいるといえよう。

POINT

最先端の経営理論による示唆

- リーダーシップの種類には交換型リーダーシップと変革型リーダーシップがあり、それらの両方を重視するフルレンジ・リーダーシップ論が注目されている
- 交換型リーダーシップの業績主義、交換型リーダーシップのカリスマ、個別配慮、知的な刺激という4要素はメンバーの職務満足度、リーダーの満足度、組織のパフォーマンス、リーダーの有効性についてプラスの相関がある
- 自由放任型リーダーシップはメンバーから人気があるように見えるが、メンバーの職務満足度においても、リーダーの満足度においてもマイナスであり、リーダーシップとして不適である

2 ニューノーマル時代のリーダーシップ：eーリーダーシップ論

eーリーダーシップの誕生

前節では、組織変革を促すリーダーシップとして、交換型リーダーシップと変革型リーダーシップをあわせたフルレンジ・リーダーシップ論を提示した。

一方で以前とは異なり、テレワーク時代や業務委託など正社員以外の働き方を選ぶメンバーが活躍する異なる組織において、リーダーがメンバーと日々顔を合わせてリーダーシップを発揮することが困難となってきた。このような環境下でどのようにリーダーシップを発揮するのかについて、アメリカの経営学では**eーリーダーシップ論**が注目され始めている。

そこで本節では、ニューノーマル時代におけるテレワーク下にも有効なeーリーダーシップ論について解説することにしよう。

eーリーダーシップについて解説した初期的な研究としては、２０００年にブルース・アバイロ[8]とスリンダー・カハイ[9]、ジョージ・ドッジ[10]が『The leadership Quarterly（11(4)：

8 **ブルース・アバイロ**　ワシントン大学フォスター・ビジネス・スクール・マーク・ピゴット記念講座教授。アクロン大学にて修士号、博士号を取得。リーダーシップ論の大家。

9 **スリンダー・カハイ**　ニューヨーク州立大学ビングハムトン校教授。ラドガース大学にて修士号、ミシガン大学にて博士号を取得。eーリーダーシップおよびITを活用したコミュニケーション、バーチャルチーム研究の専門家。

10 **ジョージ・ドッジ**　元ウエスト・テキサスA&M大学教授。リーダーシップの複雑系モデルや危機におけるリーダーシップに関する論文を執筆。

615-668)』で発表した"E－leadership : Implication for theory, research, and practice（e－リーダーシップ：理論、研究、実務への示唆）"がある。

彼らは過去のリーダーシップに関する研究を分析した上で、インターネット上でのコミュニケーションが重要となる中で、何がe－リーダーシップにおいて重要な要素となるのかを調査・研究した。

ここでe－リーダーシップとは、最先端IT技術を活用し、個人やグループ、組織における態度、感情、思考、行動、パフォーマンスに変化をもたらす社会的な影響プロセスであると定義されている。

そしてe－リーダーシップはEメールや電子メディアを活用し、1対1、1対多の関係において、グループ・組織内のどこにおいても必要となるとも指摘した。

また、e－リーダーシップと最先端のIT技術は、図34のように、組織のパフォーマンスに影響することを過去の論文のメタ分析から示している。

まず左側に組織の構造としてe－リーダーシップとチーム間のコラボレーションを促進するITサービス（グループウェア）がある。このリーダーシップとコラボレーショングループウェアを活用したやり取りが、個人の認知能力、チーム内での善行、高潔さに影響する。つまり、そのやり取りによって、個人が組織に何を求めているか、チーム内で何が正しいのかをメンバーが認識する。そして、その認識によって、リーダーに対して信頼が生まれ

図34 組織の結果に対する、e－リーダーシップと最新IT技術の影響

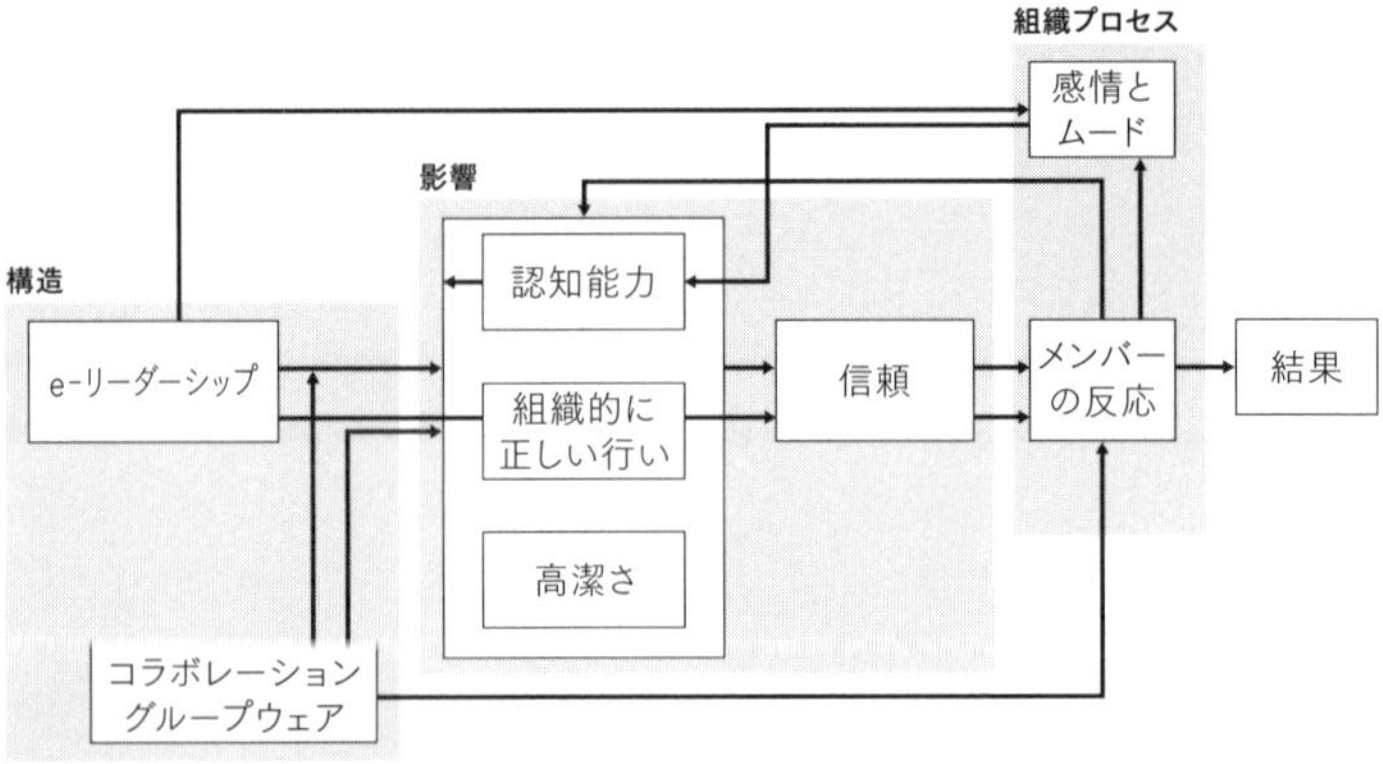

出典：ブルース・アバイロ、スリンダー・カハイ、ジョージ・ドッジ“E－leadership：Implication for theory, research, and practice（e－リーダーシップ：理論、研究、実務への示唆）”図2を筆者翻訳

る。

この信頼に対してグループ内のプロセスとして、モチベーションが湧く、モチベーションが失われるといったメンバーの反応があり、それがチームの感情やムードを形成し、それらが組織の結果（パフォーマンス）を決定づける（もちろん、変革型リーダーシップが指摘するように、リーダーシップ自体が組織の感情やムードを形成することもある）。

このように最先端のＩＴ技術はバーチャルな環境においても組織間のコラボレーションを促進し、チーム内で何が求められ、何が正しいのかを理解させ、組織内の信頼を形成する。また、当然ながら組織におけるさまざまな反応を促進するための機能も持つ。

この組織の信頼は、バーチャル環境の

ほうが形成が難しい。なぜなら、リーダーが積極的に関与をし難いために、メンバー間での満足度や一体感が生まれにくいからである。

彼らの論文の優れた点は、ただ単にｅ－リーダーシップの定義を示し、最先端のＩＴ技術がどのように組織のパフォーマンスに影響するのかを文献調査で示しただけでなく、実際に60のチームにおいて、先に紹介した交換型リーダーシップと変革型リーダーシップに最先端のIT技術を活用したe－リーダーシップがどのように影響するのかを調査した点にある。具体的には、60のチームで行われたＥメール、電子メディアでのやり取りを交換型リーダーシップと変革型リーダーシップの５つの要素から手動で１つずつ分類していった。

その結果、ｅ－リーダーシップは信頼という観点から交換型リーダーシップおよび変革型リーダーシップをそれぞれ強化することが明らかになった。

ｅ－リーダーシップは情報を広げることで価値を発揮する

次に、アバイロとカハイが２００３年に『Organizational Dynamics（31：325-338）』で発表した、"Adding the "e" to leadership：How it may impact your leadership（インターネットをリーダーシップに加える：あなたのリーダーシップにどのような影響があるのか）"がある。

彼らは、eリーダーシップと過去のリーダーシップは何が異なるのかを初めに指摘した。それは、過去のリーダーシップは、リーダーが独占的に情報を持ち、メンバーは情報を持たないことで影響力を発揮することが当たり前だった。一方でIT技術の発達により、情報は一人が独占するものではなく、チームで獲得し、蓄積し、拡散する必要があるようになった。そして、リーダーとメンバー間のコミュニケーションだけでなく、組織の業務をこなすために必要となる情報の収集と発信についても、IT技術の発達によってインターネットを介して行われるという大きな転換が起きている。

そのため、リーダーは従来型のリーダーシップではなく、eリーダーシップを理解する必要があると指摘する。

そのような中、eリーダーは何をしなければならないのか。

それは、リーダーが今何に関心を持っているのかをメンバーに伝えることである。メンバーのモチベーションが上がらない理由として、過去のリーダーシップが説くようにリーダーのビジョンの提示やカリスマ性なども挙げられる。

しかしながら、それ以上に、リーダーは何に関心を持ち、何を考えているのかがわからないことこそが、メンバーの不満につながる。そしてメンバーは不満に思えば、数千人とはいわないまでも、数百人に対して、その不満をボタン1つで即座に伝えることができる。

だからこそ、eリーダーは、メンバーからの信頼を高めるために、自分が何に関心を持

11
アーヴィンド・マルホトラ ノースカロライナ大学チャペルヒル校アレン・アンドリュー記念講座教授。サウスカリフォルニ

ち、何を考えているのか、ＩＴ技術と対面の両方で伝えていかなければならないと指摘する。

では、eーリーダーシップを活用する上で、どのような要素を身につければ良いのか。

この点について調査した論文として、アーヴィンド・マルホトラ[11]、アン・マイヒルザク[12]、ローゼン・ベンソン[13]が２００９年に『Academy of Management Perspective（21（1）：60-70）』に発表した“Leading virtual team（バーチャルチームをリードする）”がある。

彼らは文献調査とインタビュー、リーダーを観察した際のデータを用いて、成功するeーリーダーの要素を特定しようとした。

その結果として、成功するeリーダーは、

①ＩＴ技術を活用して、組織内の信頼を形成し、それを維持すること
②組織における多様性が明確に理解され、評価されているかどうかを定期的に確認する
③バーチャルワークにおける業務を監視・管理する
④ＩＴ技術を活用し、バーチャルチームの進捗状況を監視・管理する
⑤チーム内外にバーチャルチームの活動状況を正しく認知させる
⑥個々のメンバーがチームから支援を受けることをサポートする

ことが必要であることが明らかになった。

ここまでの解説によって、ニューノーマル時代のテレワークや外部の業務委託、フリー

ア大学にて修士号および博士号を取得。近年、組織のオープン・イノベーションとクラウドを活用した創造性についての研究を行う。

12 **アン・マイヒルザク**　サウスカリフォルニア大学マーシャル・ビジネス・スクール教授。カリフォルニア大学ロサンゼルス校にて社会心理学の修士号と博士号を取得。２０１９年、マルホトラと共著でＩＴとクラウド時代のリーダーシップの書籍である『Unleashing the crowd（クラウドを解き放つ）』を執筆。

13 **ローゼン・ベンソン**　ノースカロライナ大学チャペルヒル校教授。eーリーダーシップやバーチャルチーム、個人の自己マネジメントに関する論文が多数引用されている。

ランスとの協業を前提とした新しいタイプの組織において、フルレンジ・リーダーシップを発揮するには、eーリーダーシップが重要であることが理解できただろう。

eーリーダーシップに最新テクノロジーは不要

ここでひとつ誤解してはならない点が、eーリーダーシップを発揮する上で、最新のテクノロジーを理解していなければならないわけではないことである。

eーリーダーシップの考え方は、メンバーからリーダーの信頼が対面よりも得にくいことを前提に、いかにリーダーがメンバーから信頼を得るかを重視する。そのためには、ITを活用することで、より容易にリーダーが今何を必要としており、何を考えているのか、個々のメンバーが何を行っているのかについてのコミュニケーションの頻度を向上させることが重要であると指摘する。

そうすることで、フルレンジ・リーダーシップが主張する、交換型リーダーシップおよび変革型リーダーシップのように、対面を前提としたリーダーシップの要素にもプラスの影響を与えることができる。

したがって、最先端のIT技術がわかっているからeーリーダーシップが発揮できるわけではないし、その逆もまたしかりである。

読者の方々には、改めてニューノーマル時代、テレワークが進展したとしても、リーダーシップの本質は変わらず、その力点がより個々のメンバーの信頼に傾くことになることを認識いただきたい。

POINT

最先端の経営理論による示唆

- 近年ＩＴ技術の進展とともに、対面でのコミュニケーションが減少する中で、ｅ－リーダーシップが重要となってきた。ｅ－リーダーシップは、組織内の認知能力と何が正しい行動なのかという善行や高潔さという要素に影響し、チームの反応を形成することで、組織の結果を左右する
- ｅ－リーダーシップを発揮する上で、重要なのはリーダーが今何を求めていて、何を考えているのかをメンバーに正しく伝え、認識させることである
- ｅ－リーダーシップの要素として、メンバーの業務を管理し、メンバーをサポートしながら信頼を形成する。そして、チームの成果を周囲に伝達することで、さらにチームの一体感を増すことが必要となる。最先端のＩＴ技術が理解できるからｅ－リーダーシップを発揮できるわけではない

3 グローバルリーダーシップと国の文化

グローバルリーダーシップをどのように発揮していけば良いか？

ここまで第8章では変革型リーダーシップの最先端理論として、フルレンジ・リーダーシップと、ニューノーマル時代のリーダーシップ像として、eーリーダーシップを解説してきた。

本章の最後に、**ニューノーマル時代のグローバル化に向けてグローバルリーダーシップをどのように発揮していけば良いのか**について見ていこう。

ここで、グローバルなリーダーシップにおいて重要なのは、国民性の違いを理解してリーダーシップを発揮することである、と世界中の国が持つ文化と国民性に関する世界的な権威であるヘルート・ホフステッド[14]は2010年の著書『Culture and Organizations : Software of the mind, 3rd edition（文化と組織第3版）』にて主張した。

ホフステッドは本書の中で、どのようなリーダーシップがメンバーの満足度や生産性などに影響するかは国民性によって異なると指摘する。それは、個人の自由がより重んじら

[14] **ヘールト・ホフステッド** 元マーストリヒト大学名誉教授。グローニンゲン大学にて博士号を取得。IBM社員を経て、学問分野に進む。ホフステッドの国民性に関する研究は合計で19万回も引用される、経営学きっての人気書籍・論文である。2020年に死去。

れるようなアメリカや北欧の国もあれば、中国などのように権威主義的な国民性の国、日本のようにやや権威主義的な国といった形で国民性が仕事の進め方やモチベーションなどに影響するためである。

彼は、もともと１９８０年にＩＢＭに勤務する40カ国11万人の従業員の行動様式と価値観について調査を行い、国の文化と国民性を示すホフステッド指数を開発した。

6つのホフステッド指数

最新のホフステッド指数には大きく分けて、①権力主義からの距離、②個人主義、③不確実性の回避傾向、④男らしさ、⑤長期思考、⑥快楽的か禁欲的か、の６つのカテゴリーがある。

そして本書では65カ国の最新のホフステッド指数が付録として公開されているため、少し長くなるが、ここで主要国について見てみることにする。

まず、権威主義からの距離である。

図35を見ていただきたい。日本はスコアが54で65カ国中43位に当たり、権威主義的ではない国に分類される。アメリカはスコアが40で日本よりも低い50位に当たる。

一方で中国はスコアが80となっており、11位に当たる。他にもシンガポールはスコアが

図35 国別の権威主義からの距離

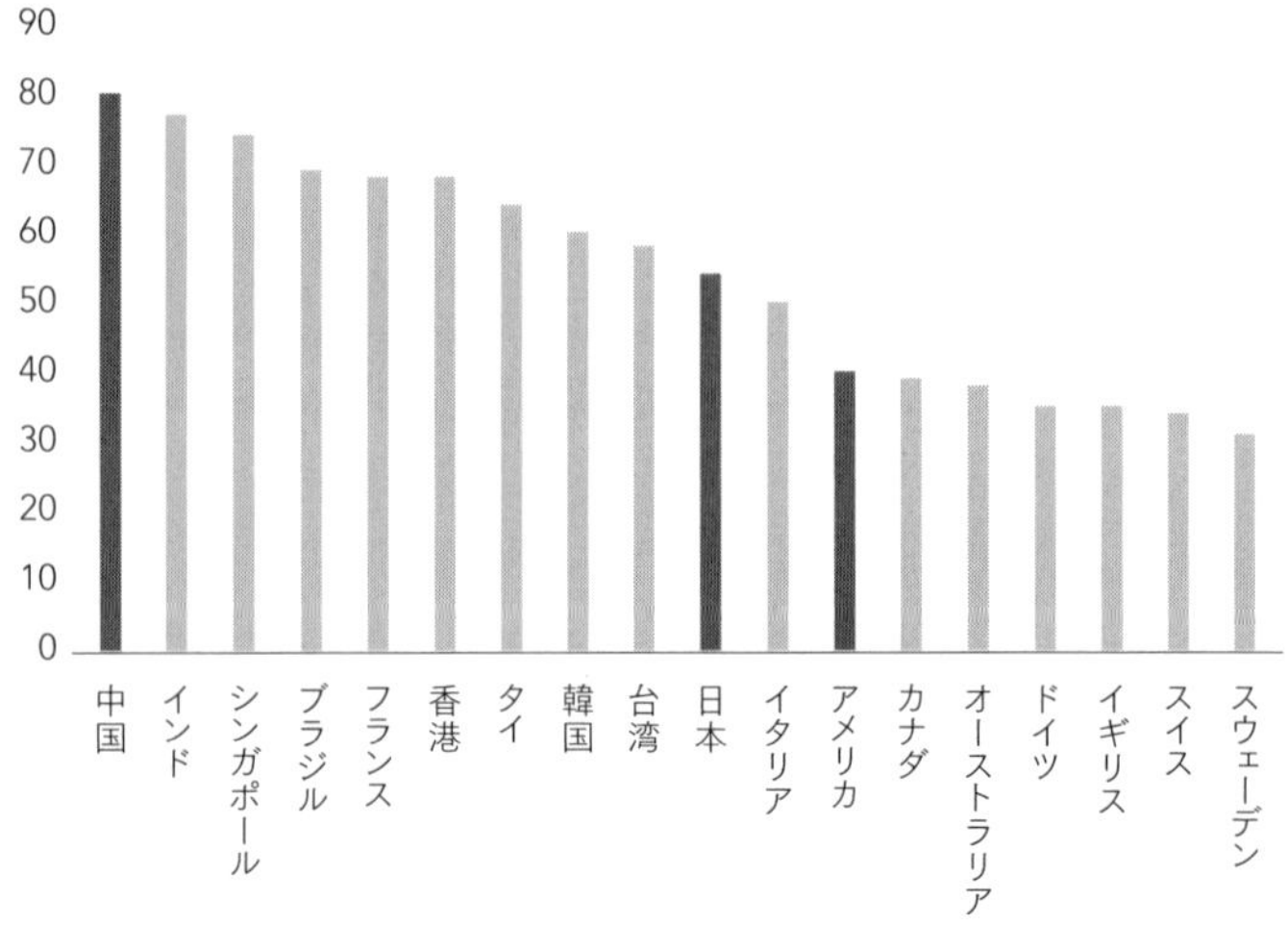

注：主要国のデータのみ掲載
出典：ホフステッド・インサイト社のデータより筆者作成

図36 国別の個人主義の度合い

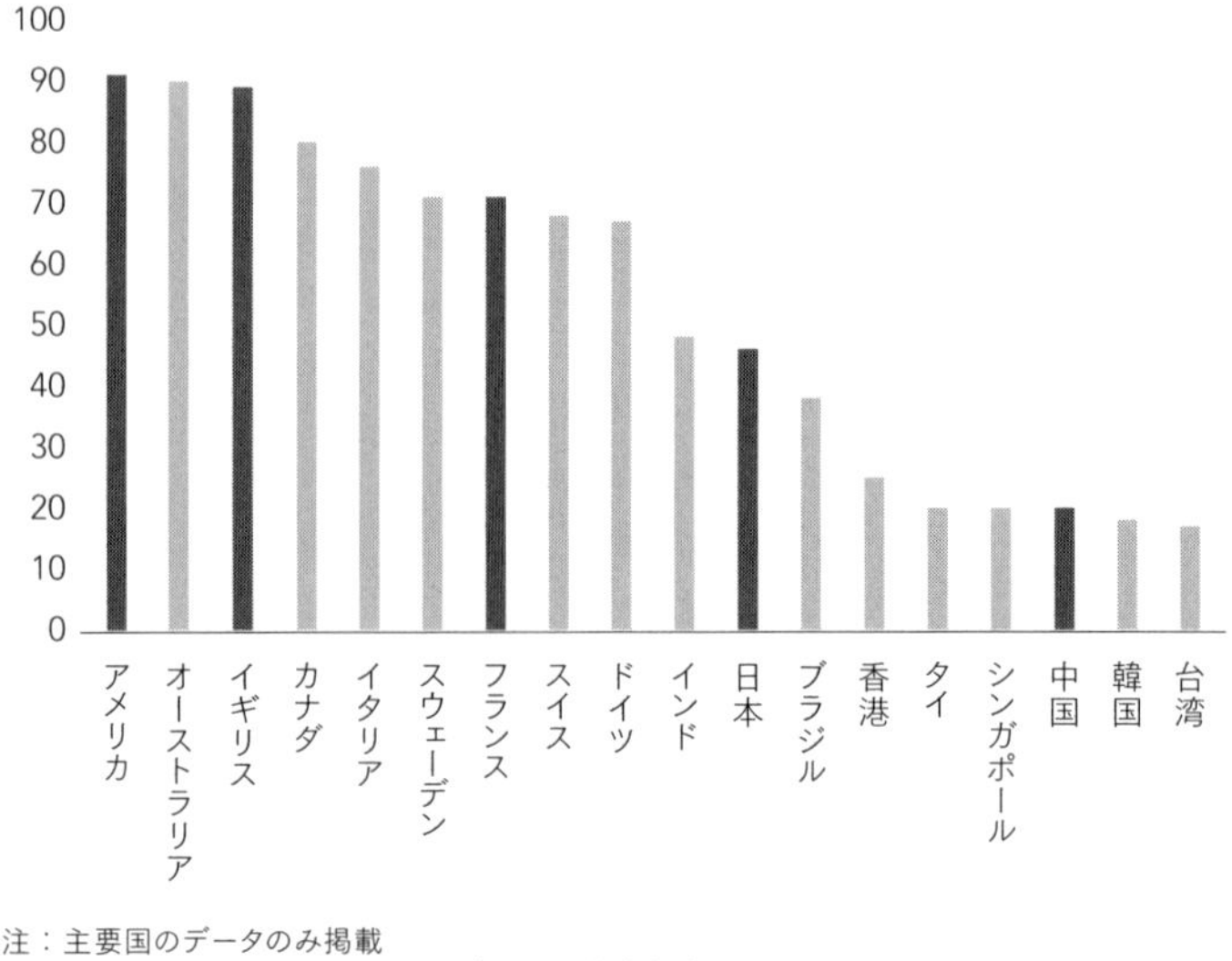

注：主要国のデータのみ掲載
出典：ホフステッド・インサイト社のデータより筆者作成

74で15位、フランスと香港がスコア68で22位に当たる。

アメリカは個人主義的であり中国は集団主義的である

次に個人主義について図36を見ていただきたい。個人主義についてはアメリカがスコア91で1位となっており、納得感がある。続いてイギリスがスコア89で3位、カナダがスコア80で4位となっている。日本はスコアが46で30位と中間辺りにあり、中国はスコアが20で49位となっている。

日本は世界でも有数の不確実性回避を好む国民性

次に、不確実性の回避傾向である（図37参照）。これについては日本がスコア95で2位となっており、日本人らしい数値が出ているといえる。興味深いのは、先進国の多くが不確実性の回避傾向で上位に入っている点である。

たとえば、イギリスとドイツがスコア66で11位に入っており、中国も11位となっている。さらにはアメリカもスコア62となっており、17位となっている。

4つ目に、男らしさである（図38参照）。このスコアについても、日本はスコア92で9位に

図37　国別の不確実性の回避傾向

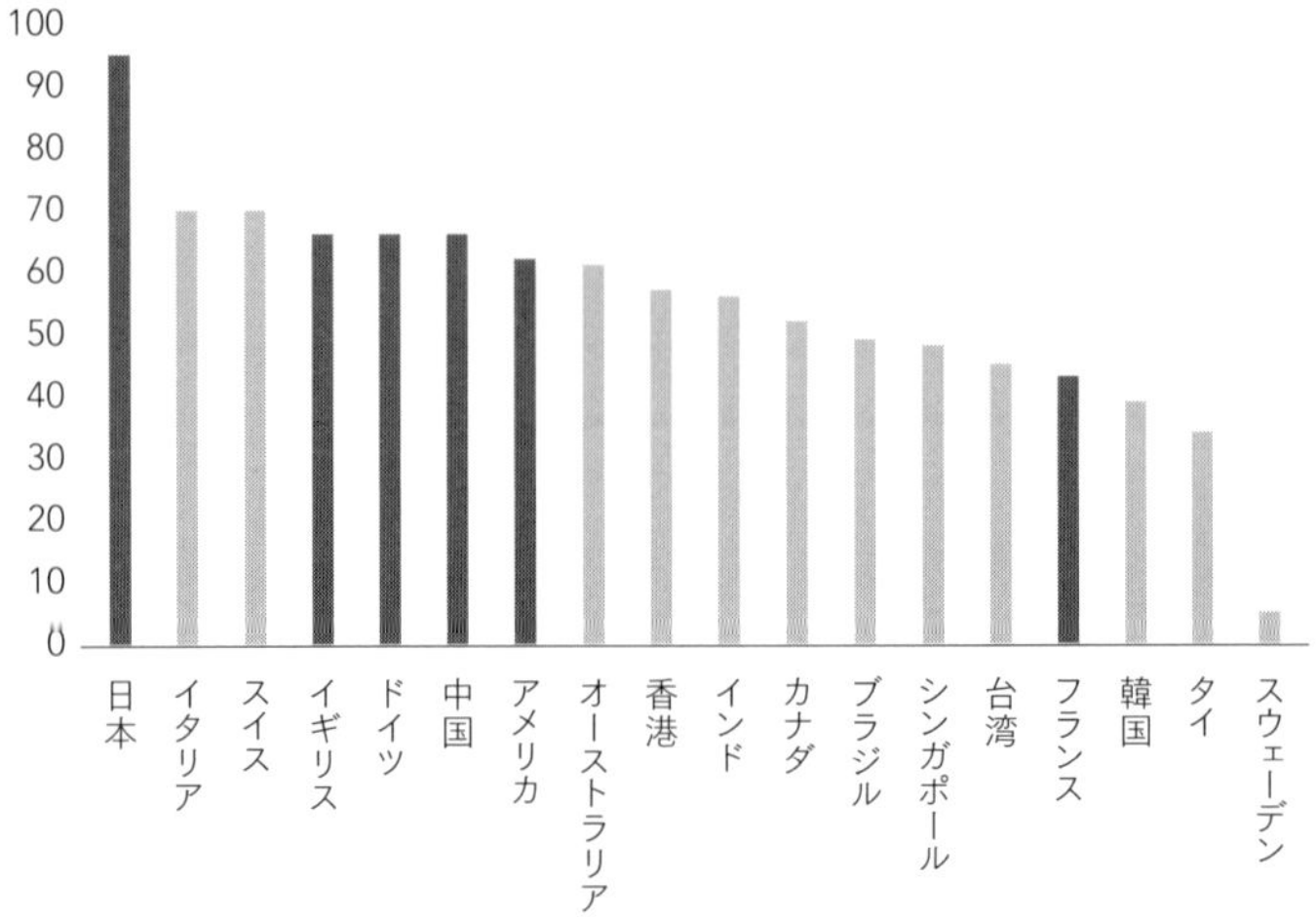

注：主要国のデータのみ掲載
出典：ホフステッド・インサイト社のデータより筆者作成

図38　国別の男らしさ

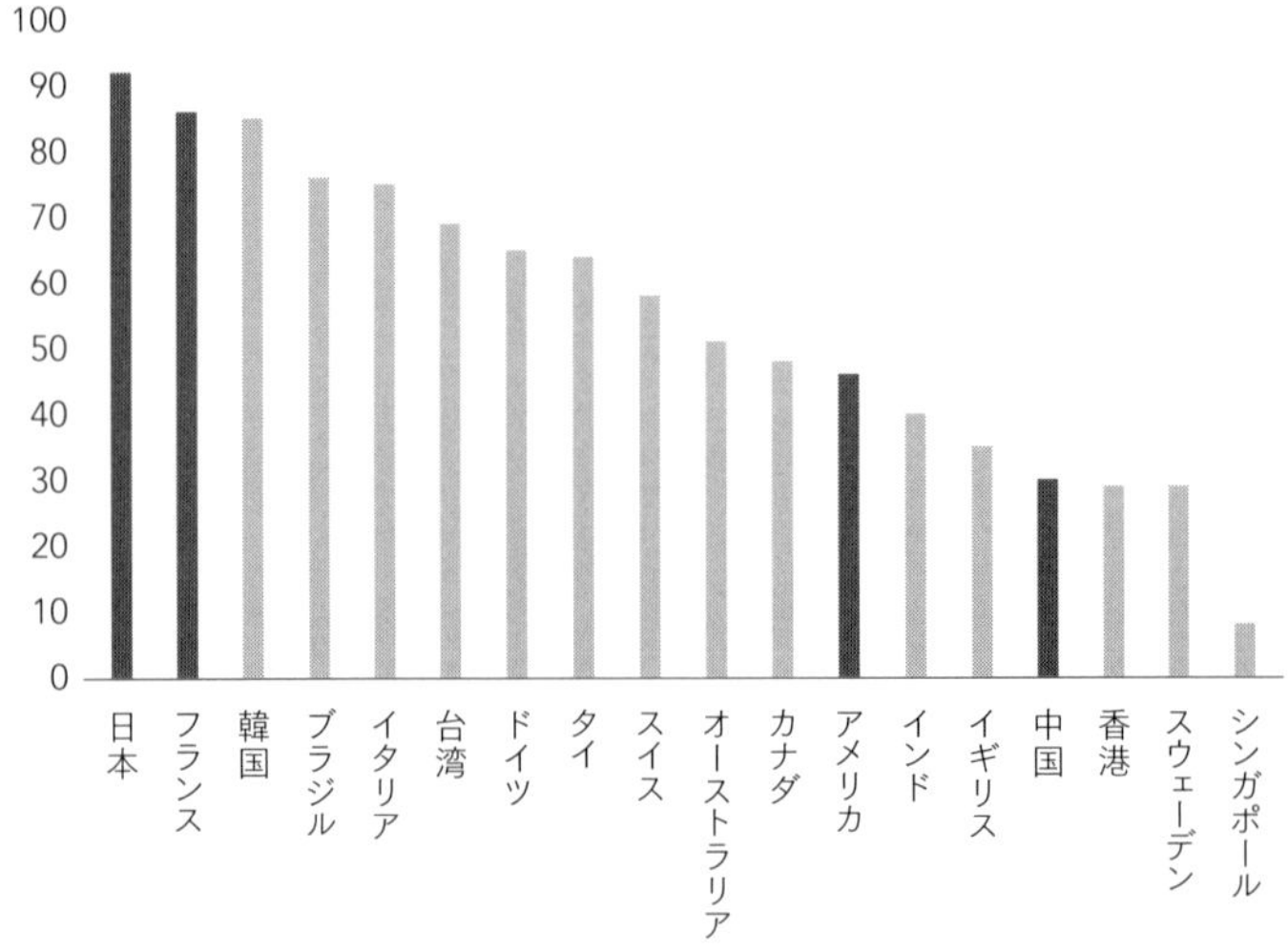

注：主要国のデータのみ掲載
出典：ホフステッド・インサイト社のデータより筆者作成

ランクインしている。男性社会だといえよう。

他の先進国を見ると、フランスがスコア86で15位に入っているものの、ドイツはスコア65で35位、アメリカがスコア46で53位となっており、中国に至ってはスコア30で59位である。ちなみにシンガポールはスコアが8で65位。アジアで最も1人当たりGDPの高いシンガポールは男性らしさが求められる社会ではないことがわかる。

東アジアの国は長期的な視点で物事を考える

5つ目に長期思考である（図39参照）。

長期思考については、東アジアと西欧の国が高く、アメリカが低いという特徴がある。1位が韓国、2位が台湾、3位が日本、4位が中国と上位4カ国が東アジアの国となる。5位がドイツで、シンガポールが12位。一方でアメリカはスコアが26で51位となっている。

最後に、快楽的か禁欲的かである（図40参照）。

先進国ではイギリスがスコア69で11位、アメリカはスコア68で12位となっており、これらの国は快楽的な国民性・文化であるといえる。一方で日本はスコア42で37位と中間に位置しており、中国はスコア24で55位、香港はスコア17で59位と禁欲的な文化といえよう。

以上、少し前置きが長くなってしまったが、ホフステッドのホフステッド指数は世界中

図39 国別の長期思考

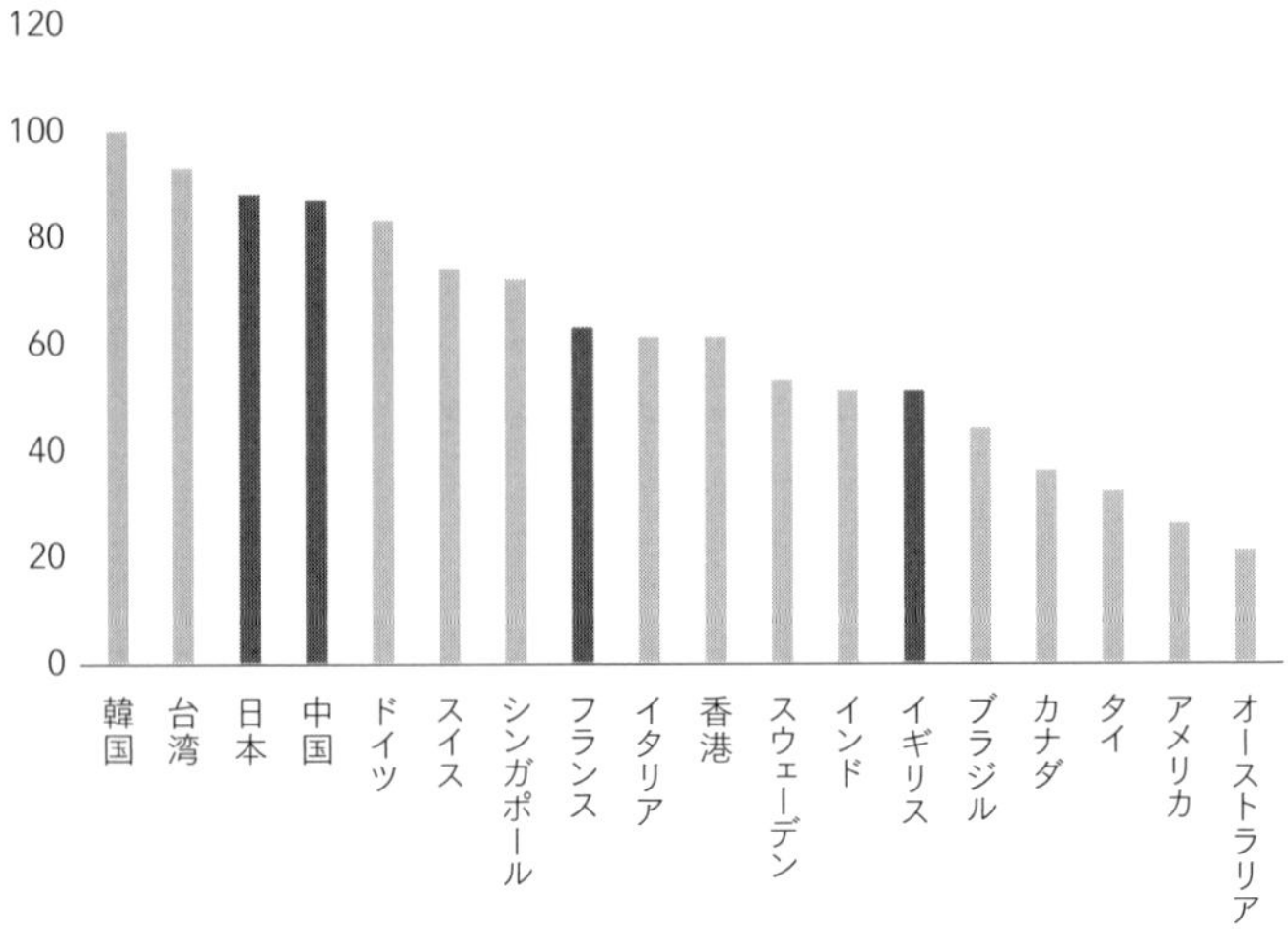

注：主要国のデータのみ掲載
出典：ホフステッド・インサイト社のデータより筆者作成

図40 国別の快楽的か禁欲的か

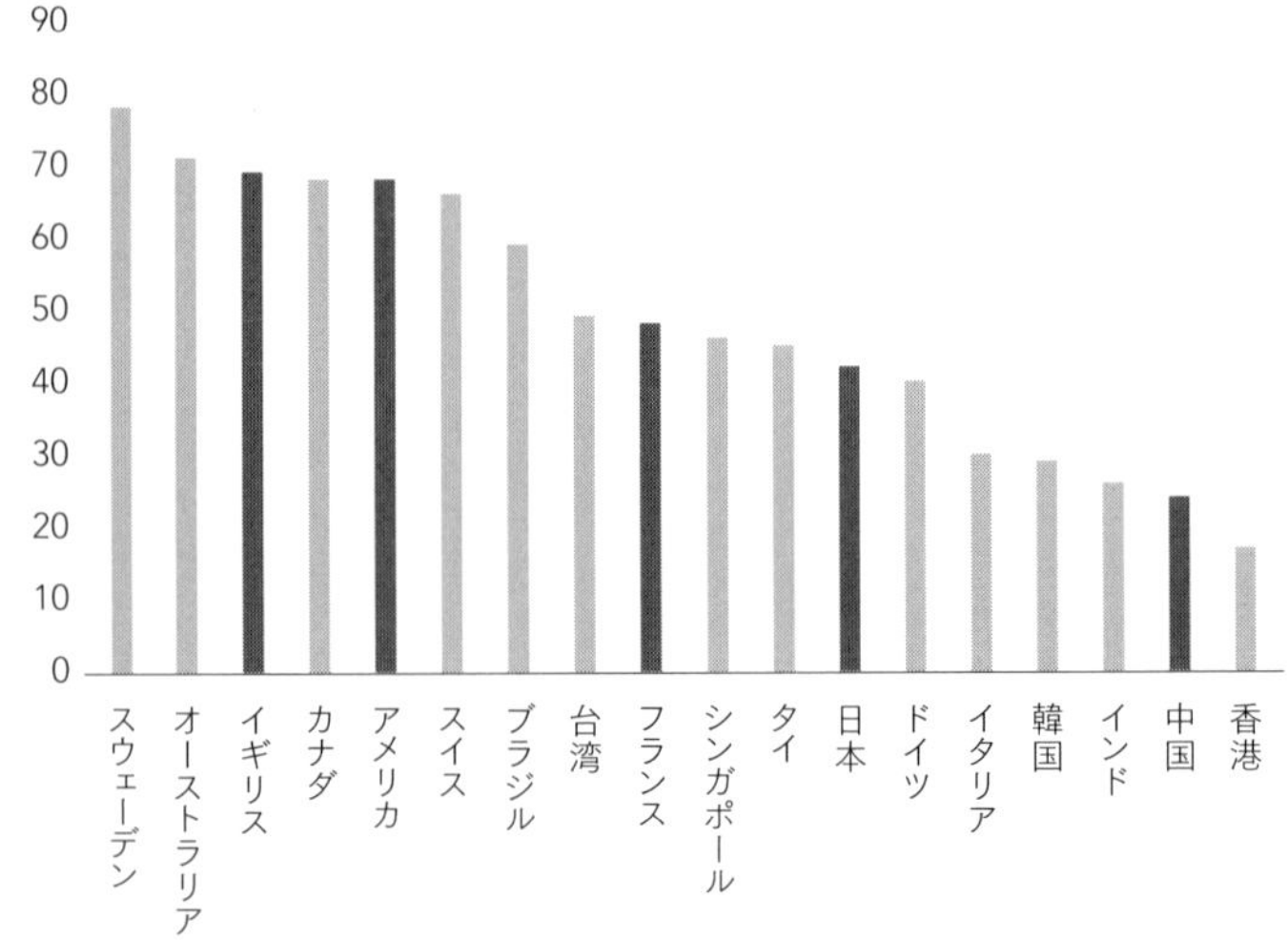

注：主要国のデータのみ掲載
出典：ホフステッド・インサイト社のデータより筆者作成

の経営学およびビジネス界の中でも著名な理論であるため、各理論の前提情報となっており、丁寧に紹介した。

以下、このホフステッド指数で得られた国ごとの国民性・文化の違いを前提に、グローバルリーダーシップについて具体的に見ていくことにしよう。

指示型リーダーシップは個人主義的な国では通用しない

まず非権威主義的で個人主義で快楽的といわれる国民性・文化を持つアメリカについてリーダーシップを分析したのが、**ロバート・ハウス**[15]が１９９６年に『Leadership Quarterly（7（3）：325-352）』で発表した“Path-goal theory of leadership : Lessons, legacy, and a reformulated theory（リーダーシップのパスゴール理論：教訓、レガシー、理論の再構築）”である。

この論文でハウスは、**指示型リーダーシップ**について、まず説明を行っている。指示型リーダーシップとは、リーダーが期待することをメンバーに教え、業務の達成方法を具体的に指示し、やるべきスケジュールを設定するリーダーシップである。現在のビジネス界では**マイクロマネジメント**とも呼ばれる。

彼は、リーダーシップに影響する要素として、メンバー側の条件と環境条件の２つがあると説明した。メンバー側の条件とは、能力や経験、行動を決定することが自分にできる

15 **ロバート・ハウス** 元ペンシルベニア大学ウォートン・スクール教授。グローバルリーダーシップの研究であるＧＬＯＢＥプロジェクトの創設者。オハイオ州立大学、ミシガン大学、ニューヨーク州立大学、トロント大学でも客員教授として教鞭を執った。オハイオ州立大学にて博士号を取得。２０１１年に死去。

か否かの個人的認識があることである。一方、環境条件とは、業務の複雑度、業務の定型／非定型の度合い、指揮命令系統、権限の明確さである。

そして彼は、指示型のリーダーシップは、アメリカにおいては、能力の高い社員や豊富な経験を持つ社員が煩わしさを感じるため、社員の満足度や業績にマイナスの影響をもたらすと結論づけた。

指示型リーダーシップは権威主義的・集団主義的な国では有効である

一方で、中国のように権威主義的で、個人主義の国民性・文化が低い国では指示型リーダーシップが逆に有効であるとする研究がある。

マーティン・エユーマ[16]、ハイン・ヴェント[17]、ヘッティ・エメリック[18]が2007年に『Journal of Organizational Behavior（28（8）：1035-1057）』に発表した“Leadership styles and group organizational citizenship behavior across cultures（文化の違いにおけるリーダーシップスタイルとグループ組織の市民行動）”である。

彼らは33カ国2万336名のマネージャーと、9万5893名のメンバーのデータを集め、権威主義と個人主義の2つに絞って、リーダーシップの種類と組織におけるパフォーマンスについて調査を行った。

16 **マーティン・エユーマ**　レーベン大学教授。アムステルダム自由大学にて博士号を取得。組織における人間関係に関する研究者。

17 **ハイン・ヴェント**　世界的な人材コンサルティング会社であるコーン・フェリーグループのディレクター。ABNアムロ、ラボバンク、ナイキなどを経て現職。アムステルダム自由大学にて修士号、レーベン大学にて博士号を取得。

18 **ヘッティ・エメリック**　ユトレヒト大学教授。アムステルダム自由大学にて修士号、博士号を取得。組織開発、ネットワーク理論を中心に研究を行っている。

結果として、指示型リーダーシップは、権威主義的な国民性・文化を持つ国ではメンバーおよびチームの行動にプラスの相関がある一方で、個人主義的な国民性・文化を持つ国では、マイナスの相関が強いと指摘している。

このように国民性・文化が異なれば、求められるリーダーシップの姿は異なることが統計的にも明らかとなっている。

グローバルリーダーは人間関係構築力と視野の広さが重要

では、グローバル企業およびグローバル化を目指す企業はどのようにリーダーシップを発揮していけば良いのだろうか。

その答えを示しているのが、**トレイシー・マニング**[19]が２００３年に『Journal of Leadership & Organizational Studies（9（3）：20-30）』で発表した“Leadership across cultures：Attachment style influences（文化をまたがるリーダーシップ：愛着スタイルの影響）”である。

彼女はグローバル社会におけるリーダーは異文化に対応できるリーダーであり、そのためには技術的な能力や組織内での経験だけでは不十分であり、人間関係を構築する能力と新しい視点を受け入れられる視野の広さが最も重要になり、このような能力は後天的に身につけることが難しいため、**グローバル環境下でのリーダーは多様性を管理できるリーダ**

19 **トレイシー・マニング**　メリーランド大学講師。アメリカ・カトリック大学にて修士号および博士号を取得。変革型リーダーシップおよび適応型リーダーシップの研究者である。

ーを選ぶことが重要であると指摘している。

彼女はこの論文において、**愛着スタイル**という考え方を提示した。愛着スタイルは、個人的な人間関係の傾向であり、自己と他者に気をかけ、それを永続させていこうとする人間関係の構築スタイルである。

そして、愛着スタイルを持つリーダーは、仕事上の人間関係、ひいては異文化間で国民性や文化、考え方が異なる中でもリーダーシップを効果的に発揮できていると指摘した。

マニングが指摘するように、異文化に対応できるための能力である、人間関係構築能力と新しい視野を受け入れられるかは個々の特性によるといえる。

その観点から、日本企業がこれまで当たり前としてきた、成果が高い人間が海外拠点のマネジメントをするという常識を捨て、異文化マネジメントが得意な人間に海外拠点のマネジメントを担わせるべきであるといえよう。

そしてニューノーマル時代、グローバルで活躍できる人材を生み出すために、企業だけでなく義務教育および中高等教育においても、相手を思いやる気持ちなど日本人の良さを活かしつつ、グローバル社会でも人間関係を構築し、新しいことに果敢にチャレンジできる人材を生み出すことが必要であろう。

POINT

最先端の経営理論による示唆

- ホフステッド指数により、国ごとに国民性や文化が大きく異なることが明らかとなり、それぞれに合ったリーダーシップの形があることが近年のリーダーシップ研究で明らかになってきている
- 指示型のリーダーシップは権威主義的な国民性・文化を持つ中国などでは有効であるが、日本やアメリカにおいては有効ではない
- ニューノーマル時代に向けて、異文化マネジメントができるリーダー像として、人間関係の構築力が高く、新しい視野で物事を見ることができるリーダーが求められる

おわりに　ニューノーマル時代の経営に必要な背骨となる理論を身につける

本書では、ニューノーマル時代に重要となる経営テーマについて、数多くの経営学の英知を取り上げ、解説を行ってきた。

本書をここまで読んできた方には、経営学を学ぶことの意義について理解できただろう。それは、自身の抱える課題を解決するための方法として、実務経験だけでなく、体系的にかつ定量的に正しい方向性を学ぶことができる点である。

経営学も理論と実践とが相互作用によって発展する社会科学のひとつであり、絶対解があるわけではない。

しかしながら、世界最高峰の経営学で議論されてきたものは、ある種の定石になってくる。世界的な学術ジャーナルに登場した理論を、よりわかりやすく、複雑なデータなどを削ってコンセプト化したものが、『Harvard Business Review』などの最先端のビジネス誌に掲載される。そして『Harvard Business Review』などの最先端ビジネス誌で人気となった記事は、大手の出版社から出版され、たちまち世界中に広まる。マイケル・ポーターの競争の戦略も『Harvard Business Review』で年間最優秀論文賞（マッキンゼー賞）を獲得した『Five Force that Shape Strategy（5フォースが戦略を形作る）』が土台になっている。これらのビジネス誌は世界のリーダーが目を通すものであり、リーダーたちからの反応を経て、経営学では理論の軌道修正を行うルートが確立するので、世界的な学術ジャーナルは世界のリーダーが学ぶ内容を先取りした最先端理論である。

確かに、変化が激しいニューノーマル時代を見通すのは容易ではない。だからといって、経営の定石を知らなくて良いかというとそうではない。世界のリーダーと戦っていく上で、経営の定石を知った上で、それを自分の経験や自社の特徴に合わせて腹落ちすることが重要である。

筆者からのメッセージとして、本書に紹介した分野で興味のある論文や書籍については原著にも当たっていただきたい。英語で書かれているものが大半であるため、読むのに苦労するかもしれないが、近年は読みやすい翻訳ソフトも多数あり、英語が苦手な方でも以前ほど苦労せずに読むことができるであろう。

また経営学の知識は定石だとお伝えしたが、ぜひ社内で、組織内で何が自社で実際に使えるのか、議論していただきたい。社内の部課長研修などで、1回1つのテーマを決めて、その内容についてディスカッションする使い方をしても良いだろう。インプットとアウトプットが両方あることで、より理解が進むと考えられる。

最後に、本書もこれまでの著作と同様に翔泳社の長谷川和俊氏に感謝申し上げる。遅々として進まない筆の中、今回も客観的な意見とアドバイスをいただき、サポートいただだいた。

　あわせて、妻志乃と息子凜太朗にも感謝申し上げる。土日に本書執筆を進めていることもあり、なかなか家族サービスができなくて苦労をかけた。二人の献身的なサポートがなければ、本書は完成しなかったであろう。

　また、ご多忙中にもかかわらず、原稿に目を通していただき、推薦文をご執筆いただいた、Ｚアカデミア学長で武蔵野大学アントレプレナーシップ学部長の伊藤羊一氏、立教大学ビジネススクール教授の田中道昭氏にも御礼申し上げる。

　最後に、ここまで読み進めていただいた読者の皆さまに感謝申し上げる。ニューノーマル時代、日本企業が躍進をするためのヒントを与えることができれば、筆者として幸甚である。

２０２１年11月　森泰一郎

- マイケル・E.ポーター『競争戦略論Ⅰ』竹内弘高訳、ダイヤモンド社、1999年
- マイケル・A.クスマノ、アナベル・ガワー『プラットフォームリーダーシップ　イノベーションを導く新しい経営戦略』小林敏男監訳、有斐閣、2005年
- マイケル・A.クスマノ、アナベル・ガワー、デヴィッド・B.ヨッフィー『プラットフォームビジネス　デジタル時代を支配する力と陥穽』青島矢一監訳、有斐閣、2020年
- マイケル・L・タッシュマン、チャールズ・A・オーライリーⅢ世『競争優位のイノベーション　組織変革と再生への実践ガイド』斎藤彰悟監訳、平野和子訳、ダイヤモンド社、1997年
- R・P・ルメルト『多角化戦略と経済成果』鳥羽欽一郎、川辺信雄、山田正喜子、熊沢孝訳、東洋経済新報社、1977年

論文

- 秋池篤「A－Uモデルの誕生と変遷」赤門マネジメントレビュー（11:10, pp665-680）、2012年
- 秋池篤、岩尾俊兵「変革力マップとInnovator's Dilemma」赤門マネジメントレビュー（12:10,pp699-716）、2013年
- 岩尾俊兵、中野優「ラディカルな技術変化とは何を指すのか」赤門マネジメントレビュー（16:2,pp105-116）、2017年
- 大木清弘「目指すべき多角化戦略とは何だったのか」赤門マネジメントレビュー（9:4,pp243-264）、2010年
- 勝又壮太郎「リードユーザー概念と測定への試み」赤門マネジメントレビュー（10:3,pp211-224）、2011年
- 中川功一「製品アーキテクチャの嚆矢」赤門マネジメントレビュー（6:11, pp577-588）、2007年
- 福澤光啓「なぜ多角化は難しいのか」赤門マネジメントレビュー（7:7,pp535-544）、2008年

参考文献

書籍

- アンソニー・ウルウィック『JOBS TO BE DONE』IDEA BITE PRESS、2016年
- エディス・ペンローズ『企業成長の理論［第3版］』日高千景訳、ダイヤモンド社、2010年
- 大前研一『大前研一「新・資本論」見えない経済大陸へ挑む』吉良直人訳、東洋経済新報社、2001年
- クレイトン・クリステンセン、マイケル・レイナー『イノベーションへの解　利益ある成長に向けて』玉田俊平太監修、櫻井祐子訳、翔泳社、2003年
- クレイトン・クリステンセン、ジェフリー・ダイアー、ハル・グレガーセン『イノベーションのDNA　破壊的イノベータの５つのスキル』櫻井祐子訳、翔泳社、2012年
- クレイトン・M・クリステンセン、タディ・ホール、カレン・ディロン、デイビッド・S・ダンカン『ジョブ理論　イノベーションを予測可能にする消費のメカニズム』依田光江訳、ハーパーコリンズ・ジャパン、2017年
- ゲイリー・ハメル、C.K.プラハラード『コア・コンピタンス経営　大競争時代を勝ち抜く戦略』一條和生訳、日本経済新聞出版、1995年
- C・A.バートレット、S・ゴシャール『地球市場時代の企業戦略　トランスナショナル・マネジメントの構築』吉原英樹監訳、日本経済新聞出版、1990年
- ジェイ・B・バーニー『企業戦略論　競争優位の構築と持続』岡田正大訳、ダイヤモンド社、2003年
- ジェームズ・バーンズ『Leadership』Harper Perennial、2010年
- セオドア・レビット『新版　マーケティングの革新　未来戦略の新視点』土岐坤訳、ダイヤモンド社、2006年
- ニコライ・フォス、トーベン・ピダーセン、ヤコブ・ピント、マイケン・シュルツ『Innovating Organization and management New Sources of Competitive Advantage』Cambridge University Press、2012年
- バーナード・バス『Leadership and Performance Beyond Expectations』Free Press、1985年
- ヘールト・ホフステッド『Culture and Organizations : Software of the Mind』McGraw-Hill、2004年
- M.E.ポーター『競争の戦略』土岐坤、服部照夫、中辻萬治訳、ダイヤモンド社、1995年

■会員特典データのご案内
本書の読者特典として、ページの都合で掲載できなかった「ファミリービジネス論」についてご提供致します。会員特典データは、以下のサイトからダウンロードして入手いただけます。

https://www.shoeisha.co.jp/book/present/9784798171210

●注意
※会員特典データのダウンロードには、SHOEISHA iD（翔泳社が運営する無料の会員制度）への会員登録が必要です。詳しくは、Webサイトをご覧ください。
※会員特典データに関する権利は著者および株式会社翔泳社が所有しています。許可なく配布したり、Webサイトに転載したりすることはできません。
※会員特典データの提供は予告なく終了することがあります。あらかじめご了承ください。

●免責事項
※会員特典データの提供にあたっては正確な記述につとめましたが、著者や出版社などのいずれも、その内容に対してなんらかの保証をするものではなく、内容やサンプルに基づくいかなる運用結果に関してもいっさいの責任を負いません。

本書内容に関するお問い合わせについて

このたびは翔泳社の書籍をお買い上げいただき、誠にありがとうございます。弊社では、読者の皆様からのお問い合わせに適切に対応させていただくため、以下のガイドラインへのご協力をお願い致しております。下記項目をお読みいただき、手順に従ってお問い合わせください。

●ご質問される前に

弊社Webサイトの「正誤表」をご参照ください。これまでに判明した正誤や追加情報を掲載しています。

　　正誤表　https://www.shoeisha.co.jp/book/errata/

●ご質問方法

弊社Webサイトの「刊行物Q&A」をご利用ください。

　　刊行物Q&A　https://www.shoeisha.co.jp/book/qa/

インターネットをご利用でない場合は、FAXまたは郵便にて、下記“翔泳社 愛読者サービスセンター”までお問い合わせください。

電話でのご質問は、お受けしておりません。

●回答について

回答は、ご質問いただいた手段によってご返事申し上げます。ご質問の内容によっては、回答に数日ないしはそれ以上の期間を要する場合があります。

●ご質問に際してのご注意

本書の対象を越えるもの、記述個所を特定されないもの、また読者固有の環境に起因するご質問等にはお答えできませんので、予めご了承ください。

●郵便物送付先およびFAX番号

送付先住所	〒160-0006　東京都新宿区舟町5
FAX番号	03-5362-3818
宛先	（株）翔泳社 愛読者サービスセンター

※本書の内容は、2021年10月1日現在の情報等に基づいています。

著者紹介

森　泰一郎（もり・たいいちろう）

経営コンサルタント。株式会社森経営コンサルティング代表取締役。株式会社スマートシェアリング代表取締役。東京大学大学院経済学研究科経営専攻卒業。大学院にて経営戦略を研究。経営コンサルティングファームを経て、IT企業の経営企画マネージャーとして業界・DX変革のための経営戦略策定をリード。その後、IT企業の取締役COO/CSOとして経営戦略からDX新規事業の立ち上げ、人事・IT管轄を担当。

現在、成長企業から大手企業向けの経営コンサルティング、新規事業開発、DX変革、M&Aアドバイザリー、Webマーケティング支援を手掛ける。Business Insider Japanなどの各種マスメディアで企業変革やコロナショック、「アフターコロナ」の経営など経営・経済動向の記事を多数執筆。著書に『アフターコロナの経営戦略』『アフターコロナのマーケティング』（以上、翔泳社）がある。

カバー・本文デザイン　新井 大輔

DTP　一企画

ニューノーマル時代の経営学

世界のトップリーダーが実践している最先端理論

2021 年 11 月 8 日　初版第 1 刷発行

著者　森 泰一郎

発行人　佐々木 幹夫

発行所　株式会社 翔泳社（https://www.shoeisha.co.jp）

印刷・製本　日経印刷 株式会社

本書へのお問い合わせについては、311 ページに記載の内容をお読みください。

落丁・乱丁はお取り替え致します。03-5362-3705 までご連絡ください。

ISBN978-4-7981-7121-0　Printed in Japan